Vertriebsverträge im internationalen Kontext

D1640658

Vertriebsverträge im internationalen Kontext

Alleinvertriebsvertrag und verwandte Verträge
(Selektiver Vertrieb, Franchise-Vertrag)
unter Berücksichtigung des schweizerischen
und des EU-Wettbewerbsrechts

von

Dr. Jürg E. Hartmann

osec   business network
switzerland

Schulthess § 2007

Bibliografische Information ‹Der Deutschen Bibliothek›
Die Deutsche Bibliothek verzeichnet diese Publikation in der Deutschen Nationalbibliografie;
detaillierte bibliografische Daten sind im Internet über ‹http://dnb.ddb.de› abrufbar.

© Schulthess Juristische Medien AG, Zürich · Basel · Genf 2007
  ISBN 978-3-7255-5511-6

  Osec Business Network Switzerland, 2007

www.schulthess.com

Inhaltsverzeichnis

Einleitung 1

A) Allgemeines zum Alleinvertriebsvertrag in seiner faktischen
Ausgestaltung 3

1. Die verschiedenen Vertriebsformen 3
2. Kerngehalt und Charakteristika des Alleinvertriebsvertrages 6
3. Ausgestaltung und gängiger Inhalt von Alleinvertriebsverträgen 11
   3.1 Kernbestimmungen 12
   3.2 Gängige weitere Regelungen und Bestimmungen (in Detaillierung
       und Erweiterung der Kernbestimmungen des Alleinvertriebsver-
       trages) 13
   3.3 End-Vertragsklauseln 19

B) Der Alleinvertriebsvertrag nach schweizerischem Vertragsrecht 21

1. Rechtsquellen bezüglich Alleinvertriebsverträgen nach
   schweizerischem (Vertrags-)Recht (bei inländischen Alleinvertriebsverträgen und Alleinvertriebsverträgen, die in Anwendung
   massgeblicher Kollisionsnormen oder nach Rechtswahl der
   Parteien schweizerischem Recht unterstellt sind) 21
2. Kaufrechtsregelungen bei grenzüberschreitenden Alleinvertriebsverträgen (Wiener Kaufrecht) 22
3. Anwendbares Recht und Gerichtsstand (sowie Vollstreckung von
   Urteilen) bei internationalen Alleinvertriebsverträgen 23
   3.1 Anwendbares Recht 23
   3.2 Gerichtsstand 25
   3.3 Anerkennung und Vollstreckung von Urteilen/Schiedsurteilen 28
       3.3.1 Anerkennung und Vollstreckung von Schiedsurteilen 28
       3.3.2 Anerkennung und Vollstreckung von Urteilen staatlicher
             Gerichte 29
       3.3.3 Würdigung 31

4. Einzelprobleme im Zusammenhang mit wichtigen Klauseln des
   Alleinvertriebsvertrages 31
   4.1 Gewährleistung und Garantie 31
   4.2 Konkurrenzverbot... 34
   4.3 Goodwillentschädigung/Kundschaftsentschädigung 36
   4.4 Ordentliche und ausserordentliche Kündigung 38

5. Produktehaftpflicht 39
   5.1 Allgemeines zur Produktehaftpflicht................................. 39
   5.2 EU-Produktehafpflichtrecht 40
   5.3 Schweizerisches Produktehaftpflichtrecht 42

C) Eingrenzung von Alleinvertriebsverträgen und verwandten Verträgen
   durch das EU- und das schweizerische Wettbewerbsrecht 45

1. Kartell- und wettbewerbsrechtliche Aspekte von Alleinvertriebsverträgen und verwandten Verträgen im Allgemeinen 45

2. Alleinvertriebsverträge und verwandte Verträge unter EU-Wettbe-
   werbsrecht 49
   2.1 Basis des EU-Wettbewerbsrechts...................................... 49
       2.1.1 Erste Anwendbarkeitsvoraussetzung: Wettbewerbsbeschrän-
             kende Vereinbarungen und Verhaltensweisen...................... 49
       2.1.2 Zweite Anwendbarkeitsvoraussetzung: Eignung zur
             Beeinträchtigung des zwischenstaatlichen Handels in der EU   50
       2.1.3 Dritte Anwendbarkeitsvoraussetzung: Spürbare Gefährdung
             des Wettbewerbs innerhalb der EU 51
   2.2 Bei Anwendbarkeit des EU-Wettbewerbsrechts: Wettbewerbs-
       verbot mit Legalausnahme... 53
       2.2.1 Kartellverbot als Grundsatz 53
       2.2.2 Freistellung gemäss Art. 81 Abs. 3 EGV 55
             2.2.2.1 Gruppenfreistellung.................................. 57
             2.2.2.2 Einzelfreistellung.................................... 61
   2.3 Kartellverfahrensrecht: Abgrenzung EU-Wettbewerbsrecht und
       Wettbewerbsrecht der EU-Mitgliedstaaten, Zuständigkeiten und
       Zusammenarbeit der Behörden.. 62
   2.4 Checkliste für Alleinvertriebsverträge und verwandte Verträge
       unter dem EU-Wettbewerbsrecht 63
   2.5 Verbleibende Dispositionsfreiheit für Alleinvertriebsverträge und
       verwandte Verträge im Rahmen der EU Vertikal-Gruppenfrei-
       stellungsverordnung.. 63

3. Alleinvertriebsverträge und verwandte Verträge unter
   schweizerischem Kartellgesetz 67
   3.1 Entwicklung und Basis des schweizerischen Kartellrechts 67
       3.1.1 Entwicklung 67
       3.1.2 Basis für vertikale Abreden 68
   3.2 Bei Anwendbarkeit des schweizerischen Kartellgesetzes:
       Missbrauchsgesetzgebung 71
       3.2.1 Unzulässige Beseitigung und zulässige erhebliche
             Beeinträchtigung des Wettbewerbs, sofern nicht durch
             wirtschaftliche Effizienz gerechtfertigt 71
       3.2.2 Unzulässige Beseitigung und unzulässige erhebliche
             Beeinträchtigung des Wettbewerbs, sofern nicht durch
             wirtschaftliche Effizienz gerechtfertigt gemäss Weko Vertikal-
             Bekanntmachung und Weko KMU-Bekanntmachung 74
   3.3 Checkliste für Alleinvertriebsverträge und verwandte Verträge
       unter dem schweizerischen Kartellgesetz 83
   3.4 Verbleibende Dispositionsfreiheit für Alleinvertriebsverträge und
       verwandte Verträge im Rahmen der Weko Vertikal-Bekanntmachung 84

4. EWR Wettbewerbsrecht 87
   4.1 Basis des EWR-Wettbewerbsrechts 87
   4.2 Anwendbarkeit 87
   4.3 Inhalt und Institutionen des EWR-Wettbewerbsrechts 88

D) Anwendung von ausländischen Kartell- und Wettbewerbsrechten
   auf grenzüberschreitende Alleinvertriebsverträge und verwandte
   Verträge 91

1. Auswirkungsprinzip der nationalen Kartell- und Wettbewerbsrechte .. 91

2. Berücksichtigung ausländischer Kartell- und Wettbewerbsrechte
   durch den schweizerischen Richter 93

Anhang

1. EG Vertrag: Artikel 81 (Kartellverbot) 95

2. EG Vertrag: Artikel 82 (Missbrauch einer marktbeherrschenden
   Stellung) 97

3. Bekanntmachung der EG Kommission vom 22.12.2001 betreffend
   Vereinbarungen von geringer Bedeutung (Bagatellbekanntmachung)[1]   98

4. Verordnung Nr. 2790 der EG Kommission vom 22. Dezember 1999
   über die Anwendung von Artikel 81 Absatz 3 des Vertrages auf
   Gruppen von vertikalen Vereinbarungen und aufeinander abgestimmten Verhaltensweisen (Gruppenfreistellungsverordnung) 105

5. Auszüge aus den Leitlinien der EG Kommission für vertikale
   Beschränkungen vom 13. Oktober 2000 118

6. EG Richtlinie 86/653 betreffend Handelsvertreter vom 18. Dezember
   1986 168

7. EWR-Abkommen vom 2. Mai 1992: Artikel 53–60 179

8. Auszug aus dem Bundesgesetz über Kartelle und andere
   Wettbewerbsbeschränkungen vom 6. Oktober 1995
   (Stand 13. Juni 2006) (Artikel 1–8) 184

9. Weko Bekanntmachung betreffend Abreden mit beschränkter Marktwirkung (KMU-Bekanntmachung) vom 19. Dezember 2005 189

10. Weko Bekanntmachung über die wettbewerbsrechtliche Behandlung
    vertikaler Abreden vom 2. Juli 2007 195

11. EG Produktehaftpflichtrichtlinie vom 25. Juli 1985 (Richtlinie 85/374)
    inkl. deren Änderung vom 10. Mai 1999 (Richtlinie 1999/34;
    Ausdehnung auf landwirtschaftliche Erzeugnisse) 207

12. Bundesgesetz über die Produktehaftpflicht vom 18. Juni 1993 221

13. Auszug aus dem Wiener Kaufrechtsübereinkommen 225

14. Auszug aus dem Lugano Übereinkommen vom 16. September 1988 227

Stichwortverzeichnis 235

---

[1] Diese Bekanntmachung ersetzt die Bekanntmachung über Vereinbarungen von geringer
Bedeutung, die im ABl. C 372 vom 9.12.1997 veröffentlicht wurde.

Einleitung

Vertriebsverträge haben in der Praxis grosse Bedeutung. Mit Vertriebsverträgen überlässt der Hersteller bzw. Lieferant den Vertrieb seiner Produkte an einen eigenverantwortlich, auf eigene Rechnung agierenden Händler unter Abwälzung des Vertriebsrisikos, wobei je nach Einbindung des Händlers eine einheitliche Marktbearbeitung des Herstellers bzw. Lieferanten zumindest teilweise immer noch aufrechterhalten werden kann. Dies im Gegensatz zu Vertriebsformen, in denen der Hersteller bzw. Lieferant den Vertrieb selbst oder über Agenten, Handelsvertreter oder Kommissionäre vornimmt, womit das Vertriebsrisiko bei ihm verbleibt, ihm aber auch eine einheitliche Marktbearbeitung samt Autonomie der Preisfestsetzung ermöglicht.

Vertriebsverträge werden zum Teil rein inländisch, in einer globalisierten Welt vermehrt aber auch grenzüberschreitend abgeschlossen. Dabei haben sich für Vertriebsverträge gewisse Grundmuster in der Praxis entwickelt. Diese Grundmuster sind einerseits geprägt durch Bedürfnisse der Praxis und des effizienten Vertriebs, andererseits aber auch durch die Eingrenzung der Vertriebsverträge durch jeweils auf diese anwendbare Wettbewerbsrechte. Als Grundform dieser Vertriebsverträge steht der Alleinvertriebsvertrag im Vordergrund. Daraus in Kombination oder Abart haben sich verwandte Verträge entwickelt, wie selektive Vertriebssysteme und Franchise-Verträge.

Vor diesem Hintergrund werden der Alleinvertriebsvertrag sowie die verwandten Verträge nachfolgend dargestellt. Dies vorab unter Berücksichtigung des schweizerischen Vertragsrechts und des schweizerischen Kartellgesetzes. Mit der letzten Revision vom Jahre 2003 hat das schweizerische Kartellgesetz gewichtige Änderungen in weiterer Angleichung an das EU-Wettbewerbsrecht erfahren. Vorab zu erwähnen sind hier die Einführung der Sanktionierung von Erstverstössen schwerwiegender Wettbewerbsabsprachen und der Kronzeugenregelung. Sodann wurde im Bereich der Vertriebsverträge durch die Bekanntmachung der Wettbewerbskommission (WEKO) vom 2. Juli 2007 über die wettbewerbsrechtliche Behandlung vertikaler Abreden erstmals eine klarere Leitlinie des Zulässigen und Unzulässigen erlassen. Dies in weitgehender Anlehnung an die EU-Wettbewerbs-Gesetzgebung und die EU Gruppenfreistellungsverordnung Nr. 2790/1999 der Kommission vom 22. Dezember 1999 über die Anwendung von Art. 81 Abs. 3 des Vertrages zur Gründung der europäischen Gemeinschaft auf Gruppen von vertikalen Vereinbarungen und aufeinander abgestimmten Verhaltensweisen.

Eine kurze Darstellung des EU-Wettbewerbsrechts als Grundlage für die schweizerische Regelung im Hinblick auf Vertriebsverträge ist damit schon

1

aus diesem Grunde angezeigt. Die Wichtigkeit des EU-Wettbewerbsrechts ergibt sich indes auch daraus, dass für die Schweiz im Aussenhandel die Han-
delsströme mit der EU eine überragende Rolle spielen, welche erst letzthin
über die Länder im Osten eine gewichtige Weiterung erfahren hat. Bei solch
grenzüberschreitenden Vertriebsverträgen mit Ländern der EU ist das EU-
Wettbewerbsrecht entsprechend zu berücksichtigen, insbesondere wenn das
Vertriebsgebiet der Händler in Ländern des EU-Raums liegt. Dies trifft zu,
auch wenn das Schweizer Volk den Entscheid über den Beitritt zum Europäischen Wirtschaftsraum (EWR) am 2. Dezember 1992 knapp verworfen hat
und die Annäherung der Schweiz an die EU vorerst auf bilaterale Abkommen
und eigenständige Rechtsharmonisierungen beschränkt ist.

Nachdem Vertriebsverträge stark durch die jeweils anwendbaren Wettbewerbsrechte geprägt sind, ist deren Berücksichtigung in der Rechtsprechung
durch zivile Gerichte in Verfahren über Vertriebsverträge näher zu beleuch-
ten. Dies auch im Zusammenhang mit der Anerkennung und Vollstreckung
von Urteilen, welche letztlich den Rechtsschutz solcher Verträge insbesondere auch auf internationaler Ebene sicherstellen.

Zum besseren Verständnis der recht technischen Materie sind wesentliche
Gesetzestexte und Erlasse von Wettbewerbsbehörden in der Schweiz und in
der EU in einem Anhang dargestellt, welcher auch die Quellen-Lektüre erleichtern und dem Praktiker einen schnellen Zugriff gewähren soll.

Die Vertriebsverträge haben in der Schweiz wie auch in der EU zu Beginn
des 21. Jahrhunderts wettbewerbsrechtlich wesentliche Neubeurteilungen
und Veränderungen erfahren. Die Rechtsentwicklung war auf diesem Gebiet
stark im Fluss. Diese Dynamik sollte sich indes künftig etwas abschwächen.
Dieser Umstand sowie der neue Erlass der WEKO Bekanntmachung vom
2. Juli 2007 über die wettbewerbsrechtliche Behandlung vertikaler Abreden,
welche in der Schweiz eine Neubeurteilung der Vertriebsverträge ermöglicht, war auch Anlass zu diesem Buch.

Zürich, im November 2007

A) Allgemeines zum Alleinvertriebsvertrag in seiner faktischen Ausgestaltung

1. Die verschiedenen Vertriebsformen

Fabrikations- und Handelsunternehmen sowie Lieferanten stehen hinsichtlich des Vertriebes ihrer Produkte oder Handelswaren verschiedene Instrumente zur Verfügung. Aus betriebswirtschaftlicher Sicht lassen sich grundsätzlich zwei Vertriebsarten unterscheiden. Ausschlaggebendes Merkmal für die Unterscheidung ist, inwieweit der Lieferant das Vertriebsrisiko in seinen eigenen Händen behält oder an die nächste Marktstufe weitergibt.

a) Direktvertrieb

Beim Direktvertrieb behält der Hersteller bez. Lieferant bezüglich des Vertriebes im relevanten Absatzmarkt ganz oder zumindest sehr weitgehend die wirtschaftliche Dispositionsbefugnis, aber auch das ganze Vertriebsrisiko in seinen Händen. Dies trifft zu beim eigenen Direktvertrieb sowie beim Vertrieb über Zweigniederlassungen, Tochtergesellschaften, Handelsreisende, Agenten, Kommissionäre und Makler.

Bei all diesen Vertriebsformen werden die Produkte letztlich auf Rechnung des Herstellers bzw. Lieferanten an den Kunden verkauft bzw. geliefert. Beim Hersteller bzw. Lieferanten verbleibt somit das volle *Vertriebsrisiko* im relevanten Absatzmarkt in Form des Eigentümer-, Lager-, Kapital- und Gewährleistungsrisikos der Produkte. Gleich verhält es sich grundsätzlich mit dem Delkredererisiko, sofern dieses nicht vertraglich auf Agenten, Kommissionäre, Makler oder Dritte, wie Banken (mittels Factoring- oder Forfaitierungsverträgen) oder (Kredit-)Versicherungen, überwälzt werden kann. Die Überwälzung des Delkredererisikos ist jedoch regelmässig mit erheblichen Kosten verbunden.

Die Tragung des beschriebenen Vertriebsrisikos bringt dem Lieferanten indes den Vorteil, dass er ganz oder zumindest sehr weitgehend die *wirtschaftliche Dispositionsbefugnis* bezüglich des Vertriebs im relevanten Absatzmarkt behält. Er kann – im Rahmen der (wenigen) wettbewerbsrechtlichen Schranken – frei die im relevanten Markt gegenüber Kunden zu verfolgende Preis- und Absatzpolitik bestimmen bzw. diese gegenüber Kommissionären, Maklern und Agenten vertraglich festlegen und durchsetzen. Er behält den Absatzkanal und -markt und insbesondere die Kundenbeziehung ganz oder zumindest sehr weitgehend in seiner Hand.

b)   Vertrieb über selbständige Händler

Beim Vertrieb über selbständige Händler behält der Hersteller bzw. Lieferant, wenn auch nicht vollständig, so doch recht weitgehend (über entsprechend vereinbarte Weisungs- und Informationsrechte), die wirtschaftliche Dispositionsbefugnis bezüglich des Vertriebes im relevanten Markt unter gleichzeitiger Abwälzung des Vertriebsrisikos auf den Händler, der die Produkte in eigenem Namen auf eigene Rechnung verkauft. Dies trifft beim Alleinvertriebsvertrag und verwandten Verträgen, wie selektivem Vertrieb und (Vertriebs-)Franchising zu. Mit diesen Verträgen hat der Hersteller bzw. Lieferant ein interessantes und aggressives Vertriebsmittel in den Händen.

Als Grundform und Basisvertrag des Vertriebs über selbständige Händler hat sich aus der Praxis der Alleinvertriebsvertrag entwickelt.

Beim entsprechend ausgestalteten Alleinvertriebsvertrag bleibt für den Hersteller bzw. Lieferanten der Vorteil der wirtschaftlichen Dispositionsbefugnis über den Vertrieb auf dem relevanten Markt recht weitgehend erhalten. Wird die wirtschaftliche Dispositionsbefugnis des Lieferanten mit engen Weisungs- und anderen Rechten gegenüber dem Alleinvertreter zur Sicherstellung eines uniformen Marktauftrittes (unter Markenlizenzen und Know-how Transfer) umfassend wahrgenommen, so kann der Alleinvertriebsvertrag zum (Vertriebs-) Franchisevertrag mutieren, wobei die Abgrenzung fliessend ist. Im Vergleich zum Direktvertrieb, dem Vertrieb über Zweigniederlassungen, Tochtergesellschaften, Handelsreisende, Kommissionäre, Makler und Agenten kann jedoch das Vertriebsrisiko beinahe vollständig ausgeschaltet und dem als Eigenhändler auf eigene Rechnung und Gefahr handelnden Alleinvertreter überbunden werden. Dieser kennt zudem oft Markt und Kundschaft besser; er ist als interessierter Eigenhändler folglich in der Lage, den Markt effizienter als der Hersteller bzw. Lieferant zu erschliessen und zu bearbeiten.

Für den Hersteller bzw. Lieferanten bestehen *zur Wahl des Alleinvertriebsvertrages als Vertriebsmittel* vielfältige *Motive*.

– Er kann sich zum Abschluss eines Alleinvertriebsvertrages entscheiden, weil er Kosten des Aufbaus und des Unterhalts einer eigenen Vertriebsorganisation mittels Direktvertrieb, Zweigniederlassung oder Tochtergesellschaften im konkreten Fall als zu hoch erachtet.

– Er kann den Alleinvertriebsvertrag wählen, weil er über zu wenig Marktkenntnisse und Geschäftsbeziehungen (vorab in unerschlossenen und ausländischen Märkten) verfügt.

– Die Entscheidung zu Gunsten des Alleinvertriebsvertrages wird auch wesentlich durch Risikoüberlegungen, d.h. durch die mehr oder minder grosse Möglichkeit der Abwälzung des Vertriebsrisikos, beeinflusst.
– Der Entscheid zum Vertrieb über einen Alleinvertreter kann auch damit begründet sein, dass diese Vertriebsform gegenüber dem Vertrieb über Handelsreisende, Kommissionäre, Makler und Agenten u.U. effizienter ist, weil dem Alleinvertreter als Eigenhändler eine unternehmerische Freiheit mit grösserem Gewinnpotential eingeräumt wird.

All diese Vorteile wird der Lieferant beim Alleinvertriebsvertrag gegen mögliche Nachteile und Beschränkungen der wirtschaftlichen Dispositionsbefugnis abzuwägen haben; letztere können sich vorab aus wettbewerbsrechtlichen Schranken ergeben[2]. Hier besteht vorab der gewichtige Nachteil, dass dem Alleinvertreter bzw. Händler im Regelfalle die Autonomie gewährt werden muss, die Endverkaufspreise der Produkte selbst festzusetzen. Zudem bestehen Einschränkungen hinsichtlich der Dauer solcher Verträge.

Auch für den Alleinvertreter bestehen vielfältige Motive zum Abschluss eines Alleinvertriebsvertrages.
– Mit dem Alleinvertrieb kann der Alleinvertreter seine selbständige Stellung als Eigenhändler behalten.
– Er schützt sich zudem (weitgehend oder vollständig) vor einem «Intrabrand-Wettbewerb» und kann über die auf Dauer angelegte Vertriebsbeziehung seine Vertriebsrisiken geringer halten.
– Bei entsprechend ausgestalteten Verträgen kann er auf Schulung und Verkaufsunterstützung des Lieferanten zählen, was die Absatzchancen erhöht.
– Nicht uninteressant kann im Weiteren bei wartungsintensiven Produkten das Nachverkaufsgeschäft sein.

Diese Vorteile hat der Alleinvertreter gegen Nachteile dieser Vertriebsform abzuwägen, welche sich insbesondere in der Kündigung des Alleinvertriebsvertrages und der (vielfach entschädigungslosen) Marktübernahme durch den Lieferanten manifestieren, was vorab bei gut eingeführten Markenprodukten gelingen mag.

---

[2] Vgl. dazu ausführlicher C) Ziff. 2 ff. hernach.

2. Kerngehalt und Charakteristika des Alleinvertriebsvertrages

Der *Alleinvertriebsvertrag* hat sich als eines der wichtigen Absatzinstrumente für Hersteller und Lieferanten aus der *Wirtschafts- und Rechtspraxis entwickelt*. Der Alleinvertriebsvertrag ist auch Basis für verwandte Verträge im Vertrieb, wie den Selektivvertrieb und das Franchising. Unbesehen dieser Wichtigkeit als Absatzinstrument für Hersteller und Lieferanten auf nationaler und internationaler Ebene, hat der Alleinvertriebsvertrag *kaum Eingang in die gesetzliche Normierung* und Regelung gefunden. Dies auch vorab in kontinentaleuropäischen civil law countries, in denen eine gesetzliche Regelung und Normierung von wichtigen und gängigen Vertragstypen grundsätzlich üblich ist. So ist der Alleinvertriebsvertrag in der Schweiz und in den meisten europäischen Ländern gesetzlich nicht geregelt. Dies gilt auch für die erwähnten verwandten Verträge des Selektivvertriebs und des Franchising.

Angesichts der Wichtigkeit des Alleinvertriebsvertrages als nationales und internationales Absatzinstrument hat dieser (wie auch die verwandten Verträge) indes durch das *Wettbewerbsrecht indirekt und mittelbar eine gesetzliche Regelung* erfahren. Das Wettbewerbsrecht zeigt zumindest die rechtlich zulässigen Bereiche und die Schranken auf. Damit wird die Vertragsfreiheit der Parteien zur freien Regelung und Ausgestaltung von Alleinvertriebsverträgen und verwandten Verträgen, die in den meisten liberalen Rechtsordnungen grundsätzlich besteht, eingeschränkt.

In *Europa* ist das Wettbewerbsrecht der Europäischen Gemeinschaft dafür zentral. Es hat sich seit geraumer Zeit u.a. auch dem Alleinvertriebsvertrag und den verwandten Verträgen angenommen, zu früherer Zeit in detaillierteren Regelungen für einzelne Vertragstypen (Alleinvertriebsvereinbarungen, Alleinbezugsvereinbarungen, Franchisevereinbarungen etc.)[3], derzeit mit generelleren Bestimmungen für vertikale Bezugs- und Vertriebsverträge, welche eine einfachere Handhabung des Zulässigen und Unzulässigen ermöglichen sollen. Heute ist für diese europäische wettbewerbsrechtliche Regelung gestützt auf Artikel 81 EG Vertrag (EGV) vorab die Verordnung (EG)

---

[3] Vgl. Gruppenfreistellungsverordnung (GVO) Nr. 1983/83 der EG Kommission vom 22. Juni 1983 betreffend Alleinvertriebsvereinbarungen mit detaillierter Regelung von zulässigen und unzulässigen Klauseln (white and black clauses); GVO Nr. 1984/83 der EG Kommission vom 22. Juni 1983 betreffend Alleinbezugsvereinbarungen; GVO Nr. 4087/88 der EG Kommission vom 30. November 1988 betr. Franchisevereinbarungen; Bekanntmachung der EG Kommission zu den Gruppenfreistellungsverordnungen Nr. 1983/83 und Nr. 1984/83 vom 22. Juni 1983; diese Gruppenfreistellungsverordnungen galten bis 31. Mai 2000.

Nr. 2790 der Kommission vom 22. Dezember 1999 über die Anwendung von Artikel 81 Absatz 3 des Vertrages auf Gruppen von vertikalen Vereinbarungen und aufeinander abgestimmten Verhaltensweisen massgebend *(EU Vertikal-Gruppenfreistellungsverordnung bzw. GVO)*[4]. Dies zusammen mit den Erläuterungen der Kommission dazu in den Leitlinien für vertikale Beschränkungen vom Jahre 2000 *(EU Leitlinien für vertikale Beschränkungen)*[5].

Das europäische Wettbewerbsrecht und dessen Auslegung durch die anwendenden Wettbewerbsbehörden[6] und Gerichte hat nicht nur das Wettbewerbsrecht der EU Mitgliedstaaten, sondern auch dasjenige der Schweiz beeinflusst, welche sich in Harmonisierungsbestrebungen diesem Recht immer weiter annäherte. In der *Schweiz* hat die Wettbewerbskommission (*Weko*) am 18. Februar 2002 erstmals gestützt auf das Kartellgesetz (KG) die Bekanntmachung über die wettbewerbsrechtliche Behandlung vertikaler Abreden erlassen, welche ihre Anwendungspraxis zu vertikalen Wettbewerbsabreden (und damit auch zu Alleinvertriebsverträgen und verwandten Verträgen) grob skizziert, was auch entsprechend Kritik auslöste. Dieser Kritik Rechnung tragend hat die Weko am 2. Juli 2007 eine neue Bekanntmachung über die wettbewerbsrechtliche Behandlung vertikaler Abreden erlassen, welche per 1. Januar 2008 in Kraft tritt und dieser Kritik zumindest teilweise Rechnung trägt und auch eine weitere Annäherung an das EU-Wettbewerbsrecht – mit der EU Vertikal-Gruppenfreistellungsverordnung und den EU Leitlinien für vertikale Beschränkungen – brachte *(Weko Vertikal-Bekanntmachung)*[7].

Nachdem das Wettbewerbsrecht den Alleinvertriebsvertrag wie auch die verwandten Verträge in all ihren verschiedenen Ausgestaltungen und Prägungen in der Rechtswirklichkeit zu erfassen versucht, ist es auch angezeigt, vorab den Kerngehalt des Alleinvertriebsvertrages aus dieser Optik und den dort gefundenen Realien zu bestimmen. Für Europa ist dabei das EU-Wettbewerbsrecht bestimmend, das sich sehr weitgehend mit der Rechtswirklichkeit auseinandergesetzt hat.

Alleinvertriebsverträge sind in ihrem *Kerngehalt* auf *Dauer angelegte Rahmenvereinbarungen*, wonach

---

[4] ABl. L 336 vom 29.12.1999, S. 21; Text in Anhang, Ziff. 4.

[5] ABl. C 291 vom 13.10.2000, S. 1; Text auszugsweise in Anhang, Ziff. 5.

[6] Die EU Leitlinien für vertikale Beschränkungen legen Auslegung und Praxis der anwendenden Wettbewerbsbehörden dar. «Die Leitlinien berühren die Auslegung nicht, die das Gericht erster Instanz und der Gerichtshof der Europäischen Gemeinschaften zur Anwendung des Artikels 81 auf vertikale Vereinbarungen geben.»; vgl. EU Leitlinien für vertikale Beschränkungen, Einleitung, Ziff. 1 (4); Anhang, Ziff. 5.

[7] Text der Weko Vertikal-Bekanntmachung in Anhang, Ziff. 10.

- sich ein *Lieferant* (Hersteller oder Händler) verpflichtet, seine Produkte (Waren und/oder Dienstleistungen) zwecks Weiterverkauf in einem bestimmten Gebiet (oder an eine bestimmte Kundengruppe) nur an einen (Allein-)Vertriebshändler (der selbständig, in eigenem Namen auf eigene Rechnung agiert) zu verkaufen (*Alleinvertriebsverpflichtung des Lieferanten – gegenüber: Alleinbezugsrecht bzw. Bezugspflicht für Weiterverkauf des Allein-Vertriebshändlers*)

und

- sich ein *Allein-Vertriebshändler* entsprechend (und spiegelbildlich) verpflichtet, die Produkte (Waren und/oder Dienstleistungen) vom Lieferanten (Hersteller oder Händler) bzw. einem von diesem bestimmten Dritten zu kaufen zwecks Weiterverkauf (in eigenem Namen auf eigene Rechnung) (*Alleinbezugsrecht bzw. Bezugspflicht und Weiterverkaufspflicht des Allein-Vertriebshändlers);* dabei schränkt der Alleinvertriebsvertrag *üblicherweise* die Möglichkeiten für den Allein-Vertriebshändler ein, die Produkte in anderen Gebieten oder bei anderen Kundengruppen (aktiv) zu verkaufen, womit der Allein-Vertriebshändler seine (aktiven) Weiterverkaufsbemühungen (vorab) auf das bestimmte Gebiet bzw. die bestimmte Kundengruppe zu konzentrieren hat *(Absatz- bzw. Vertriebsbindungspflichten)*[8].

Als weiteres zentrales Element in Alleinvertriebsverträgen als Rahmenverträge erscheint dabei als *essentialia negotii* die grundsätzliche Einigung über den *Preis der (Vertrags-)Produkte (samt Lieferkonditionen)*, welche der Hersteller bzw. der Lieferant über die Vertragsdauer (gestützt auf einzelne Bestellungen und Verträge) dem Allein-Vertriebshändler zu verkaufen und letzterer zu kaufen hat. Dies zumindest in all jenen Fällen, in denen der Preis samt Konditionen nicht «nach den Umständen bestimmbar ist» (vgl. Art. 184 Abs. 3 OR in analoger bzw. sinngemässer Anwendung, soweit schweizerisches Recht auf den Alleinvertriebsvertrag anwendbar ist).

Der derart in seinem (notwendigsten) Kerngehalt umschriebene und definierte Alleinvertriebsvertrag ist sowohl nach dem Wettbewerbsrecht der EU als nach schweizerischem Wettbewerbsrecht grundsätzlich zulässig und nicht zu beanstanden. Dies zumindest solange der Marktanteil des Herstel-

---

[8] Vgl. zu dieser Definition die Ausführungen in den EU Leitlinien für vertikale Beschränkungen, Alleinvertrieb, N 161 sowie Bekanntmachung der EU Kommission zu den Gruppenfreistellungsverordnungen Nr. 1983/83 und Nr. 1984/83 vom 22. Juni 1983, II Alleinvertriebsvereinbarungen und Alleinbezugsvereinbarungen, 1. Gemeinsamkeiten und Unterschiede.

lers oder Lieferanten auf dem relevanten Markt 30% nicht übersteigt und keine kumulativen Auswirkungen gleichartiger Vertriebsnetze vorliegen[9].

Nicht zum Kerngehalt eines Alleinvertriebsvertrages gemäss obenstehender Definition gehören demnach insbesondere:

– *Wettbewerbsverbote bzw. Konkurrenzverbote zu Lasten des (Allein-)Vertriebshändlers,* wonach dieser keine Konkurrenzprodukte zu den Vertragsprodukten unter dem Alleinvertriebsvertrag (während der Vertragsdauer und beschränkte Zeit danach) direkt oder indirekt beziehen, herstellen und verkaufen darf. Oft werden solche Wettbewerbs- bzw. Konkurrenzverbote vereinbart, wobei sodann die wettbewerbsrechtlichen Schranken zu beachten sind[10].

– *Alleinbezugsverpflichtungen zu Lasten des (Allein-)Vertriebshändlers,* wonach dieser alle unter dem Alleinvertriebsvertrag in den Weiterverkauf gelangenden Produkte vom Lieferanten oder einem von diesem bezeichneten Dritten zu kaufen hat. Meist werden solche Alleinbezugsverpflichtungen vereinbart, wobei sodann die wettbewerbsrechtlichen Schranken zu beachten sind[11].

– *Absatz- bzw. Vertriebsbindungsklauseln zu Lasten des (Allein-)Vertriebshändlers,* wonach dieser verpflichtet wird, Weiterverkäufe nur in dem vom Alleinvertriebsvertrag bestimmten Gebiet bzw. an die bestimmte Kundengruppe zu verkaufen. Derartige Bindungen werden oft vereinbart. Dabei ist jedoch die wettbewerbsrechtliche Zulässigkeit genau zu prüfen, zumal totale Gebietsabschottungen bzw. Kundengruppenisolierungen wettbewerbsrechtliche Kernbeschränkungen tangieren und grundsätzlich unzulässig sind[12].

– *Preisbindungsklauseln bzw. Preisempfehlungen für den Weiterverkauf zu Lasten des (Allein-)Vertriebshändlers.* Die Festschreibung von Mindest- oder Festpreisen zu Lasten des (Allein-)Vertriebshändlers für dessen Weiterverkauf, wie generell die Beschränkung des (Allein-)Vertriebshändlers in seiner Preisgestaltungsmöglichkeit für den Weiterverkauf, ist grund-

---

[9]   Vgl. Art 3 und Art. 6 EU Vertikal-Gruppenfreistellungsverordnung und Ziff. 14 (3) und Ziff. 13 (2); Weko Vertikal-Bekanntmachung Ziff. 15 (2); Anhang, Ziff. 4 und 10.

[10] Maximaldauer von 5 Jahren gemäss Art. 5 EU Vertikal-Gruppenfreistellungsverordnung; Grundsätzlich 5 Jahre gemäss Weko Vertikal-Bekanntmachung, Ziff. 12 lit. f; Anhang, Ziff. 4 und 10.

[11] Solche Alleinbezugsverpflichtungen sind im Regelfalle für 5 Jahre zulässig; vgl. EU Leitlinien für vertikale Beschränkungen, 2.2 Alleinvertrieb, N 162; Anhang, Ziff. 5.

[12] Vgl. dazu EU Vertikal-Gruppenfreistellungsverordnung, Art. 4, lit. b und Weko Vertikal-Bekanntmachung, Ziff. 12 Abs. 1 lit. b; ausführlicher dazu C) hernach.

sätzlich wettbewerbsrechtlich verpönt, da wettbewerbsrechtliche Kernbeschränkungen tangiert werden. Die Festschreibung von Höchstpreisen und die Abgabe von (echten) Preisempfehlungen ist jedoch grundsätzlich zulässig und wird auch oft in Alleinvertriebsverträgen praktiziert[13].

– *Direktbelieferungsverbotsbestimmungen zu Lasten des Lieferanten.* Grundsätzlich ist dieses Direktbelieferungsverbot zu Lasten des Lieferanten bezüglich Direktverkäufen in das gemäss Alleinvertriebsvertrag bestimmte Gebiet oder die bestimmte Kundengruppe bereits implizit in der Kerngehalt bildenden Alleinvertriebsverpflichtung des Lieferanten enthalten. Oft wird indes dieses Direktbelieferungsverbot explizit festgehalten. Soweit die Kerngehalt bildende Alleinvertriebsverpflichtung des Lieferanten wettbewerbsrechtlich zulässig ist, hat auch das Direktbelieferungsverbot Bestand[14]. Entsprechend diesem Verbot für den Lieferanten werden oft *Liefererermächtigungsklauseln zu Gunsten des Lieferanten* vereinbart, wonach dieser (in Durchbrechung und in Ausnahme zu seiner Alleinvertriebsverpflichtung) ermächtigt wird, selbst (oder über Dritte) Verkäufe im bestimmten Gebiet oder bei der bestimmten Kundengruppe zu tätigen. Solche Klauseln sind als Ausnahmen im Alleinvertriebsvertrag denkbar, möglich und oft auch anzutreffen. Wettbewerbsrechtlich sind diese Regelungen unbedenklich (da wettbewerbsfördernd). Allerdings muss es bei der Ausnahme bleiben, da andernfalls ein Kerngehalt des Alleinvertriebsvertrages untergraben wird, womit letztlich ein spezieller Vertriebsvertrag vorliegt, der nicht mehr als Alleinvertriebsvertrag qualifiziert werden kann.

– *Mengenvorgaben und Verkaufsförderungspflichten zu Lasten des (Allein-)Vertriebshändlers.* Solche Bestimmungen sind häufig in Alleinvertriebsverträgen anzutreffen. Soweit Mengenvorgaben angesichts bestehender Verkaufsvolumen des (Allein-)Vertriebshändlers praktisch auf ein Wettbewerbsverbot bzw. ein Konkurrenzverbot des (Allein-)Vertriebshändlers hinauslaufen, sind wiederum die wettbewerbsrechtlichen Schranken zu beachten[15]. Allgemeine Verkaufsförderungspflichten sind in Alleinver-

---

[13] Vgl. dazu EU Vertikal-Gruppenfreistellungsverordnung, Art. 4 lit. a und Weko Vertikal-Bekanntmachung, Ziff. 12 Abs. 1 lit. a; ausführlicher dazu C) hernach.

[14] Wettbewerbsrechtlich ist dieses Direktbelieferungsverbot nur bei bestimmten Ersatzteillieferungen des Lieferanten bzw. Herstellers verpönt; vgl. z.B. EU Vertikal-Gruppenfreistellungsverordnung Ziff. 11 2 lit. e; Anhang, Ziff 4.

[15] Maximaldauer von 5 Jahren gemäss Art. 5 i. V. mit Art. 1 lit. b EU Vertikal-Gruppenfreistellungsverordnung; Grundsätzlich 5 Jahre gemäss Weko Vertikal-Bekanntmachung, Ziff. 12 lit. f i.V. mit Ziff. 6; Anhang Ziff. 4 und 10.

triebsverträgen häufig – wenn nicht praktisch immer – anzutreffen. Nach hier vertretener Auffassung besteht aber in jedem echten Alleinvertriebsvertrag auch ohne ausdrückliche Festschreibung zumindest eine minimale Verkaufsförderungspflicht implizit. Dies als Korrelat zu der vom Lieferanten eingegangenen Alleinvertriebsverpflichtung und dem damit dem Vertriebshändler eingeräumten Alleinbezugsrecht. Wie bei Lizenzverträgen mit umsatzabhängigen Lizenzabgaben der Lizenzgeber nach Lizenz- und Exklusivitätseinräumung auf die Lizenznutzung des Lizenznehmers angewiesen ist und diese (selbst bei nicht expliziter Festschreibung) erwarten darf, so ist der Lieferant im Alleinvertriebsvertrag auf den Weiterverkauf durch den (Allein-)Vertriebshändler angewiesen und darf diesen erwarten. Aus diesem Grunde wurden oben die Bezugs- und Weiterverkaufspflichten als Kerngehalte des Alleinvertriebsvertrages aufgeführt, die bestehen und dem Vertragskonstrukt immanent sind, selbst wenn sie nicht explizit vereinbart werden.

3. Ausgestaltung und gängiger Inhalt von Alleinvertriebsverträgen

In der Praxis sind die Parteien, wie oben unter A) Ziff. 2 dargelegt, im Rahmen der in liberalen Rechtsordnungen bestehenden Vertragsautonomie frei, den Alleinvertriebsvertrag nach ihren konkreten und individuellen (wirtschaftlichen) Bedürfnissen auszugestalten. Dies innerhalb des durch das anwendbare Wettbewerbsrecht und des auf den Alleinvertriebsvertrag anwendbaren materiellen (Vertrags-)Rechts festgelegten Rahmens. Heute dürfte das entsprechend anwendbare Wettbewerbsrecht bei gewichtigeren und wesentlicheren Alleinvertriebsverträgen bei Weitem die wesentlicheren Einschränkungen mit sich bringen als die wenigen zwingenden Bestimmungen des anwendbaren materiellen (Vertrags-)Rechts.

Im Rahmen der verbleibenden Vertragsautonomie tritt der *Alleinvertriebsvertrag in verschiedensten Ausgestaltungen* auf. Über den oben in A) Ziff. 2 dargelegten Kerngehalt hinaus sind üblicherweise Regelungen und Klauseln in gängigen Alleinvertriebsverträgen anzutreffen, die nachfolgend darzustellen sind.

Vorab festzuhalten ist, dass Alleinvertriebsverträge auch in *Kombination mit anderen Vertragstypen* abgeschlossen werden können. Im Vordergrund stehen *selektive Vertriebssysteme*, die der Lieferant mit qualifizierten Vertriebshändlern vorab bei Marken-Prestigegütern (Cartier, Yves Saint-Laurent etc.) oder technisch hochstehenden Konsumgütern (Bang&Olufsen, Medizinaltechprodukten etc.) eingeht[16]. Diese selektiven Vertriebssysteme bzw. die einzelnen Verträge mit Vertriebshändlern können als eine Abart des Alleinvertriebsvertrages angesehen werden[17]. Denkbar ist auch die Kombination von Alleinvertriebsverträgen mit (Vertriebs-) *Franchiseverträgen*, wonach der Franchisegeber dem Franchisenehmer ein Organisations- und Absatzkonzept verbunden mit Know-how und Schulung sowie Nutzungseinräumung an gewerblichen Schutzrechten überlässt (McDonald's etc.)[18]. Darauf wird vorderhand bei der Darstellung der gängigen Regelungen und Klauseln von Alleinvertriebsverträgen (noch) nicht eingegangen.

Unbesehen des Rechtsbestandes einzelner Regelungen und Bestimmungen finden sich in Alleinvertriebsverträgen als auf Dauer angelegte Rahmenvereinbarungen folgende gängigen Regelungen und Bestimmungen (wobei in genereller Weise auf die durch des EU-Wettbewerbsrecht und das schweizerische Wettbewerbsrecht gegebenen Schranken hingewiesen wird):

3.1 Kernbestimmungen

– *Alleinvertriebsverpflichtung des Lieferanten (Hersteller oder Händler)*, wonach sich dieser auf bestimmte oder unbestimmte Dauer verpflichtet, seine Produkte (Waren und/oder Dienstleistungen) zum Zwecke des Weiterverkaufs in einem bestimmten Gebiet (oder an eine bestimmte Kundengruppe) nur an einen (Allein-)Vertriebshändler (der selbständig, in eigenem Namen auf eigene Rechnung agiert) zu verkaufen.

– *Alleinbezugsrecht bzw. Bezugspflicht und Weiterverkaufspflicht des (Allein-) Vertriebshändlers*, wonach dieser auf bestimmte oder unbestimmte Dauer berechtigt bzw. verpflichtet ist, die Produkte (Waren und/oder Dienstleistungen) vom Lieferanten (Hersteller oder Händler) bzw. einem von diesem bestimmten Dritten zu kaufen zwecks Weiterverkaufs (in eigenem Namen auf eigene Rechnung). Wie oben unter A) Ziff. 2 dargelegt, ist nach hier vertretener Auffassung eine (allerdings wenig konkretisierte, aber immerhin bestehende) Bezugspflicht und Weiterverkaufspflicht des (Allein-)Vertriebshändlers bereits implizit in der Alleinvertriebsverpflichtung des Lieferanten (als spiegelbildliche Pflicht des (Allein-)Vertriebshändlers) enthalten. Diese Bezugspflicht und Weiterverkaufspflicht wird

---

[16] Zur Definition des selektiven Vertriebssystems vgl. EU Leitlinien für vertikale Beschränkungen Rz 184 sowie Weko Vertikal-Bekanntmachung Ziffer 4; Anhang Ziff. 4 und 10.

[17] Vgl. R. Zäch, Schweizerisches Kartellrecht, 2. A., Bern 2005, S. 29.

[18] Zur Definition des Franchisevertrages im europäischen Wettbewerbsrecht; vgl. EU Leitlinien für vertikale Beschränkungen, Rz 199; Anhang, Ziff. 5.

in der Praxis indes meist in detaillierter Form und all ihren Ausgestaltungen festgehalten (Alleinbezugsverpflichtungen, Mindestabnahmeverpflichtungen, Verkaufsförderungsklauseln, etc., auf die nachstehend näher einzugehen ist.).

– *Generelle (rahmenvertragliche) Regelung der Preise und Lieferkonditionen der vom Lieferanten an den (Allein-)Vertriebshändler unter dem Alleinvertriebsvertrag zu verkaufenden Produkte* (Waren und/oder Dienstleistungen). Diese Regelung als essentialia negotii ist zumindest dann notwendig, soweit – wie oben unter A) Ziff. 2 dargelegt – diese Preise nach den Umständen bei Anwendung schweizerischen Rechts nicht bestimmbar sind.

3.2 Gängige weitere Regelungen und Bestimmungen (in Detaillierung und Erweiterung der Kernbestimmungen des Alleinvertriebsvertrages)

– *Regelungen zur genauen Umschreibung der Produkte (Waren und/oder Dienstleistungen)*: Diese Umschreibung ist wichtig, zumal das bei Vertragsinkrafttretung bestehende Produktesortiment über die Vertragslaufzeit Änderungen (Erweiterungen, Verkürzungen etc.) erfahren kann, die zu regeln sind.

– *Genaue Umschreibung des bestimmten (Vertrags-) Gebietes oder der allfällig bestimmten Kundengruppen*: Aus Präzisionsgründen ist die genaue Umschreibung des Vertragsgebietes (allenfalls mit Karten) geboten. Sodann sind in Fällen, in denen Kundengruppen bestimmt werden, an welche der (Allein-)Vertriebshändler die Weiterverkäufe zu tätigen hat, diese genau festzuhalten. Dabei werden häufig die gegebenenfalls bei Vertragsbeginn bereits im bestimmten Gebiet oder der bestimmten Kundengruppe vom Lieferanten getätigten Verkäufe angeführt. Dies um später die Kundenakquisition und Goodwill-Schaffung des (Allein-)Vertriebshändlers besser beurteilen zu können. Das mag betreffend der Beurteilung der Goodwill-Schaffung und allfälligen Goodwill-Entschädigung von Bedeutung sein, falls der Alleinvertriebsvertrag einmal sein Ende nehmen wird. Auf diese Problematik wird näher in B) Ziff. 4.3 hernach eingetreten.

– *Verkaufsförderungspflichten zu Lasten des (Allein-)Vertriebshändlers*, welche – zusätzlich zu den in den Kernbestimmungen zumindest implizit enthaltenen Verkaufspflichten – den (Allein-)Vertriebshändler allgemein zur Förderung des Weiterverkaufs der Produkte im bestimmten Gebiet bzw. an die bestimmte Kundengruppe anhalten.

In Konkretisierung dieser allgemeinen Verkaufsförderungspflicht werden folgende Verpflichtungen des (Allein-)Vertriebshändlers häufig geregelt und festgeschrieben:

- Führung *vollständiger Warensortimente*, wobei wettbewerbsrechtlich für so genannte Koppelungsgeschäfte Schranken gesetzt sind[19];
- *Mindestabnahmeverpflichtungen*, wobei auch hier wettbewerbsrechtlich Schranken gesetzt sind, sofern diese Mindestbezugspflichten faktische Konkurrenzverbote zu Lasten des (Allein-)Vertriebshändlers darstellen[20];
- Verpflichtung, die Produkte unter dem Alleinvertriebsvertrag nur unter *bestimmten Warenzeichen (Marken) und in bestimmter Ausstattung* zu verkaufen (mit oder ohne Möglichkeit der Änderung der Produkte durch den (Allein-)Vertriebshändler);
- *Werbeverpflichtung zu Lasten des (Allein-)Vertriebshändlers*, mit und ohne Kostenbeteiligung des Lieferanten;
- *Verpflichtung zur (minimalen) Lagerhaltung und (minimalen) Verkaufsnetzunterhaltung durch den (Allein-)Vertriebshändler* (mit oder ohne Einsetzung von Untervertretern etc. durch den (Allein-)Vertriebshändler);
- *Kundendienst- und Garantieleistungsverpflichtungen* des (Allein-)Vertriebshändlers während der Vertragszeit und eventuell auch danach;
- Verpflichtung zur *Anstellung von geschultem Personal und Schulungsregelungen* des Personals des (Allein-)Vertriebshändlers.
- *Wettbewerbsverbote bzw. Konkurrenzverbote zu Lasten des (Allein-)Vertriebshändlers*, wonach dieser verpflichtet wird, während der Vertragsdauer keine Konkurrenzprodukte zu den Vertragsprodukten unter dem Alleinvertriebsvertrag (während der Vertragsdauer und beschränkte Zeit danach) direkt oder indirekt zu beziehen, herzustellen und zu verkaufen. Bei solchen Verboten sind allerdings die wettbewerbsrechtlichen Schranken zu beachten[21].
- *Alleinbezugsverpflichtungen zu Lasten des (Allein-)Vertriebshändlers*, wonach dieser verpflichtet wird, alle unter dem Alleinvertriebsvertrag in den Weiterverkauf gelangenden Produkte vom Lieferanten oder einem von diesem bezeichneten Dritten zu kaufen. Bei der Vereinbarung sol-

---

[19] Vgl. dazu ausführlicher C) Ziff. 2ff. hernach.
[20] Vgl. dazu ausführlicher C) Ziff. 2ff. hernach.
[21] Vgl. dazu ausführlicher C) Ziff. 2ff. hernach.

cher Alleinbezugsverpflichtungen sind indes die wettbewerbsrechtlichen Schranken zu beachten[22].

– *Direktbelieferungsverbotsbestimmungen zu Lasten des Lieferanten.* Soweit dieses Verbot nicht bereits implizit in der Kerngehalt bildenden Alleinvertriebsverpflichtung des Lieferanten enthalten ist, wird dieses oft in Alleinvertriebsverträgen klar festgehalten oder in seinem Umfang bestimmt. Im Umfang, in welchem die Kerngehalt bildende Alleinvertriebsverpflichtung des Lieferanten wettbewerbsrechtlich zulässig ist, hat auch das Direktbelieferungsverbot bestand. Geregelt werden sodann häufig *Ausnahmen* zu diesem Verbot in Form von Lieferermächtigungsklauseln zu Gunsten des Lieferanten, wonach dieser (in Durchbrechung und in Ausnahme seiner Alleinvertriebsverpflichtung) ermächtigt wird, selbst oder über Dritte, Verkäufe im bestimmten Gebiet oder in der bestimmten Kundengruppe zu tätigen[23].

– *Preisbindungsklauseln bzw. Preisempfehlungen für den Weiterverkauf zu Lasten des (Allein-)Vertriebshändlers*: Die Festschreibung von Mindest- oder Festpreisen zu Lasten des (Allein-)Vertriebshändlers für dessen Weiterverkauf, wie generell die Beschränkung des (Allein-)Vertriebshändlers in seiner Preisgestaltungsmöglichkeit für den Weiterverkauf ist, wie bereits oben unter B) Ziff. 2 erwähnt, grundsätzlich wettbewerbsrechtlich verpönt. Damit werden *wettbewerbsrechtliche Kernbeschränkungen tangiert.* Die Festschreibung von Höchstpreisen und die Abgabe von (echten) Preisempfehlungen ist jedoch wettbewerbsrechtlich grundsätzlich zulässig und wird auch oft in Alleinvertriebsverträgen praktiziert.[24]

– *Andere Verkaufsklauseln zu Lasten des (Allein-)Vertriebshändlers.* Bestimmungen, wonach der (Allein-)Vertriebshändler beim Weiterverkauf verpflichtet ist, vorgegebene allgemeine *Verkaufs- und Lieferbedingungen* anzuwenden, werden oft vereinbart. Diese sind wettbewerbsrechtlich auch zulässig, zumindest solange eine sachliche Rechtfertigung dafür besteht, wie dies vorab in Garantie und Gewährleistungsbestimmungen der Fall ist.

– *Absatz bzw. Vertriebsbindungsklauseln zu Lasten des (Allein-)Vertriebshändlers.* Derartige Klauseln werden oft vereinbart, wonach der (Allein-)

---

[22] Vgl. dazu ausführlicher C) Ziff. 2ff. hernach.
[23] Wettbewerbsrechtlich ist dieses Direktbelieferungsverbot nur bei bestimmten Ersatzteillieferungen des Lieferanten bzw. Herstellers verpönt; vgl. EU Vertikal-Gruppenfreistellungsverordnung Ziff. 2 lit. e; Anhang, Ziff 4.
[24] Vgl. dazu ausführlicher C) Ziff. 2ff. hernach.

Vertriebshändler verpflichtet wird, Weiterverkäufe nur in dem vom Alleinvertriebsvertrag bestimmten Gebiet bzw. an die bestimmten Kundengruppen zu verkaufen. Allerdings ist deren wettbewerbsrechtliche Zulässigkeit genau zu prüfen, zumal totale *Gebietsabschottungen bzw. Kundengruppenisolierungen wettbewerbsrechtliche Kernbeschränkungen tangieren.* Im EU-Wettbewerbsrecht sind solche Gebietsabschottungen unzulässig und im schweizerischen Wettbewerbsrecht sind solche Bestimmungen vermutungsweise und im Grundsatz (von Ausnahmen abgesehen) unzulässig. Solche Regelungen sind wettbewerbsrechtlich meist nur soweit unbedenklich, als dem (Allein-)Vertriebshändler auferlegt wird, «ausserhalb des bestimmten Gebietes (oder der bestimmten Kundengruppe) für die Produkte keine Kunden aktiv zu werben, keine Niederlassung einzurichten und keine Auslieferungslager zu unterhalten». Ein totales Belieferungsverbot an Käufer ausserhalb des Vertragsgebietes ist daher nicht statthaft. Passive Verkäufe müssen zulässig bleiben.[25]

– *Kaufrechtliche (eventuell werkvertragsrechtliche) Abwicklungs- und Abrechnungsklauseln,* welche die Modalitäten der Einzelgeschäfte regeln, d.h. der Warenbestellung und des Warenverkaufs bzw. Verkaufsregeln (Preisbestimmungen, Preisänderungsvorbehalte, Bestellung und Bestellfristen, Mindestbestellmengen, Auslieferung und Auslieferungsfristen, Regelung von Transporten, Zöllen und Steuern, Übergang von Nutzen und Gefahr, mögliche Vereinbarungen betreffend Konsignationslager beim (Allein-) Vertriebshändler, Versicherung, Zahlung, Rabatte, Verrechnungsverbote, Fristen und Behandlung von Mängelrügen, etc.). Auch allgemeine *Verkaufs- und Lieferbedingungen des Lieferanten wie auch gebräuchliche Incotermsbestimmungen*[26] *hinsichtlich Preis und Lieferklauseln* werden meist zum integralen Vertragsbestandteil erklärt. Garantie- und Enthaftungsklauseln, welche vorab die vertragliche Haftung des Lieferanten gegenüber dem (Allein-)Vertriebshändler unter dem Alleinvertriebsvertrag anwendbaren Recht regeln, wobei gesetzliche Gewährleistungsrechte bzw. Garantieansprüche und dazu gehörige Mängelrügefristen und Fristen zur Geltendmachung von Ansprüchen erweitert oder aufgehoben werden. Auch hier wird oft auf allgemeine Verkaufs- und Lieferbedingungen des Lieferanten verwiesen, die zum Vertragsbestandteil erklärt werden.

– *Verkaufsunterstützungsklauseln zu Lasten des Lieferanten,* wonach dieser zu Werbematerialüberlassung, Werbung, Aufrechterhaltung von Mar-

---

[25] Vgl. dazu ausführlicher C) Ziff. 2ff. hernach.
[26] Incoterms 2000 der Internationalen Handelskammer, ICC.

ken und anderen Schutzrechten, Informationen über die Vertragsware, Märkte und besondere Entwicklungen sowie allgemeine Verkaufsunterstützung angehalten wird.

– *Berichterstattungs- und Auskunftsklauseln zu Lasten des (Allein-)Vertriebshändlers*, wonach dieser zur Marktbeobachtung und periodischen Unterrichtung des Lieferanten über Kundschaft, Geschäftsgang und Markt verpflichtet wird.

– *Unterstützungspflichten des (Allein-)Vertriebshändlers zur Rechtswahrung des Lieferanten*, wonach dieser verpflichtet wird, bei Verletzung von Marken und anderen Schutzrechten des Lieferanten letzteren zu unterstützen und solche Rechte nicht selbst anzugreifen.

– *Garantieserviceklauseln/Serviceklauseln*, welche den Service des (Allein-) Vertriebshändlers sowohl während der vertraglichen Gewährleistungs- bzw. Garantiefrist wie auch danach regeln. Dabei wird auch das interne Verhältnis zwischen Lieferant und (Allein-)Vertriebshändler im Hinblick auf die erwähnten zwischen den Parteien geltenden internen Garantie- und Enthaftungsklauseln samt Kosten geregelt.

– *Vertragsdauer und Kündigungsklauseln.* Hier wird einerseits die feste oder unbestimmte Vertragsdauer des Alleinvertriebsvertrages mit Kündigungsmöglichkeiten geregelt.

Je nach Ausgestaltung des Alleinvertriebsvertrages, insbesondere wenn Wettbewerbsverbote bzw. Konkurrenzverbote, Mindestbezugsverpflichtungen (die sich als faktische Wettbewerbsverbote darstellen) und Alleinbezugsverpflichtungen vereinbart werden, bestehen wettbewerbsrechtliche Schranken. In diesen Fällen wird sowohl durch das EU-Wettbewerbsrecht sowie auch das schweizerische Wettbewerbsrecht letztlich grundsätzlich nur eine Maximaldauer von 5 Jahren als zulässig erachtet[27].

Im Zusammenhang mit der Vertragsdauer werden oft auch die (vorzeitigen) Vertragsbeendigungen des Dauerschuldverhältnisses *aus wichtigem Grund* geregelt samt den sich daraus ergebenden Schadenersatzansprüchen. Wichtige Gründe werden häufig extensiv (über die gemäss dem auf den Alleinvertriebsvertrag anwendbaren Recht durch Gesetz oder Gerichtspraxis definierten Gründe hinausgehend) definiert. So werden oft auch Solvenzprobleme der Parteien, wie letztlich Konkurs, Nachlassstundung und andere Insolvenzverfahren, als Kündigungsmöglichkeiten

---

[27] Sowohl im EU-Wettbewerbsrecht wie auch im schweizerischen Kartellrecht sind Alleinvertriebsverträge mit Wettbewerbsverboten und mit unbestimmter Dauer und vertraglich vereinbartem Kündigungsrecht nicht zulässig; vgl. C) Ziff. 2ff. hernach.

definiert. Sodann werden häufig wesentliche Änderungen der Rechtsformen der Parteien oder Beteiligungsverhältnisse (Aktionärswechsel etc.) als vorzeitige Beendigungsgründe benannt.

– *Goodwill-Klauseln*, wonach Goodwill-Entschädigungen an den (Allein-)Vertriebshändler bei Beendigung des Vertragsverhältnisses wegbedungen oder definiert werden. In der schweizerischen Rechtsprechung werden Goodwill-Entschädigungen des Lieferanten an den (Allein-)Vertriebshändler bis dato grundsätzlich nicht zugesprochen, sofern solche nicht vereinbart sind (im Gegensatz zum Agenturrecht; Art. 481u OR). Hier haben die Parteien eine ausgewogene Regelung zu finden, welche beiden Seiten Rechnung trägt. Eine Goodwill-Entschädigung zu Lasten des (Allein-)Vertriebshändlers auf vertraglicher Basis erscheint insbesondere gerechtfertigt, wenn dieser grosse Marktaufbau-Investitionen zu tätigen hat und den Absatz von Markenprodukten des Lieferanten erheblich unter dem Alleinvertriebsvertrag erhöhen kann.[28]

– *Auslaufklauseln.* Hier sind Regelungen zu treffen bezüglich des beim (Allein-)Vertriebshändlers bei Vertragsende allfällig verbleibenden Waren- und Ersatzteillagers sowie der Aufrechterhaltung des Kundenservices nach Vertragsende innerhalb und ausserhalb der noch bestehenden Gewährleistungsfristen, auf die Kunden Anspruch haben.

In diesen Auslaufklauseln werden auch Regelungen für kurz vor Vertragsende zu tätigende Bestellungen des (Allein-)Vertriebshändlers sowie der bei Vertragsende noch pendenten Geschäfte (zwischen Lieferant und (Allein-)Vertriebshändler sowie zwischen (Allein-)Vertriebshändler und dessen Kunden) getroffen.

– *Beendigungsklauseln*, in denen Rückgabepflichten, vorab des (Allein-)Vertriebshändlers, sowie Fälle des Retentionsrechtes geltend gemacht werden.

– *Nachvertragliche Geheimhaltungs- und Konkurrenzverbotsklauseln zu Lasten des (Allein-)Vertriebshändlers.* Insbesondere nachvertragliche Konkurrenzverbotsklauseln unterliegen wettbewerbsrechtlichen Schranken im EU-Wettbewerbsrecht und im Wettbewerbsrecht der Schweiz von grundsätzlich einem Jahr.[29]

---

[28] Vgl. dazu ausführlicher B) Ziff. 4.3 hernach.
[29] Vgl. dazu ausführlicher C) Ziff. 2ff. hernach.

3.3   End-Vertragsklauseln

– *Force-Majeur-Bestimmungen*, wonach die Parteien den Fall höherer Gewalt samt Freistellung von Rechten und Pflichten während dieser Zeit regeln. Häufig wird der Begriff der höheren Gewalt, soweit durch das auf den Alleinvertriebsvertrag anwendbare Recht oder damit verbundenen Rechtsprechung bestimmt und vorgegeben, erweitert und es werden insbesondere gewisse Lieferungs- und Absatzhindernisse in den Begriff und damit die Freizeichnung eingeschlossen.

– *Salvatorische Klauseln*, welche die Rechtsfolgen bei Unwirksamkeit einzelner Vertragsbestimmungen regeln mit dem Ziel, den gesamten Vertrag weitmöglichst aufrecht zu erhalten.

– *Rechtswahlbestimmungen*, die den Alleinvertriebsvertrag als Rahmenvereinbarung sowie auch die darauf basierenden Kauf- und Werklieferungsverträge einem bestimmten materiellen Recht bzw. einer bestimmten Rechtsordnung durch Rechtswahl unterstellen, was in den meisten liberalen Rechtsordnungen auch zulässig ist. Mangels Rechtswahl untersteht der Alleinvertriebsvertrag gemäss schweizerischem internationalen Privatrecht (IPRG) grundsätzlich dem Recht am Wohnsitz bzw. Sitz des (Allein-)Vertriebshändlers, der die vertragstypische (charakteristische) Leistung erbringt. Zu dem auf den Alleinvertriebsvertrag anwendbaren materiellen Recht sowie der empfohlenen Rechtswahl sei auf die Ausführungen unter B) Ziff. 3 hernach verwiesen.

– *Gerichtsstand- oder Schiedsgerichtsklauseln*, welche die zuständigen (ordentlichen) Gerichte oder Schiedsgerichte (institutionelle Schiedsgerichte oder ad hoc Schiedsgerichte) zur Streiterledigung bestimmen. Bezüglich der adäquaten Festlegung von Gerichtsständen und Schiedsklauseln unter Berücksichtigung der damit verbundenen Problematik der Anerkennung und Vollstreckung von Urteilen (insbesondere im internationalen Kontext) sei auf die Ausführungen unter B) Ziff. 3 hernach verwiesen.

– *Vollständigkeitsbestimmungen*, wonach die Vollständigkeit der Vereinbarung ohne weitere Nebenabreden (und impliziten Zusicherungen) festgehalten werden.

– *Schriftformvorbehaltsklauseln*, wonach Änderungen und/oder Ergänzungen des Vertrages, einschliesslich der Schriftformvorbehaltsklausel, der Schriftform bedürfen.

–   *Endklauseln* bezüglich Ausfertigung des Vertrages, Unterzeichnung und Erwähnung von Vertragsbeilagen als integraler Bestandteil (insbesondere Listen über Produkte, Kundengruppen, bestimmte Gebiete, allgemeine Verkaufs- und Lieferbedingungen des Lieferanten, Liefer- und Verkaufsbedingungen des (Allein-)Vertriebshändlers, etc.).

B) Der Alleinvertriebsvertrag nach schweizerischem Vertragsrecht

1. Rechtsquellen bezüglich Alleinvertriebsverträgen nach schweizerischem (Vertrags-)Recht (bei inländischen Alleinvertriebsverträgen und Alleinvertriebsverträgen, die in Anwendung massgeblicher Kollisionsnormen oder nach Rechtswahl der Parteien schweizerischem Recht unterstellt sind)

Im schweizerischen Recht ist der Alleinvertriebsvertrag, wie auch in vielen ausländischen Rechtsordnungen, gesetzlich nicht normiert. Er ist folglich als *Innominatkontrakt* zu qualifizieren. Der Alleinvertriebsvertrag als auf Dauer angelegter Rahmenvertrag weist zumindest in (wesentlichen) Teilen seines Inhaltes verwandte Züge mit gesetzlich normierten Verträgen auf, wie namentlich dem *Kaufvertrag (Art. 184 ff. OR)*, dem *Agenturvertrag (Art. 418a ff. OR)* und dem *Auftrag (Art. 394 ff. OR)*. Die kaufvertraglichen Elemente finden sich vorab in den Kauf- und Werklieferungsklauseln, die letztlich einen Sukzessivlieferungsvertrag begründen. Die agentur- und auftragsrechtlichen Elemente sind namentlich in den Klauseln über die Verkaufsförderungspflichten des Alleinvertriebshändlers enthalten. Gewisse Teile des Alleinvertriebsvertrages, insbesondere die Alleinvertriebsklausel, lassen sich indes nicht gesetzlich normierten Verträgen zuordnen. Sie verbleiben als *Innominatselemente*.

Wenn ein Alleinvertriebsvertrag als rein inländischer Vertrag oder qua Anwendung massgeblicher Kollisionsnormen oder Rechtswahl der Parteien schweizerischem Recht unterstellt ist, wird der Richter, der den Vertrag zu beurteilen hat, den allgemeinen Teil des schweizerischen Obligationenrechts als dispositives Recht unmittelbar anwenden. Zusätzlich wird der Richter die zwingenden und dispositiven gesetzlichen Bestimmungen der genannten, im besonderen Teil des Obligationenrechts geregelten Vertragsverhältnisse zur Auslegung und Ergänzung eines Alleinvertriebsvertrages heranziehen. Darüber hinaus hat er die in der Praxis entwickelten verkehrstypischen Elemente des Alleinvertriebsvertrages zu berücksichtigen.

Angesichts des Umstandes, dass der Alleinvertriebsvertrag als Innominatkontrakt keine kohärente gesetzliche Normierung erfahren hat, ist eine präzise und ausführliche (lückenlose) vertragliche Regelung durch die Parteien im Hinblick auf die Schaffung von Klarheit, Rechtssicherheit und Durchsetzbarkeit von grösster Wichtigkeit.

Bei rein inländischen Alleinvertriebsverträgen sind sodann die *wettbe-werbsrechtlichen Schranken* zu beachten, die durch das schweizerische Kartellgesetz gesetzt werden. Dazu sei auf Ausführungen unter C) Ziff. 3 hernach verwiesen.

Auch ohne EU-Beitritt der Schweiz ist in extremen Fällen jedoch nicht auszuschliessen, dass selbst rein inländische «schweizerische» Alleinvertriebsverträge durch wettbewerbsrechtliche Bestimmungen des EU-Rechts (Art. 81 EGV) beeinflusst werden. Dies, soweit eine spürbare Beeinträchtigung des Handels und des Wettbewerbs zwischen EU-Mitgliedstaaten aus dem Vertrag resultiert.

2. Kaufrechtsregelungen bei grenzüberschreitenden Alleinvertriebsverträgen (Wiener Kaufrecht)

Bei grenzüberschreitenden Alleinvertriebsverträgen ist das *Übereinkommen der Vereinten Nationen über Verträge im internationalen Warenkauf (Wiener Kaufrecht, WKR)* zu beachten, das seit dem 1. März 1991 für die Schweiz Gültigkeit hat[30]. Das Wiener Kaufrecht gilt grundsätzlich als massgebliches Kaufrecht bei Alleinvertriebsverträgen zwischen Parteien, die ihren Sitz in Vertragsstaaten des Übereinkommens haben[31], sowie dann, wenn das (gemäss Rechtsfindung des urteilenden Gerichtes) auf den Alleinvertriebsvertrag anwendbare Recht das Recht eines Abkommensstaates ist[32]. Die Anwendung des Wiener Kaufrechts kann jedoch durch Parteivereinbarung ausgeschlossen werden, so dass mit der entsprechenden Rechtswahl der Parteien für den Vertrag nur das entsprechende materielle Landesrecht ohne das Wiener Kaufrecht zur Anwendung kommt[33].

Das Wiener Kaufrecht integriert teilweise die kaufrechtliche Common Law Tradition in das kontinentale Recht und ist in seiner Tendenz käuferfreundlicher als die *kaufrechtlichen Bestimmungen des schweizerischen Obligationenrechts*. Vertragsverletzungen müssen innert angemessener Frist, jedoch spätestens innert zwei Jahren gerügt werden[34]. Den Parteien stehen nach dem Wiener Kaufrecht in materieller Hinsicht Ansprüche auf Vertrags-

---

[30] Text auszugsweise in Anhang, Ziff. 13.
[31] Dem Abkommen sind die meisten europäischen Staaten, die USA sowie Länder aus Asien, Afrika, Karibik und Australien beigetreten. Die Auflistung der Vertragsstaaten findet sich im Anhang des WKR (SR 0.221.211.1).
[32] Art. 1 Abs. 1 WKR; Anhang, Ziff. 13.
[33] Art. 6 WKR.
[34] Art. 39 WKR.

erfüllung, Minderung und Rücktritt vom Vertrag zu. In erster Linie steht dem Käufer jedoch ein Anspruch auf Nachbesserung zu[35]. Dies im Gegensatz zu den kaufrechtlichen Bestimmungen im schweizerischen Obligationenrecht, die einen solchen Anspruch grundsätzlich nicht vorsehen. Ein Rücktritt vom Vertrag kann bei einer wesentlichen Vertragsverletzung i.S. von Art. 25 WKR geltend gemacht werden[36]. Gemäss dieser Bestimmung ist eine Vertragsverletzung wesentlich, wenn der Gegenpartei «im wesentlichen entgeht, was sie nach dem Vertrag hätte erwarten dürfen». Schadenersatzansprüche können in jedem Fall kumulativ zu den anderen Ansprüchen geltend gemacht werden[37].

In der Praxis wird damit in Alleinvertriebsverträgen auf Begehren oder Druck des Lieferanten und Verkäufers oft die Anwendung des Wiener Kaufrechts ausgeschlossen.

3. Anwendbares Recht und Gerichtsstand (sowie Vollstreckung von Urteilen) bei internationalen Alleinvertriebsverträgen

3.1 Anwendbares Recht

Rein *inländische (schweizerische) Alleinvertriebsverträge* und verwandte Verträge zwischen Parteien mit Sitz in der Schweiz unterstehen ohne weiteres dem *schweizerischen Recht*. Die Frage des auf das Vertragsverhältnis anwendbaren Rechts stellt sich nicht.

Alleinvertriebsverträge und verwandte Verträge dienen indes in vielen Fällen dazu, in einen ausländischen Markt vorzudringen. Sind die Vertragspartner in verschiedenen Staaten domiziliert, wird regelmässig ein *Sachverhalt mit relevantem Auslandbezug* vorliegen, womit sich die *Frage des anwendbaren materiellen Rechts* stellt.

Hat ein schweizerisches Gericht über einen Alleinvertriebsvertrag oder einen verwandten Vertrag mit Auslandbezug zu urteilen, wendet dieses das schweizerische Kollisionsrecht (*Bundesgesetz über das Internationale Privatrecht vom 18. Dezember 1987 – IPRG*) an. Danach steht es den Parteien frei, eine *Rechtswahl* bezüglich des auf den Vertriebsvertrag anwendbaren materiellen (Vertrags-)Rechts zu treffen[38]. Das IPRG gesteht den Parteien bei

---

[35] Art. 46 WKR.
[36] Vgl. Art. 49 WKR.
[37] Vgl. Art. 45 Abs. 2 WKR.
[38] Art. 116 IPRG.

der Rechtswahl grösstmögliche Freiheit zu und verzichtet grundsätzlich auf weitere Zulässigkeitsvoraussetzungen (so auch Art. 187 IPRG zur Rechtswahl, falls Streitigkeiten vor internationalen Schiedsgerichten – und nicht vor staatlichen Gerichten ausgetragen werden)[39]. In formeller Hinsicht ist jedoch erforderlich, dass die Rechtswahl ausdrücklich erfolgen muss oder sich eindeutig aus dem Vertrag oder den Umständen zu ergeben hat (Art. 116 Abs. 2 und 187 Abs. 1 IPRG).

Bei einer Rechtswahl durch die Parteien wird indes unterstellt, dass die Parteien ein vernünftiges Interesse für ihre Rechtswahl geltend machen können und sie damit keinen Rechtsmissbrauch bezwecken. Es kann beispielsweise nicht erwartet werden, dass durch eine arbiträre Rechtswahl zwingende wettbewerbsrechtliche Bestimmungen, die ansonsten den Vertriebsvertrag beeinflussen würden, einfach ausgeschaltet und eliminiert werden können (vgl. Art. 18/19 IPRG).

Bei Alleinvertriebsverträgen und verwandten Verträgen mit internationalem Bezug ist den Parteien zu empfehlen, die Rechtswahl klar, eindeutig und schriftlich zu vereinbaren. Dabei wird sich vorab die Unterstellung des Vertrages unter das Recht am Sitz des Lieferanten oder des (Allein-)Vertreters aufdrängen. Der Hersteller bzw. Lieferant wird wohl auf die Wahl seines ihm bekannten Sitzrechtes dringen. In gewissen Fällen wird aber die Wahl eines Drittrechtes gerechtfertigt sein, so z.B. des schweizerischen Rechts als neutralem Recht für Parteien, die sich weder zu Gunsten des Lieferantenrechts noch für das Vertreterrecht einigen können.

Diese freie Rechtswahl bezüglich des auf Alleinvertriebsverträge und auf verwandte Verträge anwendbaren materiellen Rechtes lassen auch die meisten liberalen ausländischen Rechtsordnungen über ihre kollisionsrechtlichen Bestimmungen oder gestützt auf Rechtsprechung im Grundsatz zu, wobei allerdings im Einzelfall gesetzte Schranken zu prüfen und zu berücksichtigen sind.

Haben die Parteien keine Rechtswahl getroffen, sieht *Art. 117 Abs. 1 IPRG* – bei Beurteilung durch ein staatliches Gericht in der Schweiz – Folgendes vor: *«Bei Fehlen einer Rechtswahl untersteht der Vertrag dem Recht des Staates, mit dem er am engsten zusammenhängt.»* Dabei wird vermutet, dass der engste Zusammenhang mit dem Staat, in dem die Partei, welche die charakteristi-

---

[39] Erforderlich ist jedoch irgendein relevanter Auslandbezug (wobei von einem weiten Verständnis der internationalen Verträge auszugehen ist), sodass reine «Inlandverträge» der Rechtswahl grundsätzlich nicht zugänglich sind und nur schweizerischem Recht unterstehen können.

sche Leistung erbringt, ihr Domizil hat (Art. 117 Abs. 2 IPRG). In der exemplifikativen Aufzählung von Art. 117 Abs. 3 IPRG ist der (Allein-)Vertriebsvertrag nicht aufgeführt. Gemäss bundesgerichtlicher Rechtsprechung[40] und herrschender Lehre erbringt der (Allein-)Vertreter die charakteristische Leistung. Somit untersteht der Alleinvertriebsvertrag gemäss schweizerischem internationalen Privatrecht *mangels Rechtswahl dem Recht des Staates, in dem der Alleinvertreter sein Domizil bzw. seine Niederlassung hat. Dies trifft auch für verwandte Verträge zu.*

Bezüglich der Beurteilung einer Streitsache durch ein internationales Schiedsgericht in der Schweiz hält Art. 187 IPRG in gleicher Weise fest: «Das Schiedsgericht entscheidet die Streitsache ... bei Fehlen einer Rechtswahl nach dem Recht, mit dem die Streitsache am engsten zusammenhängt.» Auch wenn Art. 187 IPRG keine Vermutungstatbestände und keine exemplifikative Aufstellung wie Art. 117 Abs. 2 und 3 IPRG enthält und der schiedsrichterlichen Festlegung des anwendbaren Rechts grosses Ermessen eingeräumt wird, so wird auch in diesem Falle regelmässig das Recht des Staates des (Allein-)Vertreters zur Anwendung gelangen.

In Analogie zur Rechtsprechung zu Art. 418b Abs. 2 OR betreffend Agenturvertrag (welcher mit der Einführung des IPRG aufgehoben wurde) darf, wenn Wohnsitz/Niederlassung und Tätigkeitsgebiet des (Allein-)Vertreters auseinander fallen, angenommen werden, dass in der Regel das Recht desjenigen Landes zur Anwendung gelangt, in dem der Vertreter tätig ist. Dies entspricht auch sinngemäss der Regelung von Art. 117 Abs. 2 IPRG und dürfte auch im Falle von Art. 187 IPRG Anwendung finden.

3.2   Gerichtsstand

Erst wenn die Zuständigkeit schweizerischer Gerichte oder eines internationalen Schiedsgerichtes mit Sitz in der Schweiz zur Beurteilung von Streitigkeiten aus einem Alleinvertriebsvertrag oder einem verwandten Vertrag einmal gegeben ist, unterliegt dieser Vertrag den schweizerischen kollisionsrechtlichen Bestimmungen (siehe dazu oben B) Ziff. 3.1). Ist die Zuständigkeit einmal erstellt, unterliegt insbesondere die Beantwortung der Frage nach dem anwendbaren Recht Art. 116 ff. IPRG und Art. 187 IPRG.

Der Frage des im Streitfalle zuständigen Gerichtes bzw. dem Gerichtsstand kommt somit wesentliche Bedeutung zu. Es geht dabei nicht nur um Effizienz und Neutralität des zuständigen Gerichtes. Entscheidend können

---

[40]   BGE 124 III 188; 100 II 450; 88 II 471.

auch die kollisionsrechtlichen Bestimmungen sein, welche bei Fehlen einer Rechtswahl das anwendbare materielle (Vertrags-)Recht bestimmen. Zudem ist damit die Frage der Vollstreckbarkeit eines Urteils des zuständigen Gerichtes verbunden.

Art. 112 IPRG sieht für den Fall, dass die Parteien in internationalen Verhältnissen bezüglich des für Streitsachen zuständigen Gerichtes keine Vereinbarung getroffen haben vor, dass für *Klagen aus Vertrag die schweizerischen Gerichte am Wohnsitz des Beklagten* [41] (oder, wenn ein solcher fehlt, diejenigen an seinem gewöhnlichen Aufenthalt) zuständig sind. Den Wohnsitzgerichtsstand sieht auch Art. 2 Abs. 1 des Lugano-Übereinkommens vom 16. September 1988 (LugÜ) [42] vor. Im Zuständigkeitsbereich des Lugano-Übereinkommens sieht dessen Art. 5 Ziff. 1 zum ordentlichen (Beklagten-)Gerichtsstand alternativ jedoch auch einen *Gerichtsstand am Erfüllungsort* vor [43].

Hat der Beklagte aus einem Alleinvertriebsvertrag oder einem verwandten Vertrag seinen Wohnsitz bzw. seine geschäftliche Niederlassung in einem fremden Staat, so bestimmt dessen (Kollisions-)Recht, welches Gericht mangels Parteivereinbarung zuständig ist, wobei als Grundsatz der Beklagte an seinem Sitz zu belangen ist.

Aus den dargelegten Gründen und zur Elimination der aufgezeigten Unsicherheiten wird vorab bei internationalen Vertriebsverträgen oft das für die Streiterledigung zuständige staatliche Gericht mittels einer *Gerichtsstandsklausel* (exklusiv) festgelegt oder eine *schiedsgerichtliche Streiterledigung*, unter Ausschluss staatlicher Gerichte, vereinbart.

Für das schweizerische Recht hält Art. 5 IPRG die Zulässigkeit von Gerichtsstandsvereinbarungen im internationalen Verhältnis fest. Danach können die Parteien für einen bestehenden oder für einen künftigen Rechtsstreit über vermögensrechtliche Ansprüche aus einem bestimmten Vertragsverhältnis einen Gerichtsstand vereinbaren. Dies schriftlich, durch Telegramm, Telex, Telefax oder in einer anderen Form der Übermittlung. Das so vereinbarte schweizerische Gericht darf seine Zuständigkeit nicht ablehnen, wenn schweizerisches Recht nach IPRG anwendbar ist oder wenn eine Partei Sitz im Kanton des vereinbarten Gerichtes hat (Art. 5 Abs. 3 IPRG).

---

[41]   Bei Gesellschaften gilt der Sitz als Wohnsitz (Art. 21 IPRG).

[42]   Auszugsweise abgedruckt im Anhang, Ziff. 14; das LugÜ ist anwendbar (Stand Januar 2007) zwischen der Schweiz und Belgien, Dänemark, Deutschland, Finnland, Frankreich, Griechenland, Irland, Island, Italien, Luxemburg, Niederlande, Norwegen, Österreich, Polen, Portugal, Schweden, Spanien und Vereinigtes Königreich.

[43]   Der Gerichtsstand des Erfüllungsortes gemäss Art. 113 IPRG ist im Gegensatz zum LugÜ subsidiär zum Wohnsitzgerichtsstand.

Gemäss Art. 177 IPRG kann jeder vermögensrechtliche Anspruch zum Gegenstand eines Schiedsverfahrens gemacht werden. Eine Schiedsvereinbarung hat schriftlich, durch Telegramm, Telex, Telefax oder in einer anderen Form der Übermittlung zu erfolgen. Sie ist gültig, wenn sie dem von den Parteien gewählten oder auf die Streitsache anwendbaren oder dem schweizerischen Recht entspricht (Art. 178 IPRG).

Vereinbaren die Parteien die Zuständigkeit eines ausländischen staatlichen Gerichtes über eine Gerichtsstandsklausel oder eines Schiedsgerichtes über eine Schiedsgerichtsklausel mit Sitz im Ausland, so sind Voraussetzungen und Zulässigkeit derartiger Vereinbarungen unter dem entsprechenden Recht des fremden Staates zu prüfen. Liberale Rechtsordnungen lassen im Grundsatz solche Gerichtsstandsklauseln und Schiedsgerichtsklauseln zu. Allerdings sind oft Detailregelungen entscheidend, die genau zu prüfen und zu beachten sind (z.B. Akzept der Anhandnahme eines Rechtsstreites durch das in der Gerichtsstandsklausel vereinbarte staatliche Gericht, Formvoraussetzungen für Gerichtsstands- und Schiedsgerichtsklausel etc.).

Die meisten internationalen und wesentlichen Vertriebsverträge enthalten damit zur Elimination ansonsten bestehender Unsicherheiten eine von den Parteien vereinbarte Gerichtsstandsklausel oder Schiedsgerichtsklausel. Die Gültigkeit der von den Parteien getroffenen Rechtswahl hängt vorab davon ab, ob diese auch vom letztlich den Fall beurteilenden Gericht anerkannt wird, welches zu dieser Frage sein Recht, die lex fori, anwenden wird (Art. 116 Abs. 1 bzw. Art. 187 IPRG im Falle der Anwendbarkeit des schweizerischen Rechts). Bei der Vereinbarung des Gerichtsstandes oder der Schiedsvereinbarung muss vorgängig jedoch auch geprüft werden, ob ein Urteil des vereinbarten (Schieds-)Gerichtes überhaupt vollstreckt werden kann. Darauf ist weiter unten zurückzukommen[44].

In internationalen Vertriebsverträgen ist aus den dargelegten Gründen zur vorgängigen Abschätzung der Zulässigkeit der Rechtswahl und der Möglichkeit von Anerkennung und Vollstreckung des Urteils die Einbringung einer Gerichtsstandsklausel bzw. Schiedsgerichtsklausel dringend zu empfehlen. Bei Fehlen derartiger Klauseln hat der Kläger den Beklagten in aller Regel an seinem Domizilgerichtsstand zu belangen, und es ist damit für jeden einzelnen derartigen Gerichtsstand die Zulässigkeit der Rechtswahl wie auch die Anerkennung und Vollstreckung vorab zu prüfen.

---

[44] Dazu siehe unten B) Ziff. 3.3.

3.3 Anerkennung und Vollstreckung von Urteilen/ Schiedsurteilen

Es besteht die Gefahr, dass ein von einem Richter in einem Staat gefällter Urteilsspruch in einem anderen Staat (Staat der Gegenpartei) nicht vollstreckt werden kann, weil die dortigen Vollstreckungsbehörden die Zuständigkeit des urteilenden ausländischen Richters und damit die Verbindlichkeit eines solchen Urteils nicht anerkennen.

Die Risiken, die damit verbunden sind, können dadurch vermieden werden, dass die Parteien im Alleinvertriebsvertrag oder verwandtem Vertrag durch entsprechende Klauseln die (exklusive) Zuständigkeit einer bestimmten nationalen Gerichtsinstanz (*Gerichtsstandklauseln*) oder eines Schiedsgerichtes mit Sitz in einem bestimmten Land (*Schiedsgerichtsklauseln*) vereinbaren und gleichzeitig die *Vollstreckbarkeit eines solchen Urteils an den möglichen in Betracht kommenden Vollstreckungsorten bzw. -Ländern überprüfen*. Hilfreich ist dabei auch die gleichzeitige Vornahme einer Rechtswahl mit Bestimmung des auf den Vertriebsvertrag anwendbaren materiellen Rechts. Damit kann der Ausgang eines Rechtsstreites besser eingeschätzt werden. Darauf wurde bereits hingewiesen[45].

Anerkennung eines ausländischen Entscheides bedeutet, dass einem ausländischen Hoheitsakt im Inland Wirkung verliehen wird (Wirkungserstreckung). Die Vollstreckung eines ausländischen Urteils stellt die zwangsweise Durchsetzung ausländischer Anordnungen im Inland dar (Wirkungsverleihung). Dabei entscheidet jeder Staat selbst darüber, ob und inwieweit er ausländische Entscheide anerkennen und vollstrecken will.

3.3.1 Anerkennung und Vollstreckung von Schiedsurteilen

Für die Anerkennung und Vollstreckung ausländischer Schiedsurteile verweist Art. 194 IPRG auf das *New Yorker Übereinkommen vom 10. Juni 1958 über die Anerkennung und Vollstreckung ausländischer Schiedssprüche (New Yorker Übereinkommen; SR 0.277.12)*. Das New Yorker Übereinkommen gilt nahezu weltweit; es sind nebst der Schweiz über 130 Signatarstaaten beigetreten. Daneben haben das Genfer Abkommen zur Vollstreckung ausländischer Schiedssprüche vom 26. September 1927 sowie das Genfer Protokoll über die Schiedsklauseln vom 24. September 1923 für die Schweiz nur noch geringe Bedeutung. Das Genfer Abkommen von 1927 gilt nur noch gegenüber Staaten, die dem New Yorker Übereinkommen nicht beigetreten sind. Dies

---

[45] Vorne B) Ziff. 3.1 und 3.2.

sind zur Zeit nur die Bahamas. Bilaterale Abkommen bestehen seitens der Schweiz mit Belgien (SR 0.276.191.721), Deutschland (SR 0.276.191.361), Italien (SR 0.276.194.541), Liechtenstein (SR 0.276.195.141), Österreich (SR 0.276.191.631 und 0.276.191.632), Schweden (SR 0.276.197.141), Spanien (SR 0.276.193.321) und mit der Tschechischen Republik und der Slowakei als Nachfolgestaaten der Tschechoslowakei (0.276.197.411). Gemäss Art. VII Ziff. 1 NYÜ lässt das New Yorker Übereinkommen die Gültigkeit von multi- oder bilateralen Verträgen, welche die Vertragsstaaten über die Anerkennung und Vollstreckung von Schiedssprüchen geschlossen haben, unberührt. Es gilt das *Günstigkeitsprinzip*. Lediglich das Genfer Abkommen und das Genfer Protokoll werden vom New Yorker Übereinkommen verdrängt (Art. VII Ziff. 2 NYÜ).

Ein ausländischer Schiedsspruch wird im Inland anerkannt und vollstreckt, wenn die Partei, gegen die er geltend gemacht wird, nicht bestimmte Verweigerungsgründe nachweist, oder wenn keine von Amtes wegen zu beachtende Verweigerungsgründe vorliegen. Die Aufzählung der Verweigerungsgründe in Artikel V des New Yorker Übereinkommens ist abschliessend.

Nur auf Antrag hin zu beachtende Verweigerungsgründe sind (Art. V Ziff. 1 NYÜ): Ungültigkeit der Schiedsvereinbarung, Verletzung des rechtlichen Gehörs, Überschreiten der Schiedsvereinbarung, Verletzung des massgebenden Verfahrensrechts und fehlende Verbindlichkeit des Schiedsspruchs. Daneben gibt es Verweigerungsgründe, die von Amtes wegen zu beachten sind (Art. V Ziff. 2 NYÜ). Es sind dies die fehlende Schiedsfähigkeit des Streitgegenstandes und die Verletzung des Ordre public.

Das Lugano-Übereinkommen seinerseits ist nicht anwendbar auf die Schiedsgerichtsbarkeit (Art. 1 Abs. 2 Ziff. 4 LugÜ).

3.3.2 Anerkennung und Vollstreckung von Urteilen staatlicher Gerichte

Basis für die *Anerkennung und Vollstreckung ausländischer Urteile staatlicher Gerichte nach autonomem Recht sind in der Schweiz die Art. 25-32 IPRG*. Gemäss Art. 25 IPRG wird eine ausländische Entscheidung staatlicher Gerichte in der Schweiz anerkannt, wenn sie von einer zuständigen Behörde[46] aus-

---

[46] Die Zuständigkeit ist gemäss Art. 26 IPRG gegeben, wenn eine Bestimmung im IPRG diese vorsieht (sog. indirekte Zuständigkeit, Marginale «Ausländische Entscheidungen», z.B. Art. 65 IPRG), der Wohnsitzgerichtsstand, eine gültige Gerichtsstandvereinbarung oder eine Einlassung bei vermögensrechtlichen Streitigkeiten sowie eine Konnexität bei Widerklagen vorliegt.

gegangen, rechtskräftig und frei von Verweigerungsgründen gemäss Art. 27 IPRG[47] ist. Die Entscheidung darf in der Sache selbst nicht nachgeprüft werden[48]. Eine anerkannte Entscheidung kann sodann auf Begehren vollstreckt werden (Art. 28 IPRG). Das Verfahren zur Anerkennung und Vollstreckung ist in Art. 29 IPRG geregelt.

Daneben hat die Schweiz multi- und bilaterale Anerkennungs- und Vollstreckungsverträge ratifiziert. Diese gehen den autonomen Regelungen von Art. 25 ff. IPRG vor (vgl. Art. 1 Abs. 2 IPRG). Der bedeutendste Staatsvertrag ist das Lugano-Übereinkommen. Artikel 55 LugÜ bestimmt, dass das Lugano Übereinkommen im Rahmen seines Geltungsbereiches den bilateralen Abkommen zwischen Vertragsstaaten vorgeht. Damit sind die bilateralen Abkommen, die die Schweiz mit Belgien, Deutschland, Italien, Österreich, Schweden und Spanien abgeschlossen hat, praktisch bedeutungslos. Nur noch die bilateralen Anerkennungs- und Vollstreckungsabkommen mit den «Nicht-LugÜ-Staaten» Liechtenstein (SR 0.276.195.141), der Slowakei und Tschechien (SR 0.276.197.411) sind zu beachten.

Das Lugano-Übereinkommen basiert auf dem Brüsseler Übereinkommen über die gerichtliche Zuständigkeit und die Vollstreckung gerichtlicher Entscheidungen in Zivil- und Handelssachen vom 27. September 1968, welches die damaligen EU-Mitgliedstaaten für sich und ihre künftigen Mitglieder abgeschlossen haben. Den Mitgliedern der EFTA (sowie unter gewissen Bedingungen auch übrigen interessierten Ländern) sollte mit dem Lugano-Übereinkommen in Zivil- und Handelssachen gleiche Anerkennung und Vollsteckung wie den EU-Mitgliedstaaten gewährt werden. Dem Lugano-Übereinkommen sind heute die wichtigsten europäischen (EU-/EFTA-Mitglied-) Staaten beigetreten[49].

Im Anerkennungsverfahren gemäss Lugano Übereinkommen darf die Zuständigkeit des Erststaates, der das anzuerkennende Urteil verfasst hat, nicht mehr überprüft werden[50]. Darin besteht ein wesentlicher Unterschied zum

---

[47] Die Verweigerungsgründe gemäss Art. 27 IPRG sind: Offensichtliche Unvereinbarkeit mit dem schweizerischen Ordre public, ungehörige Vorladung, Verletzung des rechtlichen Gehörs oder bereits ergangene Entscheidung in derselben Sache.

[48] Art. 27 Abs. 3 IPRG.

[49] Beitritte Stand Januar 2007: Belgien, Dänemark, Deutschland, Finnland, Frankreich, Griechenland, Irland, Island, Italien, Luxemburg, Niederlande, Norwegen, Österreich, Polen, Portugal, Schweden, Schweiz, Spanien und Vereinigtes Königreich. Besonders beachtenswert ist, dass Liechtenstein nicht Vertragsstaat des LugÜ ist.

[50] Eine Ausnahme gilt gemäss Art. 28 LugÜ für Versicherungs- und Verbrauchersachen sowie die ausschliesslichen Zuständigkeiten gemäss Art. 16 LugÜ. Für Vertriebsverträge spielen diese Ausnahmen keine Rolle.

Anerkennungsverfahren gemäss IPRG. Ein weiterer Unterschied zum Anerkennungs- und Vollstreckungsverfahren gemäss IPRG besteht darin, dass auch vorsorgliche Massnahmen anerkannt und vollstreckt werden können[51]. Die Verweigerungsgründe gemäss Art. 27 LugÜ decken sich weitgehend mit den Verweigerungsgründen von Art. 27 IPRG.

3.3.3 Würdigung

Den Fragen im Zusammenhang mit einer künftigen Erledigung von Streitigkeiten und der damit verbundenen Anerkennung und Vollstreckung von ausländischen (Schieds-)Urteilen wird bei internationalen Vertriebsverträgen erfahrungsgemäss in der Praxis zu wenig Bedeutung geschenkt, da die Parteien davon ausgehen, dass sich keine Streitigkeiten ergeben oder diese dann auf gütlichem Weg beigelegt werden. Die notorische Überlastung der Gerichtsinstanzen zeigt, dass diese Erwartung in vielen Fällen nicht gerechtfertigt ist. Daher lohnt es sich, den rechtlichen Aspekten im Zusammenhang mit einer künftigen Erledigung einer Streitigkeit samt den Fragen bezüglich der Anerkennung und Vollstreckung eines daraus ergehenden Urteils zum Voraus die gebührende Aufmerksamkeit zu schenken. Es zeigt sich, dass die Schweiz über das New Yorker Übereinkommen in ein umfangreiches und transparentes Netz der Anerkennung und Vollstreckung von Schiedsurteilen eingebettet ist, welches weit über die staatsvertraglichen Regelungen (gesicherter Anerkennung und Vollstreckung) für ordentliche Gerichte hinausgeht. Damit wird in vielen Fällen einer Schiedsklausel gegenüber einer ordentlichen Gerichtsstandsklausel der Vorzug zu geben sein, sofern im zweiten Fall die Anerkennung und Vollstreckung staatsvertraglich nicht gesichert ist und sodann in jedem Einzelfall geprüft werden muss, ob die betreffenden Länder die Anerkennung und Vollstreckung – in ähnlicher Weise nach autonomem Recht wie Art. 25 – 32 IPRG – gewährleisten.

4. Einzelprobleme im Zusammenhang mit wichtigen Klauseln des Alleinvertriebsvertrages

4.1 Gewährleistung und Garantie

In (Allein-)Vertriebsverträgen ist es üblich, entweder durch besondere Vertragsklauseln oder durch Verweise auf allgemeine Verkaufs- und Lieferbe-

---

[51] Jedoch nicht superprovisorische Massnahmen, die ohne Anhörung der Gegenpartei ergangen sind.

dingungen des Lieferanten (seltener Einkaufsbedingungen des Vertriebshändlers) eine Regelung der Garantie- und Gewährleistungsansprüche des Vertriebshändlers zu treffen[52]. Fehlen derartige Klauseln, so kommen bei (Allein-)Vertriebsverträgen unter schweizerischem Recht *vorab die kaufvertraglichen Gewährleistungsbestimmungen* zur Anwendung (Art. 192–210 OR). Enthält der Vertriebsvertrag nicht Kauf-, sondern Werklieferungsklauseln, so beurteilt sich die Gewährleistung nach Art. 367 ff. OR.

Nach den gesetzlichen kaufvertraglichen Gewährleistungsbestimmungen haftet der Lieferant für die zugesicherten Eigenschaften der Vertragsware sowie auch dafür, dass diese nicht körperliche (oder rechtliche) Mängel aufweist, die Wert oder Tauglichkeit zum vorausgesetzten Gebrauch aufheben oder erheblich mindern (Art. 197 OR). Verletzt der Lieferant seine diesbezüglichen Pflichten, so hat er dem Käufer den durch die Mangelhaftigkeit verursachten *unmittelbaren und mittelbaren Schaden* zu ersetzten. Dabei kann sich der Lieferant auch bei Nachweis, dass ihn kein Verschulden trifft, nicht von der Haftung für den unmittelbaren Schaden befreien (Art. 208 Abs. 2 OR). Lediglich der Haftung für den mittelbaren Schaden kann sich der Lieferant entziehen, soweit er seine Schuldlosigkeit beweisen kann (Art. 208 Abs. 3 OR). Ob der sog. Mängelfolgeschaden dabei im Einzelfall als unmittelbarer oder (nur) als mittelbarer Schaden qualifiziert werden muss, ist in der Lehre und Rechtsprechung umstritten. Das schweizerische Bundesgericht will unter dem mittelbaren Schaden lediglich den entgangenen Gewinn verstanden wissen (BGE 79 II 379 ff.), während ein Teil der Lehre darunter auch – abstellend auf die Intensität des Kausalzusammenhanges – weitere Schadenspositionen subsumiert.

Zusätzlich zu diesen Gewährleistungsansprüchen hat der Käufer das Recht, *Minderung des Kaufpreises oder Wandelung des gesamten Kaufes* zu verlangen (Art. 205 OR). Allerdings entscheidet letztlich der Richter, ob unter den gegebenen Umständen Wandelung oder nur Minderung gerechtfertigt ist. Nur beim Kauf vertretbarer Waren (*Gattungskauf*) gibt das Gesetz dem Käufer zusätzlich das Recht auf Lieferung neuer vertragsgemässer Ware (*Nachbesserungsanspruch)* (Art. 206 Abs. 1OR; BGE 95 II 125 ff.)[53].

Unter der dargestellten gesetzlichen Haftungsregelung kann der (Allein-)Vertriebshändler und Käufer seine (recht weitgehenden) Ansprüche

---

[52] Die Regelung wird meist im (Allein-)Vertriebsvertrag als Rahmenvertrag getroffen, gilt aber für das unter dem Rahmenvertrag abgeschlossene einzelne Kaufgeschäft.

[53] Im Werkvertragsrecht besteht dagegen ein Nachbesserungsanspruch des Bestellers gemäss Art. 368 Abs. 2 OR. Ein genereller Nachbesserungsanspruch besteht jedoch bei Anwendbarkeit des Wiener Kaufrechts; siehe vorne B) Ziff. 2.

nur wahren, sofern er (für jede Lieferung unter dem Vertriebsvertrag) den *strengen Prüf- und Rügepflichten* nachkommt. Bezüglich offener Mängel hat der Käufer die Ware, sobald es nach dem normalen Geschäftsgang möglich ist, zu prüfen und sofort und spezifiziert Mängelrüge zu erheben (Art. 201 Abs. 1 OR). Bei verborgenen Mängeln, die bei ordentlicher Prüfung nicht erkennbar sind, hat der Käufer sofort bei Feststellung spezifizierte Mängelrüge zu erheben (Art. 201 Abs. 3 OR). Allerdings verjähren sämtliche Gewährleistungsansprüche des Käufers (Minderung, Wandelung, Schadenersatz und Nachbesserung) gemäss dispositiver gesetzlicher Regelung ein Jahr nach Ablieferung des Kaufgegenstandes an den Käufer (Art. 210 Abs. 1 OR). Damit müssen offene und verborgene Mängel innert dieser Frist erkannt, richtig und zeitgerecht gerügt und klageweise geltend gemacht werden (sofern nicht durch eine andere Handlung die Verjährung unterbrochen wird; vgl. dazu Art. 134 ff. OR).

Angesichts dieser (dispositiven) gesetzlichen Regelung ist verständlich, dass die Parteien bei (Allein-) Vertriebsverträgen häufig eine spezifische vertragliche Regelung der Garantie- und Gewährleistungsansprüche suchen, welche die Eigenheiten des Vertragsproduktes angemessen berücksichtigt. Dabei ist die *Tendenz* feststellbar, die *Haftung des Lieferanten zu beschränken*. Wird eine teilweise (oder seltener gänzliche) Wegbedingung der gesetzlichen Haftung des Lieferanten vereinbart, was grundsätzlich möglich ist, so sind die Schranken von Art. 199 OR zu beachten. Danach ist eine Vereinbarung über die Aufhebung oder Beschränkung der Gewährleistungspflicht ungültig, falls Mängel arglistig verschwiegen worden sind[54]. Anderseits werden oft die gesetzlichen Prüf- und Rügepflichten des Käufers verlängert; dies meist unter gleichzeitiger Einräumung eines Nachbesserungsanspruches des Käufers (bei Verträgen, welche nicht die Lieferung von vertretbaren Waren beinhalten). Diese Ausgestaltung der Gewährleistungsansprüche führt zu der in der Praxis verbreiteten Figur der *Hersteller- oder Lieferantengarantie*[55]. Der Lieferant verpflichtet sich, über einen gewissen Zeitraum das einwandfreie Funktionieren des Produkts bei vertragsgemässem Gebrauch zu garan-

---

[54]   Soweit im Zusammenhang mit (Allein-)Vertriebsverträgen die Haftungsausschlüsse in allgemeinen Geschäftsbedingungen festgeschrieben werden, ist zusätzlich Art. 8 des Bundesgesetzes über den unlauteren Wettbewerb (UWG) zu beachten. Danach führen irreführende Geschäftsbedingungen, die zum Nachteil einer Partei erheblich von der gesetzlichen Ordnung abweichen, zur richterlichen Inhaltskontrolle und Nichtbeachtung von Haftungsausschlüssen.

[55]   Meist handelt es sich dabei um Sachgewährleistungspflichten des Lieferanten und nicht um eigentliche (abstrakte) Garantien analog Art. 111 OR.

tieren. Damit verbunden ist die Zusage, defekte Produkte zu reparieren oder nachzubessern oder durch vertragsgemässe mängelfreie Ware zu ersetzen. Gleichzeitig wird jedoch in der Regel die Haftung des Lieferanten für Mängelfolgeschäden und Wandelung entweder strikte limitiert oder meistens gänzlich ausgeschlossen. Bei gewissen Konsumgütern (z.B. Haushaltsgeräten) ist der Lieferant und Hersteller bereit, die Herstellergarantie durch die Ausstellung eines entsprechenden Garantiescheines unmittelbar gegenüber dem Endkonsumenten zu gewähren. Der Endkonsument erhält damit die Möglichkeit, kaufvertragliche Gewährleistungsansprüche ohne Zwischenschaltung des (Allein-)Vertriebshändlers direkt gegenüber dem Hersteller geltend zu machen und durchzusetzen.

Solche Herstellergarantien haben gewisse Ähnlichkeit mit der Produktehaftpflicht, soweit sie dem Verbraucher u.a. Rechte gegenüber dem Hersteller einräumen, die – auch bei Fehlen einer direkten vertraglichen Beziehung des Verbrauchers zum Hersteller (falls der Vertrieb über Zwischenhändler erfolgte) – zum Tragen kommen. Im Unterschied zur eigentlichen Produktehaftpflicht deckt die Herstellergarantie aber in der Regel nur Schäden am fehlerhaften Produkt. Die eigentliche Produktehaftpflicht zielt demgegenüber im Kern lediglich auf eine (verschuldensunabhängige) Haftpflicht (vorab des Herstellers) für Schäden, die durch das fehlerhafte Produkt verursacht werden[56].

Bei internationalen (Allein-)Vertriebsverträgen ist schliesslich auch zu beachten, dass die Schweiz dem Übereinkommen der Vereinten Nationen über Verträge im internationalen Warenkauf vom 11. April 1980 beigetreten ist (Wiener Kaufrecht), womit dieses Kaufvertragsrecht unter gewissen Voraussetzungen zur Anwendung gelangt[57].

4.2 Konkurrenzverbot

Ist ein Konkurrenzverbot vertraglich nicht vereinbart, so ist dem Alleinvertriebshändler eine *Konkurrenztätigkeit unter schweizerischem (Vertrags-) Recht* grundsätzlich weder *während der Dauer des Vertrages* noch nach dessen Auflösung verwehrt[58]. Mit der gehörigen Abnahme und Bezahlung der vereinbarten Lieferungen und mit der Beachtung der allgemeinen Verkaufsförderungspflicht erfüllt der Alleinvertriebshändler den Vertrag, so dass er dar-

---

[56]   Eingehender dazu unten B) Ziff. 5.
[57]   Eingehender dazu oben B) Ziff. 2.
[58]   Dieser Meinung auch BK-Gautschi, Bern 1964, N 4d zu Art. 418d.

über hinaus nicht noch zu einer besonderen Geschäftstreue gegenüber dem Lieferanten verpflichtet werden kann. Dies trifft vor allem dann zu, wenn sich der Alleinvertriebshändler zur Abnahme eines bestimmten Quantums verpflichtet hat und dieser Verpflichtung auch gehörig nachkommt.

Es gibt indes Lehrmeinungen, die ein vertragliches Konkurrenzverbot während der Vertragsdauer per se annehmen[59] oder ein solches bejahen, wenn der Alleinvertriebshändler in hohem Masse in das Absatznetz des Lieferanten integriert ist[60]. Dieser letzteren differenzierten Auffassung dürfte zu folgen sein.

Ist ein *Konkurrenzverbot* vereinbart, das *über die Beendigung des Alleinvertriebsvertrages* hinausgehen soll, so unterliegt es nach schweizerischem (Vertrags-)Recht gemäss herrschender Lehre in weiten Teilen den gleich strengen gesetzlichen Anforderungen wie agentur- und arbeitsvertragsrechtliche Konkurrenzverbote[61]. Dies bedeutet, dass das nachvertragliche Konkurrenzverbot *schriftlich* vereinbart werden muss und *zwingend entgeltlich* ist. Ein Bundesgerichtsentscheid zu dieser Frage steht jedoch (noch) aus. Das Zürcher Obergericht hat in einem Entscheid vom Jahre 1978 entschieden, dass die agenturvertragsrechtliche Vorschrift von Art. 418d Abs. 2 OR, die zwingend eine Karenzentschädigung vorsieht, nicht analog auf den Alleinvertriebsvertrag angewendet werden kann[62]. Zu bedenken ist auch, dass die wirtschaftliche Selbständigkeit und Unabhängigkeit des Alleinvertriebshändlers (die jedoch im Einzelfall stark variieren kann) eine analoge Anwendung der agentur- und arbeitsvertragsrechtlichen Konkurrenzverbotsregelung (Art. 418d Abs. 2 und Art. 340 bis 340c OR) nicht unbedingt erfordern. Das Zürcher Obergericht hat im oben zitierten Entscheid entschieden, dass zumindest die arbeitsvertragsrechtlichen Vorschriften über das Konkurrenzverbot analog auf den Alleinvertriebsvertrag anwendbar sind. Damit wären Konkurrenzverbote nach Ort, Zeit und Gegenstand angemessen zu begrenzen und könnten vom Richter unter Würdigung aller Umstände eingeschränkt werden, wenn sie das wirtschaftliche Fortkommen des Alleinvertriebshändlers in unbilliger Weise erschweren. Ein Konkurrenzverbot darf somit nur unter besonderen Umständen drei Jahre überschreiten.

Ein Konkurrenzverbot fällt dahin, wenn der Lieferant nachweisbar kein erhebliches Interesse mehr daran hat, oder wenn der Alleinvertriebsvertrag

---

[59]   C.A. Meyer, Der Alleinvertrieb, 2. Auflage, St. Gallen 1992, S. 292.
[60]   Schluep/Amstutz in: Honsell/Vogt/Wiegand (Hrsg.), Obligationenrecht I, 3. Auflage, Basel 2003, N 146 zu Einl. vor Art. 184 ff.
[61]   BK-Gautschi, Bern 1964, N 4d zu Art. 418d OR.
[62]   Entscheid des Zürcher Obergerichtes, zitiert in SJZ 77 (1981) S. 213 ff.

durch den Lieferanten gekündigt wird, ohne dass ihm der Alleinvertreter hierzu begründeten Anlass gegeben hätte. Ferner ist ein Konkurrenzverbot dann unverbindlich, wenn zwar der Alleinvertreter das Vertragsverhältnis kündigt, die Gründe dazu jedoch vom Lieferanten zu verantworten sind.

Letztlich ist darauf hinzuweisen, dass Konkurrenzverbote bei Alleinvertriebsverträgen während der Vertragslaufzeit und danach auch *wettbewerbsrechtlichen Schranken* unterliegen können. Danach sind unter schweizerischem Kartellrecht und dem EU-Wettbewerbsrecht grundsätzlich nur Konkurrenzverbote bzw. Wettbewerbsverbote während einer Vertragslaufzeit von maximal fünf Jahren zulässig; Nachvertragliche Konkurrenzverbote dürfen grundsätzlich ein Jahr nicht übersteigen[63]. Abweichungen von dieser Regel ergeben sich bei kleineren, kleine Marktanteile abdeckenden Alleinvertriebsverträgen (grundsätzliche Zulässigkeit des Konkurrenzverbotes) und bei Alleinvertriebsverträgen mit 30% übersteigenden Marktanteilen der Lieferanten (grundsätzliche Unzulässigkeit des Konkurrenzverbotes)[64]. Zudem wird bei Franchiseverträgen regelmässig eine längere Dauer des Konkurrenzverbotes als zulässig erachtet, soweit dies im Rahmen des Vertragszweckes gerechtfertigt ist[65].

4.3 Goodwillentschädigung/Kundschaftsentschädigung

Der (Allein-)Vertriebshändler bearbeitet den Markt in eigenem Namen und auf eigene Rechnung, doch kommen die wirtschaftlichen Vorteile, insbesondere in Form der Kundenakquisition, vorerst indirekt, später – nach Beendigung des Vertriebsvertrages – direkt auch dem Lieferanten zugute. Insbesondere bei Beendigung eines langjährigen Alleinvertriebsvertrages stellt sich damit regelmässig die Frage nach einer vom Lieferanten an den (Allein-)Vertriebshändler zu entrichtende Kundschafts- bzw. Goodwillentschädigung.

Dem Agenten steht gemäss *Agenturvertragsrecht zwingend eine Kundschaftsentschädigung* zu, wenn die in Art. 418u OR genannten Voraussetzungen erfüllt sind (wesentliche Erweiterung des Kundenkreises durch die Tätigkeit des Agenten und daraus resultierende erhebliche Vorteile nach Vertragsbeendigung für den Auftraggeber). Dabei handelt es sich nicht um ein nachträgliches Entgelt für die Leistung des Agenten während der Dauer des

---

[63] Ziff. 5 der Verordnung EG Nr. 2790/1999 der Kommission über vertikale Vereinbarungen; Ziff. 12 lit. g der Weko Vertikal-Bekanntmachung; Anhang, Ziff. 4 und 10.

[64] Vgl. dazu eingehender unten C) Ziff. 2 ff.

[65] Vgl. dazu Leitlinien der EG Kommission für vertikale Beschränkungen vom 13.10.2000, Rz 200; auszugsweise abgedruckt in Anhang, Ziff. 5.

Agenturvertrages, sondern um einen Ausgleich für den Geschäftswert, den der Auftraggeber nach Beendigung des Agenturvertrages weiterhin nutzen kann (zumal der Agent im Namen und für Rechnung des Auftraggebers Verträge vermittelt oder abschliesst, womit die Kunden direkt dem Auftraggeber «zukommen»)[66].

Nach dem heutigen Stand der Rechtsprechung hat der (Allein-)Vertriebshändler unter schweizerischem Recht keinen gesetzlichen Anspruch auf eine Kundschafts- bzw. Goodwillentschädigung. Damit hat der Lieferant ohne besondere vertragliche Vereinbarung keine Pflicht, den (Allein-)Vertreter bei Auflösung des Vertrages für den geschaffenen, unter Umständen recht erheblichen Goodwill zu entschädigen. Diese Rechtsprechung wird in der Literatur stark kritisiert. Ein Grossteil der Lehre will dem Alleinvertreter eine Kundschaftsentschädigung zusprechen, wenn dieser in das (markenorientierte) Absatzsystem des Lieferanten eingegliedert und seine wirtschaftliche Stellung mit derjenigen des Agenten vergleichbar ist[67].

Dem kann tendenzmässig beigepflichtet werden, insbesondere, wenn es sich bei den Produkten um Markenartikel handelt. In diesem Fall ist die Kundschaft weniger für die Person des Alleinvertreters als für den Markenartikel selbst geworben und auf letzteren fixiert. Nimmt der Lieferant das Alleinverkaufsrecht zurück, nachdem der Alleinvertreter einen Kundenstock aufgebaut hat, so fällt dem die Marke kontrollierenden Lieferanten durch die Arbeit des Alleinvertriebshändlers ein zusätzlicher Goodwill unentgeltlich und mit geringerem Risiko zu als dem über ein Agenturnetz vertreibenden Auftraggeber. Es ist deshalb denkbar, dass das Bundesgericht seine diesbezügliche Rechtsprechung in Zukunft revidieren und zumindest bei Alleinvertriebsverträgen mit Markenartikeln eine Kundschaftsentschädigung zusprechen wird. *Das schweizerische Bundesgericht[68] hat bereits angezeigt, dass die Anerkennung einer Kundschaftsentschädigung in besonderen Fällen[69] möglich ware.*

---

[66] Ausgleichscharakter für den gesamten Mehrwert; BGE 122 II 66, 72 f.; 4C.399/1999 E. 4a.

[67] Z.B. Carl Baudenbacher, Anspruch auf Kundschaftsentschädigung bei gesetzlich nicht geregelten Absatzmittlungsverträgen? In: Forstmoser/Tercier/Zäch (Hrsg.), Innominatverträge – Festgabe zum 60. Geburtstag von Walter R. Schluep, Zürich 1988, S. 81 ff., 87; Schluep, Innominatverträge in: Vischer (Hrsg.) SPR VII 2, Basel 1979, S. 847 f.

[68] BGE 88 II 169.

[69] Der Lieferant behält sich ein weitgehendes Kontrollrecht vor; der Vertreter verpflichtet sich zur Integration in die Verkaufsorganisation des Lieferanten oder Abtretung des Kundenstammes bei Vertragsbeendigung.

Soll diese mögliche Konsequenz aus einer allfälligen Praxisänderung des Bundesgerichtes vermieden werden, so empfiehlt es sich bereits heute, einen ausdrücklichen Ausschluss der Goodwillentschädigung in den Vertrag aufzunehmen. Der Ausschluss wird allerdings nur Bestand haben, sofern die Goodwillentschädigung vom Bundesgericht lediglich als dispositives Recht anerkannt wird. Sollte ihr jedoch analog dem Agenturvertrag zwingende Wirkung zukommen, so könnte der Ausschluss keine Wirkung entfalten.

Falls bereits zu Beginn eines Alleinvertriebsvertrages eine Kundenbasis besteht, die dem Lieferanten zugerechnet werden kann, so ist, wie beim Agenturvertrag, in jedem Falle zu empfehlen, diese Kundenbasis im Vertrag festzuhalten, womit die Erweiterung der Kundenbasis durch den Alleinvertriebshändler eingeschränkt und die allfällige Entschädigung reduziert wird.

4.4 Ordentliche und ausserordentliche Kündigung

Enthält ein Alleinvertriebsvertrag keine Regelung der Kündigung, so kommen nach Auffassung des Schweizerischen Bundesgerichts und der herrschenden Lehre beim *unterjährigen Vertragsverhältnis* die Kündigungsregeln des unterjährigen Agenturvertragsrechts analog zur Anwendung (Art. 418q Abs. 1 OR). Diese Bestimmung sieht eine einmonatige Kündigungsfrist auf das Ende eines Kalendermonates vor. Dauert das *Vertragsverhältnis über ein Jahr*, ist die Mehrheit der Lehre der Auffassung, dass die Regelung zum Agenturvertrag, die eine zweimonatige Kündigungsfrist vorsieht (Art. 418q Abs. 2 OR), nicht angemessen ist. Dem ist grundsätzlich beizupflichten. Die sechsmonatige Kündigungsfrist gemäss Gesellschaftsrecht (Art. 546 OR betreffend die einfache Gesellschaft) ist angemessener[70]. Dabei darf die Kündigung nicht zur Unzeit erfolgen und darf, wenn Rechnungsabschlüsse vorgesehen sind, nur auf das Ende eines Geschäftsjahres vorgenommen werden[71].

In Ergänzung zu den oben dargestellten Kündigungsregeln hat das Bundesgericht entschieden, dass die agenturvertragsrechtlich vorgesehene fristlose *Kündigung aus wichtigem Grund* (Art. 418r OR) analog auch auf Alleinvertriebsverträge Anwendung findet[72]. Die Kündigung aus wichtigem Grund stellt eine zwingende gesetzliche Regelung dar, welche durch eine anderslautende vertragliche Vereinbarung nicht beseitigt werden kann. Dem ist namentlich aus unternehmensplanerischer Sicht Rechnung zu tragen, weil

---

[70] BGE 107 II 216, 220 und herrschende Lehre.
[71] Art. 546 Abs. 2 OR analog.
[72] BGE 89 II 34, 37; 78 II 33, 39.

die meist auf Dauer angelegten (Allein-)Vertriebsverträge dann ein abruptes Ende nehmen können, falls einer Partei die Fortsetzung des Vertragsverhältnisses nicht mehr zuzumuten ist. Die Frage der Zumutbarkeit ist dabei auch losgelöst vom Verschulden zu prüfen, so dass ein zur fristlosen Kündigung berechtigender wichtiger Grund (z.B. eine grundlegende Veränderung des Marktes) vorliegen kann, auch wenn die andere Partei an dieser Situation schuldlos ist.

5. Produktehaftpflicht

5.1 Allgemeines zur Produktehaftpflicht

Unter dem Begriff «*Produktehaftpflicht*» wird stets *ausservertragliche, verschuldensabhängige Haftpflicht für bestimmte Schäden, die durch ein fehlerhaftes Produkt verursacht werden*, verstanden.

Der Haftpflichtige haftet dabei dem Geschädigten

– kraft zwingenden Gesetzes, d.h. ohne eine vertragliche Beziehung und auch ohne jede Möglichkeit vertraglicher Wegbedingung oder Einschränkung der Haftung,

– i.d.R. ohne Rücksicht darauf, ob er die zum Schaden führende Fehlerhaftigkeit des Produktes in irgendeiner Weise verschuldet hat,

– (nur, aber immerhin) für bestimmte Schäden, die das fehlerhafte Produkt verursacht, nicht aber für die Schadhaftigkeit dieses Produktes selbst.

In alldem unterscheidet sich die Produktehaftpflicht von der kaufrechtlichen oder werkvertragrechtlichen Gewährleistungspflicht, die stets einen Vertrag zwischen den Parteien voraussetzt, (zumindest teilweise) verschuldensabhängig ist, weitgehend vertraglich eingeschränkt bzw. ausgeschlossen werden kann und primär Anspruchsgrundlage für einen Schaden aus dem Mangel am Produkt selbst ist (vgl. oben B), Ziff. 4.1). *Gewährleistungsrecht ist dispositives Vertragsrecht, Produktehaftpflichtrecht zwingendes ausservertragliches Schutzrecht.*

Soweit Produktehaftpflichtrecht zwingendes anwendbares Schutzrecht ist, kann es Lieferanten bzw. Hersteller und Vertriebshändler unter einem (Allein-)Vertriebsvertrag betreffen – und ist einer Modifizierung im Vertriebsvertrag nicht zugänglich[73].

---

[73] Allein eine interne Beistands- und Regressregelung kann u.E. im (Allein-)Vertriebsvertrag bezüglich der zwingenden externen Haftungsansprüche unter der Produktehaftpflicht getroffen werden.

5.2   EU-Produktehaftpflichtrecht

Die *EU-Produktehaftpflichtrichtlinie*[74] wurde von allen «alten/ursprünglichen» EU-Mitgliedstaaten[75] und von allen EFTA-Mitgliedstaaten im nationalen Recht umgesetzt. Damit gilt das von der EU-Produktehaftpflichtrichtlinie vorgegebene Recht in Belgien, Dänemark, Deutschland, Finnland, Frankreich, Griechenland, Irland, Italien, Luxemburg, Niederlande, Österreich, Portugal, Spanien, Schweden, Grossbritannien sowie in Island, Liechtenstein, Norwegen und der Schweiz. Die EU-Produktehaftpflichtrichtlinie gilt auch für die im Rahmen der EU-Osterweiterung 2004[76] und die 2007[77] dazugestossenen neuen EU-Mitgliedstaaten. Mit dem Beitritt gilt in diesen Staaten derselbe gemeinschaftsrechtliche Standard einer verschuldensunabhängigen Produktehaftung wie in den alten EU-Mitgliedstaaten. Bis jetzt haben von den neuen EU-Mitgliedstaaten erst Estland und die Tschechische Republik innerstaatliche Umsetzungsgesetze erlassen.

Obwohl sich die entsprechenden Umsetzungsgesetze zwangsläufig weitgehend entsprechen, bestehen nicht zu vernachlässigende Unterschiede im Umsetzungsspielraum der Richtlinie, in der Auslegung gleichlautender Rechtsbegriffe sowie im ergänzenden nationalen Recht. Darauf kann im folgenden Überblick über das Richtlinienrecht nur sehr beschränkt eingegangen werden.

Das EU-Produktehaftpflichtrecht gemäss EU-Produktehaftpflichtrichtlinie beschränkt sich auf

– die verschuldensunabhängige Haftung für Personenschäden[78] (je nach nationaler Richtlinienumsetzung mit oder ohne Haftungslimite[79]), und

---

[74] Richtlinie 85/374/EWG des Rates vom 25. Juli 1985; Text in Anhang, Ziff. 11.

[75] Belgien, Dänemark, Deutschland, Finnland, Frankreich, Griechenland, Irland, Italien, Luxemburg, Niederlande, Österreich, Portugal, Spanien, Schweden, Grossbritanien.

[76] Estland, Lettland, Litauen, Malta, Polen, Slowakei, Slowenien, Tschechische Republik, Ungarn, Zypern.

[77] Bulgarien, Rumänien.

[78] Art. 9 Abs. 1 lit. a EU-Produktehaftpflichtrichtlinie. Die von der Haftpflicht gedeckten Personenschäden schliessen insbesondere auch Versorgerschaden bei Tod und Erwerbsausfall bei Körperverletzung ein, nicht aber Genugtuungsansprüche, die nationalem Haftpflichtrecht unterstehen (Art. 9 Abs. 2); die meisten nationalen Haftpflichtgesetze knüpfen Genugtuungsansprüche an den Nachweis eines Verschuldens (vereinzelt werden aber auch Genugtuungsansprüche in die verschuldensunabhängige Produkthaftpflicht einbezogen, so etwa in Finnland und Österreich).

[79] Nach Art. 16 Abs. 1 können die nationalen Umsetzungsgesetze die Produktehaftpflicht für Personen-Serienschäden («Schäden infolge von Tod oder Körperverletzung, die durch gleiche Artikel mit dem selben Fehler verursacht wurden»), auf EUR 70 Mio. oder höhere Beträge begrenzen. Davon haben bisher (unter Festlegung der Limite in der jeweiligen natio-

- die verschuldensunabhängige Haftung für Sachschäden an privat verwendeten Konsumgütern (stets ohne Haftungslimite, aber mit einem Selbstbehalt von EUR 500)[80], die ein Produkt[81] anrichtet, weil es nicht genügend sicher ist[82], sei es
  - wegen eines Materialdefekts (Fabrikationsfehler einschliesslich «Ausreisser»),
  - wegen seines Sicherheitsstandards (Konstruktionsfehler und Entwicklungsfehler)[83],

---

nalen Währung) Deutschland, Griechenland, Portugal und Island Gebrauch gemacht. Dabei ist jeweils abzuklären, ob die Haftungslimite auch für nicht serienmässige Personenschäden gilt (wie z.B. in Deutschland) und ob die Haftungslimite bei Nachweis eines Verschuldens entfällt (wie z.B. in Deutschland) oder nicht. Diese Haftungshöchstbeträge haben praktisch nie eine Rolle gespielt.

[80] Art. 9 Abs. 1 lit. b. EU-Produktehaftpflichtrichtlinie Der Selbstbehalt von EUR 500 ist in den nationalen Umsetzungsgesetzen in die jeweilige Landeswährung umgerechnet. Beschädigt ein fehlerhaftes Produkt Investitionsgüter oder Konsumgüter im geschäftlichen Gebrauch, besteht dafür nach der EU-Produktehaftpflichtrichtlinie keine Produktehaftpflicht. Es ist aber nicht ausgeschlossen, dass einzelne nationale Haftpflichtgesetze auch gewerbliche Sachschäden in die Produktehaftpflicht miteinbeziehen, so etwa Österreich (mit der Möglichkeit zur Wegbedingung). Die Haftpflicht für Vermögensschäden wird von der EU-Produktehaftpflichtrichtlinie nicht harmonisiert und von den nationalen Haftpflichtrechten i.d.R. auch nicht in die Produktehaftpflicht einbezogen.

[81] Der Begriff des «Produktes» ist als «bewegliche Sache» (inkl. Elektrizität) definiert, wobei diese Eigenschaft durch den Einbau in eine Baute nicht verloren geht (Art. 2). Durch den Erlass der Richtlinie 1999/34/EG (Inkrafttreten 4.6.1999) wurde der Geltungsbereich der Richtlinie 85/374/EWG auf landwirtschaftliche Grunderzeugnisse (z.B. Fleisch, Getreide, Obst und Gemüse) und Jagdprodukte erweitert (bis dahin war dieser Bereich ausgeschlossen). Die Richtlinie 1999/34/EG trägt zu einer Verbesserung des Verbraucherschutzes und zur Wiederherstellung des Vertrauens der Verbraucher in die Sicherheit der landwirtschaftlichen Erzeugnisse bei.
      Heikle Abgrenzungsfragen stellen sich nicht nur in Bezug auf den Begriff der «Beweglichkeit» der Sache, sondern auch in Bezug auf den Begriff «Sache» als solchen. Von grosser praktischer Relevanz ist die Kontroverse um die Sacheigenschaft verkörperten Gedankenguts (z.B. in Fachbüchern, Plänen, Berechnungen, Software), der noch keine verallgemeinerungsfähigen Grundsätze zu entnehmen sind; nicht nur zwischen der Auslegungspraxis der einzelnen Umsetzungsstaaten, sondern auch innerhalb derselben können sich verschiedene Lösungen ergeben.

[82] Art. 6 EU-Produktehaftpflichtrichtlinie.

[83] «Konstruktionsfehler» bezeichnet eine schon nach dem Stand der Wissenschaft und Produktsicherheit bei Inverkehrsetzung ungenügend sichere Konzeption eines Produktes. «Entwicklungsfehler» bezeichnet eine erst nach einem späteren Stand der Wissenschaft und Produktesicherheitstechnik ungenügend sichere Konzeption eines Produktes. Wird z.B. ein 1990 konzipiertes Produkt auch noch im Jahr 2000 produziert, ohne dass einem inzwischen fortgeschrittenen Stand der Wissenschaft und Produktesicherheitstechnik Rechnung getragen wurde, kann sich daraus unter Umständen (abhängig vom konkreten Einzelfall und der konkreten nationalen Auslegungspraxis) für das im Jahr 1990 in Verkehr gesetzte Produkt

oder

– wegen seiner Darbietung (ungenügende Warnhinweise/Gebrauchs-anweisungen).

Dabei haftet dem Geschädigten nach seiner Wahl[84]

– weltweit jede Firma im gesamten Herstellungsprozess eines fehlerhaften Endproduktes bis hin zum fehlerverursachenden Subunternehmer oder Materiallieferanten, und

– weltweit jede Firma, die das fehlerhafte Produkt mit ihrer Marke oder sonst einem Erkennungszeichen versieht (so genannte Quasihersteller), und

– jede Firma, die ein fehlerhaftes Produkt in die EU importiert.

Sind der Hersteller bzw. bei in die EU importierten Produkten der Hersteller oder der EU-Importeur des fehlerhaften Produktes für den Geschädigten nicht ersichtlich, so kann der Geschädigte jeden Zwischenhändler, also vorab auch den Händler belangen, von dem er das fehlerhafte Produkt erworben hat[85]. Wird ein Händler belangt, so scheidet er aus der Haftungskette allerdings wieder aus, wenn er dem Geschädigten innert «angemessener» Frist[86] entweder seinen Vorlieferanten oder den Hersteller bzw. EU-Importeur benennt; gibt er den Vorlieferanten an, haftet dieser seinerseits nur, wenn er sich nicht in gleicher Weise zu befreien vermag, usw.: Das einzige Glied in der Verteilerkette, das sich nicht mehr auf diese Weise von der Produktehaftpflicht befreien kann, ist der Importeur des fehlerhaften Produktes in die EU.

5.3   Schweizerisches Produktehaftpflichtrecht

Das *schweizerische Produktehaftpflichtgesetz (PrHG)*[87] ist seit dem 1. Januar 1994 in Kraft und lehnt sich stark an die EU-Produktehaftpflichtrichtlinie an. Mit dem Produktehaftpflichtgesetz sollte ein möglichst europaverträg-

---

ein Konstruktionsfehler ergeben. Die EU-Produktehaftpflichtrichtlinie eröffnet in Art. 7 lit. e und Art. 15 Abs. 1 lit. b den nationalen Umsetzungsgesetzen die Möglichkeit, Entwicklungsfehler in die Produktehaftpflicht einzuschliessen. Davon haben Luxemburg und Finnland Gebrauch gemacht.

[84]   Art. 3 Abs. 1 und 2 EU-Produktehaftpflichtrichtlinie.

[85]   Art. 3 Abs. 3 EU-Produktehaftpflichtrichtlinie. Für in die EU importierte Produkte kann der Händler also auch dann produktehaftpflichtrechtlich belangt werden, wenn dem Geschädigten zwar der ausserhalb der EU domizilierte Hersteller, nicht aber der EU-Importeuer bekannt ist.

[86]   Was als angemessen zu gelten hat, ist eine Frage des anwendbaren nationalen Rechts.

[87]   Bundesgesetz über die Produktehaftpflicht vom 18. Juni 1993; Text in Anhang, Ziff. 12.

licher Erlass geschaffen werden. Die Schweiz hat von den drei in der EU-Produktehaftpflichtrichtlinie vorgesehenen Möglichkeiten keinen Gebrauch gemacht, abweichende Regelungen im nationalen Umsetzungsgesetz zu erlassen. Das Produktehaftpflichtgesetz findet folglich keine Anwendung auf Naturprodukte, sieht keinen Einbezug der Entwicklungsrisiken vor und verzichtet auf die Festsetzung von Haftungslimiten.

Die Haftungsvoraussetzungen werden in Art. 1 PrHG umschrieben. Diese Bestimmung statuiert eine verschuldensunabhängige Haftung des Herstellers für jeden Fehler seiner Produkte. Für die Haftung ist entscheidend, dass ein in Verkehr gesetztes Produkt einen Mangel aufweist und dadurch ein Schaden entsteht. Die Haftung besteht uneingeschränkt für Personenschäden. Für Sachschäden ist sie beschränkt auf Schäden aus der Beschädigung bzw. Zerstörung von Sachen, die nach ihrer Art gewöhnlich zum privaten Gebrauch oder Verbrauch bestimmt und vom Geschädigten hauptsächlich privat verwendet worden sind.

Gemäss Art. 2 PrHG haftet nach den Regeln des Produktehaftpflichtgesetzes nicht nur der tatsächliche Hersteller eines fehlerhaften Produktes, sondern auch der Importeur und der Quasihersteller (derjenige, der durch das Anbringen seines Erkennungs- oder Markenzeichens lediglich als Hersteller erscheint). Lässt sich der Hersteller (im Sinne der Definition des Gesetzes) nicht feststellen, so haftet grundsätzlich jeder Lieferant (Händler) des Produktes.

Ähnlich wie unter der EU-Produktehaftpflichtrichtlinie ist ein Produkt nach Art. 4 PrHG fehlerhaft, wenn es einen Konstruktions- oder Fabrikationsfehler aufweist, ein Mangel bei der Präsentation des Produktes oder der Instruktion für seinen Gebrauch besteht. Die Beurteilung der Fehlerhaftigkeit hat unter Berücksichtigung eines vernünftigen Gebrauchs zu erfolgen; abwegige Gebrauchsarten, mit denen vernünftigerweise nicht gerechnet werden kann, lösen keine Haftung unter dem PrHG aus.

C) Eingrenzung von Alleinvertriebsverträgen und verwandten Verträgen durch das EU- und das schweizerische Wettbewerbsrecht

1. Kartell- und wettbewerbsrechtliche Aspekte von Alleinvertriebsverträgen und verwandten Verträgen im Allgemeinen

Beim *typischen Alleinvertriebsvertrag* verpflichtet sich der Hersteller bzw. Lieferant, seine Produkte zum Zwecke des Weiterverkaufs in einem bestimmten Gebiet bzw. an eine bestimmte Kundengruppe nur an einen (Allein-)Vertriebshändler zu verkaufen. Gleichzeitig schränkt der Alleinvertriebsvertrag üblicherweise die Möglichkeiten für den (Allein-)Vertriebshändler ein, die Produkte (aktiv) in anderen Gebieten bzw. an andere Kundengruppen zu verkaufen, für die Ausschließlichkeitsbindungen bestehen (oder für die sich der Lieferant die Belieferung vorbehalten hat). Die Gefahren für den Wettbewerb liegen bei einem derartigen Alleinvertriebsvertrag hauptsächlich darin, dass damit der *markeninterne (intra-brand) Wettbewerb verringert* und der Markt aufgeteilt wird, was vor allem der Preisdiskriminierung Vorschub leisten kann. Verfahren die meisten oder alle Lieferanten nach dem Prinzip des Alleinvertriebs, kann es leichter zu Kollisionen kommen, und zwar sowohl zwischen Lieferanten als auch zwischen Händlern[88]. Andererseits erweist sich der Alleinvertriebsvertrag als absatzfördernd für den Lieferanten bzw. Hersteller, womit der *(inter-brand) Markenwettbewerb mit anderen Lieferanten bzw. Herstellern gefördert* wird[89].

Diese *Ambivalenz der Wettbewerbswirkungen von Alleinvertriebsverträgen* führt dazu, dass Kartell- und Wettbewerbsrechtsordnungen diesen Vertragstypus grundsätzlich zulassen, jedoch differenziert Schranken setzen. Diese Schranken bestehen im Verbot von Absprachen und Vereinbarungen, welche den Wettbewerb erheblich beeinträchtigen und für die Absatzförderung nicht notwendig sind bzw. erachtet werden. Dasselbe trifft auch für die mit dem Alleinvertriebsvertrag verwandten Verträge zu, vorab dem selektiven Vertrieb und dem Franchising.

---

[88] Vgl. EU Leitlinien für vertikale Beschränkungen vom 13. Oktober 2000, Rz 161; Anhang, Ziff. 5.

[89] Vgl. dazu Ziff. 5 ff. der Präambel zur (alten) Gruppenfreistellungsverordnung Nr. 1983/83 der EG Kommission vom 22. Juni 1983 betreffend Alleinvertriebsvereinbarungen.

Als Schranken stehen dabei *Kernbeschränkungen* im Vordergrund, nämlich vorab – wie im EU- und dem schweizerischen Wettbewerbsrecht vorgesehen – das Verbot der *Fixierung von Mindest- oder Festpreisen für den Weiterverkauf* durch den Vertriebshändler sowie das Verbot der *Vereinbarung eines absoluten Gebietsschutzes (bzw. Kundenschutzes)* für den Vertriebshändler, womit Parallelimporte in das Vertragsgebiet (bzw. die Kundengruppe) – und somit ein (intra-brand) Preiswettbewerb – ermöglicht wird[90]. Darüber hinaus enthält der typische Alleinvertriebsvertrag üblicherweise *weitere den Wettbewerb beeinflussende Vereinbarungen und Absprachen*, wie Konkurrenz- bzw. Wettbewerbsverbote zu Lasten des Vertriebshändlers, Alleinbezugsverpflichtungen des Vertriebshändlers, Mengenvorgaben etc. Diese weiteren Bestimmungen können unter der Optik der wettbewerbsrechtlichen Zulässigkeit differenzierter betrachtet werden. Damit können Kartell- und Wettbewerbsordnungen hier verschiedene Wertungen vornehmen und Lösungen treffen. Sodann ist heute auch anerkannt, dass die Wettbewerbswirkungen eines Alleinvertriebsvertrages von dem durch diesen Vertrag abgedeckten *Marktanteil* abhängen. Geringe Marktanteile können nur (wenn überhaupt) geringe wettbewerbsrechtliche Schranken rechtfertigen. Höhere Marktanteile können dagegen verstärkte wettbewerbsrechtliche Interventionen und Sanktionen als richtig erscheinen lassen. Diese Marktanteilschranken basieren einerseits auf ökonomischen Theorien und berücksichtigen andererseits Gegebenheiten des wettbewerbsrechtlich zu regulierenden Marktes. Auch hier können verschiedene Wettbewerbsordnungen durchaus verschiedene Lösungen treffen.

Sodann kann die wettbewerbsrechtliche Regulierung von Alleinvertriebsverträgen und verwandten Verträgen gestützt auf eine *detaillierte Regelung spezifisch und allein für die entsprechenden Verträge unter Auflistung von zulässigen und unzulässigen Klauseln* (white and black clauses) erfolgen, wie dies in der EU beispielsweise unter der Gruppenfreistellungsverordnung Nr. 1983/83 der EG Kommission vom 22. Juni 1983 betreffend Alleinvertriebs-

---

[90] Als *weitere Kernbeschränkungen* werden im EU-Wettbewerbsrecht angeführt: Beschränkungen des aktiven oder passiven Verkaufs an Endkunden von Vertriebshändlern im Rahmen eines selektiven Vertriebssystems, die Beschränkung von Querlieferungen zwischen Vertriebshändlern eines selektiven Vertriebssystems sowie gewisse Beschränkungen des Lieferanten für den Bestandteilverkauf; vgl. Bekanntmachung der EG Kommission vom 22.12.2001 betreffend Vereinbarungen von geringer Bedeutung (EU-Bagatellbekanntmachung), Ziff. 11, Text in Anhang, Ziff. 3 sowie Verordnung Nr. 2790 der EG Kommission vom 22.12.1999 über die Anwendung von Artikel 81 Abs. 3 des Vertrages auf Gruppen von vertikalen Vereinbarungen und aufeinander abgestimmten Verhaltensweisen (EU Vertikal-Gruppenfreistellungsverordnung), Art. 4, Text in Anhang, Ziff. 4.

verträgen der Fall war. Als Gegenstück kann die *Regulierung flexibler gestützt auf allgemeine Prinzipien für vertikale Vereinbarungen betreffend Bezug, Herstellung und Vertrieb von Waren und Dienstleistungen* und in Berücksichtigung von abgedeckten Marktanteilen und den damit verbundenen wettbewerbsrechtlichen Schranken (black clauses/Kernbeschränkungen) erfolgen, wie dies in der EU nunmehr unter der seit 1. Januar 2000 geltenden Verordnung Nr. 2790 der EG Kommission vom 22. Dezember 1999 über die Anwendung von Artikel 81 Absatz 3 des Vertrages auf Gruppen von vertikalen Vereinbarungen und aufeinander abgestimmten Verhaltensweisen (EU Vertikal-Gruppenfreistellungsverordnung)[91] zutrifft[92]. Dieses Vorgehen berücksichtigt besser, dass die Wirtschaftspraxis den Alleinvertriebsvertrag oft nicht rein, sondern in verschiedensten Formen und Ausgestaltungen braucht, so in Zusammenhang mit selektiven Vertriebssystemen, mit Franchisevereinbarungen und Lizenzierung von Immaterialgüterrechten und Know-how. Gleichzeitig entfallen Probleme der Abgrenzung verschiedener vertikaler Vereinbarungen und mit den allein bestehenden schwarzen Klauseln werden der Rechtssicherheit dienende Schranken klarer gesetzt.

Unter der erwähnten *EU Vertikal-Gruppenfreistellungsverordnung* sind *Alleinvertriebsvereinbarungen* vom ansonsten geltenden Kartellverbot grundsätzlich freigestellt, wenn der Lieferant in seinem relevanten Markt nicht mehr als 30% Marktanteil hält; dies gilt selbst dann, wenn eine Alleinvertriebsvereinbarung noch andere vertikale Beschränkungen (Mengenvorgaben, Alleinbezugsverpflichtungen, Wettbewerbsverbote etc.) – mit Ausnahme der oben erwähnten Kernbeschränkungen (vorab absoluter Gebietsschutz und Preisfixierung) – enthält und als wesentlichster Punkt die häufig vereinbarten vertraglichen Wettbewerbs- bzw. Konkurrenzverbote auf fünf Jahre befristet sind[93].

---

[91] Text im Anhang, Ziff. 4.

[92] Bis zum Inkrafttreten der EU Vertikal-Gruppenfreistellungsverordnung bestanden mehrere Gruppenfreistellungsverordnungen für spezifische vertikale Vereinbarungen (verbunden mit allen Abgrenzungsproblemen), wie die erwähnte Gruppenfreistellungsverordnung Nr. 1983/83 der EG Kommission vom 22.6. 1983 betreffend Alleinvertriebsverträge, die Gruppenfreistellungsverordnung Nr. 1984/83 der EG Kommission vom 22.6.1983 betreffend Alleinbezugsvereinbarungen, Spezialregelungen der Freistellung von Bierlieferungsverträgen und Tankstellenverträgen in Titel II und III der Gruppenfreistellungsverordnung Nr. 1984/83 etc.

[93] Vgl. Leitlinien der EU Kommission für vertikale Beschränkungen vom 13.10.2000 (EU Leitlinien für vertikale Beschränkungen), N 162; Anhang, Ziff. 5.

Die selbe Freistellung wird unter der EU Vertikal-Gruppenfreistellungsverordnung für *selektive Vertriebssysteme* gewährt, sofern die Möglichkeit für die Vertriebshändler nicht eingeschränkt wird, aktiv an andere Vertriebshändler oder an Endverbraucher zu verkaufen[94]. Dies gilt auch bei einer Verknüpfung von Alleinvertrieb mit einem selektiven Vertrieb[95].

Freigestellt sind sodann auch *gängige Franchisevereinbarungen* unter der EU Vertikal-Gruppenfreistellungsverordnung unter den selben Bedingungen, wobei Wettbewerbs- bzw. Konkurrenzverbote zu Lasten des Franchisenehmers bzw. Vertriebshändlers unter gegebenen Voraussetzungen länger als fünf Jahre vereinbart werden können, sofern dies für die Einheitlichkeit und den Ruf des Franchisesystems notwendig ist[96] und auch andere Beschränkungen zum Schutze der Rechte am geistigen Eigentum des Franchisegebers fixiert werden können[97].

In Anlehnung an das EU Recht gilt heute in der Schweiz unter dem als Missbrauchsgesetzgebung ausgestalteten Kartellgesetz mit Inkrafttreten der *Weko Bekanntmachung über die wettbewerbsrechtliche Behandlung vertikaler Abreden vom 2. Juli 2007* (**Weko Vertikal-Bekanntmachung**[98]) eine ähnliche – aber nicht gleiche – Regelung. Dies in Ablösung der Weko Bekanntmachung über die wettbewerbsrechtliche Behandlung vertikaler Abreden vom 18. Februar 2002, die aus verschiedenen Gründen auf harsche Kritik gestossen ist.

Nachdem die wettbewerbsrechtliche Regelung von Alleinvertriebsverträgen und verwandten Verträgen in der EU heute massgebend die Regelung unter dem schweizerischen Kartellrecht bestimmt, ist es angezeigt, nachfolgend die EU Regelung unter der EU Vertikal-Gruppenfreistellungsverordnung eingehender darzustellen, um sodann die Regelung unter dem schweizerischen Kartellgesetz und der Weko Vertikal-Bekanntmachung zu erläutern.

---

[94] EU Leitlinien für vertikale Beschränkungen, N 186; Anhang, Ziff. 5.
[95] EU Leitlinien für vertikale Beschränkungen, N 162; Anhang, Ziff. 5.
[96] EU Leitlinien für vertikale Beschränkungen, N 200; Anhang, Ziff. 5.
[97] Gemäss Leitlinien der EG Kommission für vertikale Beschränkungen vom 13.10.2000, N 44 sind namentlich freigestellt: Wettbewerbsverbote, Beteiligungsverbote an Konkurrenzunternehmen, Weitergabeverbot von Know-how, Weitergabe von Know-how an Franchisegeber, Mitteilungspflicht und Unterstützungspflicht bei Verletzungen von Immaterialgüterrechten, Know-how Nutzung nur für Franchise, Vertragsübertragungsverbot – Anhang, Ziff. 5.
[98] Text in Anhang, Ziff. 10.

2. Alleinvertriebsverträge und verwandte Verträge unter EU-Wettbewerbsrecht

2.1 Basis des EU-Wettbewerbsrechts

Das EU-Wettbewerbsrecht mit seiner rechtlichen Basis in *Art. 81 und 82 des Vertrages zur Gründung der Europäischen Gemeinschaft (EGV)*[99] ist im vorliegend interessierenden Zusammenhang anwendbar auf

- alle *wettbewerbsbeschränkenden Vereinbarungen oder Abreden* eines Alleinvertriebsvertrages oder eines verwandten Vertrages, die
- den Handel zwischen mindestens zwei EU-Mitgliedsstaaten zu beeinträchtigen geeignet sind[100] (*Eignung* und *Zwischenstaatlichkeitskriterium*), und dabei
- insgesamt den Wettbewerb innerhalb der EU spürbar gefährden könnten (*Spürbarkeitskriterium*).

2.1.1 Erste Anwendbarkeitsvoraussetzung: Wettbewerbsbeschränkende Vereinbarungen und Verhaltensweisen

Als wettbewerbsbeschränkend gelten im EU-Wettbewerbsrecht alle Vereinbarungen, Abreden und Verhaltensweisen, die in irgendeiner Weise und gleich auf welcher Marktstufe[101] Marktbedingungen zumindest verfälschen könnten[102]. Der nicht abschliessende Beispielskatalog des EU-Wettbewerbsrechts nennt in Art. 81 Abs. 1 lit. a–e EGV als (horizontal und/oder vertikal) wettbewerbsbeschränkend und damit unzulässig:

- Vereinbarungen, die eine Vertragspartei in ihrer Gestaltungsfreiheit gegenüber Dritten auf vor- oder nachgeordneter Marktstufe einschränken, insbesondere die Festsetzung von An- und Verkaufspreisen oder sonstiger Geschäftsbedingungen[103];

---

[99] Wortlaut von Art. 81 und 82 EGV – Anhang, Ziff. 1 und 2.

[100] Die seit 1966 in konstanter Praxis verwendete Standardformel stellt darauf ab, ob sich «mit hinreichender Wahrscheinlichkeit voraussehen lasst, dass [die Wettbewerbsbeschränkung] unmittelbar oder mittelbar, tatsächlich oder der Möglichkeit nach den Warenverkehr zwischen Mitgliedstaaten beeinflussen und dadurch der Errichtung eines einheitlichen Marktes hinderlich sein kann.» (EuGH 13.7.1966, Slg. 1966, 322, 389).

[101] Lieferanten-, Grossisten-, Detaillisten- oder Verbrauchermarkt.

[102] Ergebnis der Auslegungspraxis zur Generalklausel von Art. 81 Abs. 1 EGV (früher: Art. 85 Abs. 1 EGV): Auf die tatsächliche Wettbewerbsverfälschung kommt es nicht an. Ebensowenig kommt es für die Anwendbarkeitsfrage (im Gegensatz zur Frage der Freistellungsmöglichkeit) darauf an, ob die Wettbewerbsbeschränkung die Marktverhältnisse aus der Sicht irgendeiner Marktstufe günstig oder ungünstig beeinflusst.

[103] Art. 81 Abs. 1 lit. a EGV sinngemäss; Anhang, Ziff. 1.

– Beschränkung der Erzeugung, des Absatzes, der technischen Entwicklung oder der Investitionen[104];

– Vereinbarungen über die Aufteilung bzw. Abschottung von Märkten oder Versorgungsquellen[105];

– Diskriminierung von Handelspartnern (Preisdiskriminierung, Boykotte etc.)[106]; und

– Verpflichtungen zu Koppelungsgeschäften, die weder sachlich noch nach Handelsbrauch in Beziehung zum Vertragsgegenstand stehen[107].

Für den Alleinvertriebsvertrag und verwandte Verträge stehen dabei die Festsetzung der Verkaufspreise des Vertriebshändlers, die Aufteilung bzw. Abschottung von Märkten, die Festsetzung von sonstigen Geschäftsbedingungen sowie die Koppelungsgeschäfte im Vordergrund, die gemäss Art. 81 Abs. 1 EGV wettbewerbsrechtlich unzulässig sind.

2.1.2 Zweite Anwendbarkeitsvoraussetzung: Eignung zur Beeinträchtigung des zwischenstaatlichen Handels in der EU

Wettbewerbsbeschränkende Abreden und Verhaltensweisen bzw. hier interessierend Alleinvertriebsverträge und verwandte Verträge müssen sodann gemäss Art. 81 Abs. 1 EGV geeignet sein, den Handel zwischen Mitgliedsstaaten zu beeinträchtigen. Vorausgesetzt ist, dass Auswirkungen auf grenzüberschreitende wirtschaftliche Tätigkeiten zwischen mindestens zwei Mitgliedsstaaten vorliegen[108].

Gemäss der vom Europäischen Gerichtshof (EuGH) entwickelten Rechtsprechung bedeutet die Formulierung «zu beeinträchtigen geeignet», dass sich anhand objektiver rechtlicher oder tatsächlicher Umstände mit hinreichender Wahrscheinlichkeit voraussehen lässt, dass die betreffende Vereinbarung oder Verhaltensweise den Warenverkehr zwischen Mitgliedsstaaten unmittelbar oder mittelbar, tatsächlich oder potenziell beeinflussen kann[109]. Die Formulierung bedeutet, dass eine tatsächliche Beeinträchtigung des zwi-

---

[104] Art. 81 Abs. 1 lit. b EGV sinngemäss; Anhang, Ziff. 1.
[105] Art. 81 Abs. 1 lit. c EGV sinngemäss; Anhang, Ziff. 1.
[106] Art. 81 Abs. 1 lit. d EGV sinngemäss; Anhang, Ziff. 1.
[107] Art. 81 Abs. 1 lit. e EGV sinngemäss; Anhang, Ziff. 1.
[108] Bekanntmachung der Kommission – Leitlinien über den Begriff der Beeinträchtigung des zwischenstaatlichen Handels in den Artikeln 81 und 82 des Vertrages, ABl 2004 C 101/81, Rz 21.
[109] Bekanntmachung der Kommission – Leitlinien über den Begriff der Beeinträchtigung des zwischenstaatlichen Handels in den Artikeln 81 und 82 des Vertrages, ABl 2004 C 101/81, Rz 23 mit Verweis auf die Entscheide des EuGH.

schenstaatlichen Handels nicht erforderlich ist; vielmehr genügt, dass die Vereinbarung geeignet ist, solche Auswirkungen hervorzurufen. Andererseits genügen lediglich spekulative oder hypothetische Auswirkungen nicht, um die Anwendung des EU-Wettbewerbsrechts zu begründen[110].

2.1.3 Dritte Anwendbarkeitsvoraussetzung: Spürbare Gefährdung des Wettbewerbes innerhalb der EU

Damit eine wettbewerbsbeschränkende Absprache oder Verhaltensweise unzulässig ist, muss sie gemäss Art. 81 Abs. 1 EGV als Wettbewerbsbeschränkung spürbar sein. Dieses ungeschriebene Anwendungskriterium wurde durch die Praxis der EU-Verwaltungsbehörden und Gerichte entwickelt. Im Vordergrund der Spürbarkeitsprüfung steht eine quantitative Beurteilung der Auswirkung der Absprache. Dabei bilden die Marktanteile der betreffenden Unternehmen einen wichtigen Indikator.

Zur *Konkretisierung des Begriffes der Spürbarkeit* hat die Kommission eine Bekanntmachung mit quantitativen Kriterien erlassen, die **Bagatell-Bekanntmachung**[111]. Die Kommission quantifiziert in der Bagatell-Bekanntmachung anhand von Marktanteilsschwellen, wann keine spürbare Wettbewerbsbeschränkung gemäss Art. 81 Abs. 1 EGV vorliegt. Die Marktanteilsschwellen liegen grundsätzlich für Vereinbarungen zwischen Wettbewerbern (*horizontale Absprachen*) bei *10%,* bei Abreden zwischen Nichtwettbewerbern (*vertikale Absprachen* wie z.B. Alleinvertriebsverträge und verwandte Verträge) bei *15% Marktanteil* auf den betroffenen relevanten Märkten. Diese Marktanteilsschwellen können jedoch in beiden Fällen *auf 5% reduziert* werden, wenn durch nebeneinander bestehende Vertriebsnetze mehrerer Lieferanten und Händler kumulative Marktabschottungseffekte erzielt werden[112]. Alle diese Marktanteilsschwellen von 15, 10 und 5% dürfen während zwei aufeinander

---

[110] Bekanntmachung der Kommission – Leitlinien über den Begriff der Beeinträchtigung des zwischenstaatlichen Handels in den Artikeln 81 und 82 des Vertrages, ABl 2004 C 101/81, Rz 43.

[111] Bekanntmachung der Kommission über Vereinbarungen von geringer Bedeutung, die den Wettbewerb gemäss Artikel 81 Abs. 1 des Vertrags zur Gründung der Europäischen Gemeinschaft nicht spürbar beschränken (sog. De minimis bzw. Bagatellbekanntmachung) vom 22.12.2001; Text in Anhang, Ziff. 3.

[112] Vgl. Bagatell-Bekanntmachung Rz 8, worin die genauen Voraussetzungen dieser Reduktion umschrieben sind, wobei es unwahrscheinlich ist, dass ein solcher kumulativer Marktabschottungseffekt gegeben ist, sofern weniger als 30% des relevanten Marktes mit Netzen abgedeckt sind; Anhang, Ziff. 3.

folgenden Kalenderjahren um 2 Prozentpunkte überschritten werden, ohne dass die Vereinbarung wettbewerbsbeschränkend wird[113].

Diese Festlegung der Marktanteilsschwellen bedeutet jedoch nicht, dass Absprachen zwischen Unternehmen, welche diese Marktanteilsschwellen übersteigen, den Wettbewerb spürbar beschränken müssen. Solche Absprachen können trotzdem nur geringfügige Auswirkungen auf den Markt haben und so nicht dem Wettbewerbsverbot von Art. 81 Abs. 1 EGV unterliegen. Diese Möglichkeit der Ausnahmegewährung ist in Art. 81 Abs. 3 EGV vorgesehen und für Alleinvertriebsverträge und verwandte Vereinbarungen durch die EU Vertikal-Freistellungsverordnung konkretisiert.

Bei sog. *Kernbeschränkungen*[114] gelten die Marktanteilsschwellen der Bagatell-Bekanntmachung jedoch nicht (sog. *schwarze Liste*)[115]. Bei diesen Kernbeschränkungen handelt es sich im Horizontalbereich zwischen Wettbewerbern um die Festsetzung von Preisen zum Verkauf an Dritte, die Beschränkung der Produktion oder des Absatzes sowie die Aufteilung von Märkten und Kunden[116]. Im Vertikalbereich zwischen Nichtwettbewerbern – und somit im Bereich von Alleinvertriebsverträgen und verwandten Vereinbarungen – handelt es sich um die *Festschreibung von Wiederverkaufspreisen, die absolute Beschränkung des Absatzgebietes bzw. des Kundenkreises, die Endverkaufsbeschränkung und Querlieferungsbeschränkung bei selektiven Vertriebssystemen zu Lasten der Händler sowie Beschränkungen beim Bestandteilverkauf zu Lasten des Lieferanten*[117].

Für Unternehmen ist die Bagatellbekanntmachung ein hilfreiches Instrument für die vorgängige Risikoabschätzung einer Intervention seitens der Kommission und die Vertragsgestaltung. Die Bagatellbekanntmachung hat jedoch keinen umfassenden Charakter, enthält auch keine abschliessende Definition der spürbaren Wettbewerbsbeschränkung und verschafft keine absolute Rechtssicherheit.

Die Bagatellbekanntmachung ist für die Gerichte und Behörden nicht verbindlich, soll ihnen aber trotzdem als Leitfaden dienen[118]. Sie führt je-

---

[113] Bagatell-Bekanntmachung, Rz 9; Anhang, Ziff. 3.
[114] Die Formulierung der Kernbeschränkungen bzw. der «schwarzen Liste» in Rz 11 der Bagatell-Bekanntmachung stimmt mit derjenigen der VO EG Nr. 2790/1999 (EU Vertikal-Gruppenfreistellungsverordnung) überein; Anhang, Ziff. 3 und 4.
[115] Derartige Absprachen stellen gemäss Kommission per se spürbare Wettbewerbsbeschränkungen dar; Bagatellbekanntmachung, Rz 11; Anhang, Ziff. 3.
[116] Vgl. Bagatell-Bekanntmachung, Rz 11, Ziff. 1; Anhang, Ziff. 3.
[117] Vgl. Bagatell-Bekanntmachung, Rz 11, Ziff. 2; Anhang, Ziff. 3.
[118] Bagatell-Bekanntmachung, Rz 4; Anhang, Ziff. 3.

doch zu einer (begrenzten) Selbstbindung der EU-Kommission in ihrem Aufgreifermessen. Sie wird in Fällen, die in den Anwendungsbereich der Bekanntmachung fallen, weder von Amtes wegen noch auf Antrag hin ein Verfahren eröffnen[119]. Aus den bisherigen, allerdings nur bedingt verallgemeinerungsfähigen Entscheiden des EuGH lässt sich entnehmen, dass bei addierten Marktanteilen von weniger als 1% eine spürbare Beeinträchtigung der Marktverhältnisse grundsätzlich zu verneinen ist[120]. Addierte Marktanteile von mehr als 5% reichen nach der bisherigen Rechtsprechung dagegen in aller Regel aus, um die Spürbarkeit zu begründen[121].

Anzumerken bleibt, dass in den EU Leitlinien für vertikale Beschränkungen[122] festgehalten ist, dass die Kommission erst bei einer Überschreitung der Marktanteilsschwelle von 30% eine vollständige Untersuchung durchführt zur Frage, ob eine Vereinbarung zu einer spürbaren Beschränkung des Wettbewerbs führt.

Sodann halten die EU Leitlinien für vertikale Beschränkungen hinsichtlich der Spürbarkeit auch fest [123], dass Vereinbarungen zwischen kleinen und mittleren Unternehmen *(KMU) nach der Definition im Anhang zur Kommissionsempfehlung (nunmehr vom 6. Mai 2003[124]) selten geeignet sind, eine spürbare Wettbewerbsbeeinträchtigung zu bewirken* und damit gegen Art. 81 Abs. 1 EGV zu verstossen. Vorbehalten bleibt, dass nicht gegen Kernbestimmungen verstossen wird oder kumulative Marktabschottungseffekte vorliegen.

2.2 Bei Anwendbarkeit des EU-Wettbewerbsrechts: Wettbewerbsverbot mit Legalausnahme

2.2.1 Kartellverbot als Grundsatz

Art. 81 Abs. 1 und 2 EGV[125] enthalten ein grundsätzliches Verbot für (spürbare) horizontale und vertikale Wettbewerbsbeschränkungen, welche als unzulässig und nichtig erklärt werden. Gewisse Wettbewerbsbeschränkungen

---

[119] Bagatell-Bekanntmachung, Rz 4; Anhang, Ziff. 3.

[120] Z.B. EuGH-Urteile Völk/Vervaecke, Cadillon/Höss.

[121] EuGH Miller, 19/77; AEG Telefunken 107/82.

[122] Mitteilung der Kommission, EU Leitlinien für vertikale Beschränkungen, 2000/C 291/01, Rz 121; Anhang, Ziff. 5.

[123] EU Leitlinien für vertikale Beschränkungen, Rz 11; Anhang, Ziff. 5.

[124] Empfehlung der Kommission vom 6.5.2003 betreffend die Definition der Kleinstunternehmen sowie der kleinen und mittleren Unternehmen; ABl L 124 vom 20.5.2003, S. 36 ff. Danach beschäftigt ein KMU weniger als 250 Personen und hat entweder einen Jahresumsatz von höchstens EUR 50 Mio. oder eine Bilanzsumme von höchstens EUR 43 Mio.

[125] Text in Anhang, Ziff. 1.

sind indes ausnahmsweise und unter bestimmten Voraussetzungen recht-
mässig und zulässig. Dabei macht Art. 81 Abs. 1 EGV insbesondere keinen
Unterschied zwischen Wettbewerbsbeschränkungen, welche «inter-brand
competition» (Wettbewerb zwischen Produkten verschiedener Marken) und
«intra-brand competition» (Wettbewerb zwischen Produkten derselben Marken) betreffen.

Eingeschränkt wird Art. 81 Abs. 1 EGV und damit das grundsätzliche
Verbot von Wettbewerbsbeschränkungen vorab durch das ungeschriebene
Tatbestandsmerkmal der Spürbarkeit. Abreden, die sich nicht spürbar auf
den zwischenstaatlichen Handel auswirken, sind erlaubt[126]. In *Art. 81 Abs. 3
EGV* wird sodann die *Ausnahme vom Verbot* geregelt. Wettbewerbseinschrän-
kende Vereinbarungen können einzeln oder in Gruppen vom Verbot freigestellt werden. Dabei müssen grundsätzlich kumulativ vier Voraussetzungen
erfüllt sein:

– Die Vereinbarung muss zur Verbesserung der Warenerzeugung oder –verteilung oder zur Förderung des technischen oder wirtschaftlichen Fortschritts beitragen;

– Die Verbraucher müssen angemessen am daraus entstandenen Gewinn
  beteiligt werden;

– Die Vereinbarung muss zur Erreichung dieser Ziele notwendig («unab-
  dingbar») sein;

– Es dürfen den beteiligten Unternehmen dadurch nicht Möglichkeiten eröffnet werden, für einen wesentlichen Teil der betreffenden Waren den
  Wettbewerb auszuschalten[127].

Mit der *neuen Verfahrensordnung*[128], die seit dem 1. Mai 2004 in Kraft ist,
erfolgte ein grundlegender Systemwechsel. Neu ist *Art. 81 Abs. 3 EGV unmit-*

---

[126] Vgl. Bagatell-Bekanntmachung. Die Bagatell-Bekanntmachung ist jedoch auf sog. «hardcore
cartels» (Kernbeschränkungen, besonders schwerwiegende Wettbewerbsbeschränkungen
wie in Art. 81 Abs. 1 lit. a–c EGV bzw. Ziff. 1 der Bagatell-Bekanntmachung aufgezählt) nicht
anwendbar. Eine Gruppenfreistellung ist ausgeschlossen (Art. 4 EU Vertikal-Gruppenfreistellungsverordnung, Nr. 2790/1999), und eine Einzelfreistellung ist unwahrscheinlich für
solche Wettbewerbsbeschränkungen (EU Leitlinien für vertikale Beschränkungen, Rz 46).
Sodann ist auf die EU Leitlinien für vertikale Beschränkungen, Rz 11, hinzuweisen, welche für Vereinbarungen zwischen KMUs im Regelfalle die Spürbarkeit verneinen, Anhang,
Ziff. 5.

[127] Vgl. vollen Wortlaut von Art. 81 Abs. 3 EGV in Anhang, Ziff. 1.

[128] Verordnung (EG) Nr. 1/2003 des Rates vom 16. Dezember 2002 zur Durchführung der in
den Artikeln 81 und 82 des Vertrags niedergelegten Wettbewerbsregeln; in Kraft seit 1. Mai
2004.

telbar anwendbar. Damit gilt seit dem 1. Mai 2004 im EU-Wettbewerbsrecht das *System des Verbots mit Legalausnahme*[129], das damit das bis dahin geltende System des Verbots mit Administrativausnahme ablöste.

2.2.2 Freistellung gemäss Art. 81 Abs. 3 EGV

Gemäss Art. 81 Abs. 3 EGV sind, wie bereits oben erwähnt, nach Art. 81 Abs. 1 EGV verbotene Abreden und Vereinbarungen erlaubt, wenn die folgenden vier tatbestandsmässigen Voraussetzungen kumulativ erfüllt sind:

– Abreden müssen (spürbar) zur Verbesserung der Warenerzeugung oder -verteilung[130,131]oder zur Förderung des technischen oder wirtschaftlichen Fortschritts beitragen;

– Am dadurch entstehenden Gewinn[132] müssen die Verbraucher[133] angemessen beteiligt werden[134,135];

– den beteiligten Unternehmen Beschränkungen lediglich auferlegt werden, die für die Verwirklichung dieser Ziele *unerlässlich* sind[136,137];

---

[129] Art. 1 Abs. 2 VO 1/2003.

[130] Diese Bestimmung bezieht sich nicht nur auf Waren sondern auch Dienstleistungen; siehe Leitlinien zur Anwendung von Artikel 81 Abs. 3 EG-Vertrag, Rz 48.

[131] Bei Vertikalvereinbarungen wie z.B. Alleinvertriebsverträgen, sind insbesondere auch die Senkung von Transaktions- und Distributionskosten der Beteiligten und die Optimierung von Umsätzen und Investitionen zu berücksichtigen (EU Vertikal-Gruppenfreistellungsverordnung, Begründungserwägung 6); Anhang, Ziff. 4.

[132] Der Gewinn muss nicht unbedingt finanzieller Natur sein.

[133] Damit sind nicht nur Konsumenten/Endverbraucher, sondern auch Händler und Produzenten gemeint; siehe Leitlinien zur Anwendung von Artikel 81 Abs. 3 EG-Vertrag, Rz 84.

[134] Es ist dabei von einer variablen Skala auszugehen. D.h. je grösser die Wettbewerbsbeschränkung gemäss Art. 81 Abs. 1 ist, desto bedeutender müssen die Effizienzgewinne und deren Weitergabe an die Verbraucher sein; Leitlinien zur Anwendung von Art. 81 Abs. 3 EG-Vertrag, Rz 90/101.

[135] Bei Alleinvertriebsverträgen und verwandten Verträgen kann diese darin gesehen werden, dass ihnen die Verbesserung der Verteilung unmittelbar zugute kommt und ihre wirtschaftlich und versorgungsmässige Situation dadurch verbessert wird, dass sie insbesondere in anderen Staaten hergestellte Waren und Dienstleistungen rascher und bequemer beziehen können.

[136] Unerlässlich ist eine Wettbewerbsbeschränkung dann, wenn das mit ihr verfolgte Ziel ohne Wettbewerbsbeschränkung nicht erreichbar ist und keine weniger weit gehenden Wettbewerbsbeschränkungen zur Verfügung stehen, um die positiven Wirkungen der überprüften Vereinbarung zu erreichen; Leitlinien zur horizontalen Zusammenarbeit, Rz 35.

[137] In Alleinvertriebsvereinbarungen bilden ausschliessliche Liefer- und Bezugspflichten, Wettbewerbsverbote, sowie die dem Alleinvertriebshändler auferlegte Verpflichtung, ausserhalb seines Vertragsgebietes (aktiv) keine Kunden zu werben, eine notwenige Voraussetzung dafür, dass dieser seine Verkaufsbemühungen auf die Vertragswaren und den ihm zugewiesenen räumlichen Markt konzentriert (siehe VO 1983/83 Begründungserwägungen 5–8 sowie Art. 1 und Art. 2 Abs. 2).

– und keine Möglichkeiten eröffnet werden, für einen wesentlichen Teil der betreffenden Waren den Wettbewerb auszuschalten.

Im Einzelfall ist damit zuerst zu prüfen, ob eine Vereinbarung bzw. Abrede nach einer der geltenden EU-Gruppenfreistellungsverordnungen freigestellt ist. Ist dies nicht der Fall, ist weiter zu beurteilen, ob die Vereinbarung die generell formulierten Freistellungsvoraussetzung von Art. 81 Abs. 3 EGV erfüllt (Einzelfreistellung). Die Beweislast liegt grundsätzlich bei der Partei, die sich auf Art. 81 Abs. 3 EGV beruft[138].

Die aus der Wettbewerbsbeschränkung für die Verbraucher resultierenden Vor- und Nachteile sind gegeneinander abzuwägen[139]. Positiv in Anschlag zu bringen sind die wirtschaftliche Durchdringung im gemeinsamen Markt und die Entwicklung/Erschliessung neuer Märkte. Die Erschliessung neuer Märkte kann selbst weitgehende Wettbewerbsbeschränkungen rechtfertigen[140].

Alleinvertriebsverträge und verwandte Verträge tragen regelmässig zur Verbesserung der Warenverteilung bei, weil sie es dem Hersteller bzw. Lieferanten erlauben, seine Verkaufstätigkeit auf wenige Abnehmer zu konzentrieren, die Absatzförderung zu erleichtern und auf diese Weise wiederum eine intensivere Bearbeitung des Marktes sowie eine kontinuierliche Versorgung der Kundschaft ermöglichen[141]. Diese Vorteile reichen für eine Freistellung jedoch nicht aus, wenn dem Alleinvertriebshändler die Wiederverkaufspreise vorgeschrieben oder dem Händler passive Verkäufe an Kunden ausserhalb seines Vertragsgebietes untersagt oder wenn Parallelimporte auf den nachgelagerten Vertriebsstufen behindert werden[142].

Die Wahrscheinlichkeit, dass die effizienzsteigernde Wirkung einer vertikalen Vereinbarung stärker ins Gewicht fällt als die wettbewerbsschädlichen Wirkungen, die von einer vertikalen Vereinbarung verursacht werden, hängt indes auch entscheidend von der Marktmacht der beteiligten Unternehmen ab[143].

---

[138] Art. 2 Satz 2 VO Nr. 1/2003.
[139] Vgl. EuGH-Urteil vom 29.10.1980 i.S. Van Landewyck/Kommission.
[140] Vgl. div. Entscheidungen der Kommission (MAN/SAVIEM; Transocean I; Transocean II; Duro-Dyne/Europair; etc.).
[141] VO Nr. 1983/83, Begründungserwägungen 5 bis 8.
[142] VO Nr. 1983/83, Begründungserwägung 11; EU Vertikal-Gruppenfreistellungsverordnung, Begründungserwägung 10 und Art. 4 lit. a und b; Leitlinien für vertikale Beschränkungen, Rz 161 ff.
[143] Erwägungsgründe, Ziff. 6 der EU Vertikal-Gruppenfreistellungsverordnung; Anhang, Ziff. 4.

Der Alleinvertrieb ist im Zweifel einem Wettbewerbsverbot vorzuziehen, da der Alleinvertrieb zwar den markeninternen Wettbewerb begrenzt, jedoch nicht verhindert, dass andere Waren den Endverbraucher erreichen, wohingegen Wettbewerbsverbote u.U. verhindern können, dass andere Marken auf den Markt gelangen[144].

2.2.2.1 Gruppenfreistellung

Gruppenfreistellungsverordnungen der Kommission konkretisieren für häufig vorkommende Vereinbarungen mit wettbewerbsbeschränkendem Charakter die Freistellungsvoraussetzungen von Art. 81 Abs. 3 EGV. Die neuen Gruppenfreistellungsverordnungen im Vertikalbereich enthalten, wie oben dargelegt, nur noch sog. schwarze Listen für sämtliche Arten von vertikalen Vertriebsverträgen, d.h. Listen mit Absprachen, die die Anwendung der Gruppenfreistellung ausschliessen. Damit wird die Rechtssicherheit erheblich verbessert.

Betreffend vertikalen Absprachen bzw. Alleinvertriebsverträgen und verwandten Verträgen ist die Verordnung (EG) Nr. 2790/1999 der Kommission vom 22. Dezember 1999 über die Anwendung von Artikel 81 Abs. 3 des Vertrages auf Gruppen von vertikalen Vereinbarungen und aufeinander abgestimmte Verhaltensweisen von Bedeutung (*EU Vertikal-Gruppenfreistellungsverordnung*). Diese ist am 1.1.2000 in Kraft getreten (anwendbar seit 1. Juni 2000) und gilt bis 31.12.2010 (Art. 13)[145].

Art. 2 Abs. 1 der EU Vertikal-Gruppenfreistellungsverordnung definiert deren *Anwendungsbereich* und den Begriff der vertikalen Vereinbarung wie folgt: «Art. 81 Abs. 1 des Vertrages wird gemäss Art. 81 Abs. 3 unter den in dieser Verordnung genannten Voraussetzungen für unanwendbar erklärt auf *Vereinbarungen oder aufeinander abgestimmte Verhaltensweisen zwischen zwei oder mehr Unternehmen, von denen jedes zwecks Durchführung der Vereinbarung auf einer unterschiedlichen Produktions- oder Vertriebsstufe tätig ist, und welche die Bedingungen betreffen, zu denen die Parteien bestimmte Waren oder*

---

[144] EU Leitlinien zu vertikalen Beschränkungen, Rz 119 Ziff. 2; Anhang, Ziff. 5.

[145] Neben der EU Vertikal-Gruppenfreistellungsverordnung gelten im vertikalen Bereich vorab folgende Gruppenfreistellungsverordnungen: Verordnung (EG) Nr. 772/2004 der Kommission betreffend Technologietransfer-Vereinbarungen (ABl. L 123 vom 27.4.2004), die Verordnung (EG) Nr. 1400/2002 der Kommission betreffend Vereinbarungen über Kfz-Vertrieb (ABl. L 203/30 vom 1.8.2002), die Verordnungen (EG) Nr. 2658/2000 der Kommission betreffend Spezialisierungsvereinbarungen (ABl. 2000 L 304) vom 29. November 2000 und (EG) Nr. 2659/2000 der Kommission betreffend Vereinbarungen über Forschung und Entwicklung vom 29. November 2000 (ABl. 2000 L 304/7).

Dienstleistungen beziehen, verkaufen oder weiterverkaufen können (im folgenden «vertikale Vereinbarungen» genannt).»

Gegenüber früheren Freistellungsverordnungen für Alleinvertriebs-, Alleinbezugs-, Tankstellen-, Bierlieferungs- und Franchisevereinbarungen etc., bedeutet diese Neuerung einen bedeutenden Fortschritt. Insbesondere sieht die neue EU Vertikal-Gruppenfreistellungsverordnung für die verschiedenen Arten von Liefer- und Bezugsvereinbarungen nunmehr eine einheitliche Regelung vor. Die Unternehmen haben dadurch den Vorteil, die Rechtsform des Vertriebes bzw. der Lieferung im vorgegebenen (einheitlichen) Rahmen frei zu wählen, ohne dadurch unterschiedlichen Regelungen für verschiedene Vertragstypen hinsichtlich der Freistellung zu unterliegen. So unterliegen nun der *EU Vertikal-Gruppenfreistellungsverordnung* auch mit dem *Alleinvertriebsvertrag verwandte oder kombinierte Verträge, wie selektive Vertriebssysteme, Franchiseverträge und Alleinbezugs- und Alleinbeilieferungsverträge.* Abgrenzungsprobleme zwischen einzelnen Vertragstypen werden damit vermieden, zumal in der Praxis diese Vertragstypen oft kombiniert zur Anwendung gelangen. Franchisevereinbarungen sind oft mit Selektivvertrieb, Konkurrenz- und Wettbewerbsverboten und Alleinvertrieb kombiniert[146]. Der Alleinvertrieb ist oft in Kombination mit Selektivvertrieb anzutreffen[147].

Gemäss Art. 3 EU Vertikal-Gruppenfreistellungsverordnung gilt die Freistellung des Art. 2 grundsätzlich nur, wenn der *Anteil des Lieferanten am relevanten Markt,* auf dem er die Vertragswaren oder -dienstleistungen (an den Vertriebshändler) verkauft, *30% nicht überschreitet.* Die Marktanteilsberechnung ist in den Art. 9 bis 11 der EU Vertikal-Gruppenfreistellungsverordnung geregelt.

Schwarze Klauseln / Kernbeschränkungen: Art. 4 EU Vertikal-Gruppenfreistellungsverordnung

Die Freistellung gemäss Art. 2 EU Vertikal-Gruppenfreistellungsverordnung entfällt, falls eine vertikale Vereinbarung eine der in Art. 4 normierten Kernbeschränkungen (sog. «schwarze Klauseln») enthält. Vereinbarungen, die eine solche Kernbeschränkung enthalten, sind nicht freigestellt.

a) *Fest- und Mindestpreisbindungen* (sog. Preisbindungen zweiter Hand; Art. 4 lit. a EU Vertikal-Gruppenfreistellungsverordnung)
   Der Käufer bzw. Vertriebshändler muss die Freiheit haben, seinen Verkaufspreis selbst festzusetzen. Der Lieferant darf jedoch Höchstpreise

---

[146] Vgl. EU Leitlinien für vertikale Beschränkungen, Rz 200; Anhang, Ziff. 5.
[147] Vgl. EU Leitlinien für vertikale Beschränkungen, Rz 162; Anhang, Ziff. 5.

festsetzen und Preisempfehlungen abgeben, sofern dies ohne Ausübung von Druck oder Gewährung von Anreizen geschieht. Gemäss dem Wortlaut von Art. 4 lit. a sind nur Fest- und Mindestpreisbindungen zu Lasten des Käufers freistellungsschädlich. Preisbindungen zu Lasten des Lieferanten (gegenüber der (Allein-)Vertriebshändler) sind dagegen von der Gruppenfreistellung gemäss Art. 2 Abs. 1 erfasst und damit zulässig[148].

b) *(Absolute) Gebiets- und Kundenbeschränkungen* (Art. 4 lit. b EU Vertikal-Gruppenfreistellungsverordnung)
Nicht freistellungsfähig sind Vereinbarungen und Verhaltensweisen, die (absolute) Gebiets- und/oder Kundenbeschränkungen für den Käufer bzw. Vertriebshändler enthalten. Davon *ausgenommen* sind unter anderem:

– (Zulässige) Beschränkungen des aktiven Verkaufs zu Lasten des Vertriebshändlers in Gebiete oder an Kundengruppen, die sich der Lieferant selbst vorbehalten oder ausschliesslich einem anderen Kunden bzw. Händler zugewiesen hat. Passive Verkäufe sind damit für den Vertriebshändler stets zulässig und müssen immer gestattet werden. Unter passiven Verkäufen ist die Erfüllung unaufgeforderter Bestellungen individueller Kunden zu verstehen. Werbung im Internet stellt eine passive Verkaufsmassnahme dar[149].

– Gemäss Art. 4 lit. b alinea 2 ist es zulässig, Käufern bzw. Vertriebshändlern, die auf der Grosshandelsstufe tätig sind, den Verkauf an Endbenutzer zu untersagen (sog. Sprunglieferungen).

– Zulässig ist die Beschränkung des Verkaufs zu Lasten des Vertriebshändlers an nicht zugelassene Händler in selektiven Vertriebssystemen (Art. 4 lit. b alinea 3).

– Zulässig ist weiter die Beschränkung des Bestandteilverkaufs zu Lasten des Vertriebshändlers, soweit diese Bestandteile zur Herstellung von Konkurrenzprodukten des Lieferanten dienen (Art. 4 lit. b alinea 4).

c) *Beschränkungen des aktiven und passiven Verkaufs an Endverbraucher durch den Käufer bzw. Detail-Vertriebshändler in selektiven Vertriebssystemen an Endverbraucher* (Art. 4 lit. c EU Vertikal-Gruppenfreistellungsverordnung).

---

[148] Damit werden Lieferpreisfixierungen, in Festpreisen oder unter Preisklauseln mit Adjustierungen, zwischen Lieferant und Alleinvertriebshändler über die Vertragslaufzeit ermöglicht, was der Praxis entspricht und zugleich ein essentialia des (Allein-)Vertriebsvertrages als Rahmenvertrag darstellt; vgl. oben A Ziff. 2.

[149] Zur Definition von aktivem und passivem Verkauf siehe EU Leitlinien für vertikale Beschränkungen, Rz 50/51 in Anhang, Ziff. 5.

d) *Beschränkung von Querlieferungen zwischen Händlern im Rahmen eines selektiven Vertriebssystems* (Art. 4 lit. d EU Vertikal-Gruppenfreistellungs-verordnung).

e) *Spezifische Beschränkungen des Lieferanten beim Bestandteilverkauf* (Art. 4 lit. e EU Vertikal-Gruppenfreistellungsverordnung)[150].

Wettbewerbsverbote (Art. 5 EU Vertikal-Gruppenfreistellungsverordnung)

Wettbewerbsverbote bzw. Konkurrenzverbote (Verbote der Herstellung, des Bezugs und Vertriebs von Konkurrenzprodukten zu den Vertragswaren)[151], die in Art. 5 EU Vertikal-Gruppenfreistellungsverordnung aufgeführt sind, werden nur beschränkt freigestellt. Es wird dabei zwischen vertraglichen und faktischen Wettbewerbsverboten unterschieden. Die folgenden vertikalen Vereinbarungen bzw. *Wettbewerbsverbote sind damit nicht freigestellt*:

– *Wettbewerbsverbote während der Vertragslaufzeit* (Art. 5 lit. a EU Vertikal-Gruppenfreistellungsverordnung).

Das wichtigste Kriterium für nicht freigestellte Wettbewerbsverbote ist deren Dauer. Wettbewerbsverbote mit einer Dauer von *mehr als fünf Jahren oder mit unbeschränkter Dauer werden nicht freigestellt und sind unzulässig*. Die Begrenzung von fünf Jahren gilt nicht, wenn die Vertragswaren oder -dienstleistungen vom Käufer in Räumlichkeiten und auf Grundstücken verkauft werden, die Eigentum des Lieferanten sind oder von diesem gemietet oder gepachtet werden; das Wettbewerbsverbot gilt in diesem Falle für die Dauer der Grundstücknutzung durch den Käufer bzw. Vertriebshändler (womit z.B. Tankstellen- und Bierlieferungsverträge in Räumlichkeiten des Lieferanten für längere Dauer oder mit unbestimmter Dauer ermöglicht werden).

– *Nachvertragliche Wettbewerbsverbote* (Art. 5 lit. b EU Vertikal-Gruppen-freistellungsverordnung).

Nachvertragliche Wettbewerbsverbote sind für höchstens ein Jahr freigestellt, wenn sie gegenständlich und örtlich begrenzt sind.

---

[150] Vgl. genauen Wortlaut in Ziff. 4 lit. e EU Vertikal-Gruppenfreistellungsverordnung; Ziff. 4.

[151] Art. 1 lit. b der EU Vertikal-Gruppenfreistellungsverordnung definiert Wettbewerbsverbote wie folgt: »Wettbewerbsverbote sind alle unmittelbaren oder mittelbaren Verpflichtungen, die den Käufer veranlassen, keine Waren oder Dienstleistungen herzustellen, zu beziehen, zu verkaufen oder weiterzuverkaufen, die mit den Vertragswaren oder -dienstleistungen im Wettbewerb stehen, sowie alle unmittelbaren oder mittelbaren Verpflichtungen des Käufers, mehr als 80% seiner auf der Grundlage des Einkaufswertes des vorherigen Kalenderjahres berechneten gesamten Einkäufe von Vertragswaren oder -dienstleistungen sowie ihrer Substitute auf dem relevanten Markt vom Lieferanten oder einem anderen vom Lieferanten bezeichneten Unternehmen zu beziehen.

– *Wettbewerbsverbote in selektiven Vertriebssystemen zu Lasten des Käufers* bzw. Vertriebshändlers (Art. 5 lit. c EU Vertikal-Gruppenfreistellungsverordnung).

2.2.2.2 Einzelfreistellung

Fällt eine Abrede nicht unter eine EU Gruppenfreistellungsverordnung, insbesondere die EU Vertikal-Gruppenfreistellungsverordnung im vorliegend interessierenden Fall im vertikalen Bereich von Alleinvertriebsverträgen und verwandten Verträgen, ist zu prüfen, ob sie durch Einzelfreistellung vom Wettbewerbsverbot gemass Art. 81 Abs. 1 EGV freigestellt ist. Für diese Freistellung ist seit dem 1. Januar 2004 keine förmliche Entscheidung mehr erforderlich. Es gilt, wie bereits oben festgehalten, das Prinzip des Wettbewerbsverbots mit Legalausnahme: Wenn die Voraussetzungen von Art. 81 Abs. 3 EGV erfüllt sind, ist die Vereinbarung freigestellt und damit zulässig[152]. Ist es aus Gründen des öffentlichen Interesses erforderlich, kann die Kommission durch (Positiv-) Entscheidung feststellen, dass Art. 81 EGV auf eine Vereinbarung keine Anwendung findet, da die Voraussetzungen von Art. 81 Abs. 3 EGV erfüllt sind[153].

Es ist nicht denkbar, dass gewisse Abreden, welche den Wettbewerb im Regelfalle stark beeinträchtigen oder selbst eliminieren, einer Freistellung vom Verbot des Art. 81 Abs. 1 EGV zugänglich sind. Es sind dies namentlich:

– Preisabreden
– Gebietsaufteilungen
– Exportverbote
– Quotenkartelle
– Gesamtumsatzkartelle
– Diskriminierungsvereinbarungen
– Boykottvereinbarungen

Solche Abreden sind damit faktisch per se verboten.

---

[152] Art. 1 Abs. 2 VO (EG) Nr. 1/2003.
[153] Art. 10 Abs. 1 VO (EG) Nr. 1/2003.

2.3 Kartellverfahrensrecht: Abgrenzung EU-Wettbewerbsrecht und Wettbewerbsrecht der EU-Mitgliedstaaten, Zuständigkeiten und Zusammenarbeit der Behörden

Art. 3 der neuen Verfahrensordnung[154] regelt das Verhältnis zwischen dem EU-Wettbewerbsrecht und den Wettbewerbsrechten der einzelnen Mitgliedstaaten. Liegt ein zwischenstaatlicher Sachverhalt vor, müssen die nationalen Wettbewerbsbehörden und Gerichte das EU-Wettbewerbs-recht anwenden. Dabei darf ein Verhalten, das nach Art. 81 EGV zulässig ist, nicht nach nationalem Kartellrecht verboten werden[155]. Für nationales Wettbewerbsrecht verbleibt dadurch nur noch Raum in denjenigen Fällen, in denen der zwischenstaatliche Handel nicht betroffen ist.

Mit dem Systemwechsel, der durch die neue Verfahrensordnung eingeführt wurde, kann und muss Art. 81 Abs. 3 EGV von den nationalen Gerichten und Wettbewerbsbehörden angewandt werden.

Die nationalen Wettbewerbsbehörden sind für die Anwendung der Art. 81 und Art. 82 EGV in Einzelfällen zuständig[156]. Ebenso sind die einzelstaatlichen Gerichte für die Anwendung der Art. 81 und EGV zuständig[157]. Die Zusammenarbeit der Kommission mit den einzelstaatlichen Behörden ist in den Art. 11–14 VO (EG) 1/2003 geregelt. Die nationalen Behörden müssen die Kommission schriftlich informieren, bevor sie formelle Schritte unternehmen. Die Kommission kann als ultima ratio nach Verfahrensbeginn einen Fall an sich ziehen, um die einheitliche Anwendung des EU-Wettbewerbsrechts sicherzustellen. Die Zusammenarbeit der Kommission mit den einzelstaatlichen Gerichten ist in Art. 15 VO (EG) 1/2003 geregelt. Die Mitgliedstaaten müssen der Kommission unverzüglich eine Kopie von jedem Urteil, das in Anwendung von Art. 81 oder 82 EGV ergangen ist, übermitteln. Um die einheitliche Anwendung des EU-Wettbewerbsrechts zu gewährleisten, dürfen die Gerichte und Wettbewerbsbehörden der Mitgliedstaaten keine Entscheidungen erlassen, die Entscheidungen der Kommission zuwiderlaufen, die sie bereits getroffen hat oder zu erlassen beabsichtigt.

---

[154] VO (EG) Nr. 1/2003.
[155] Art. 3 Abs. 2 VO (EG) Nr. 1/2003.
[156] Art. 5 VO (EG) Nr. 1/2003.
[157] Art. 6 VO (EG) Nr. 1/2003.

2.4 Checkliste für Alleinvertriebsverträge und verwandte Verträge unter dem EU-Wettbewerbsrecht

Zur Fragebeantwortung, ob ein Alleinvertriebsvertrag oder ein verwandter Vertrag unter das Verbot unzulässiger Wettbewerbsbehinderung im Sinne von Art. 81 Abs. 1 EGV fällt und damit unzulässig und verboten ist, kann in Berücksichtigung der bisherigen Ausführungen folgende Checkliste dienen:

1) Haben (vertikale) Abreden gemäss Bagatell-Bekanntmachung (im Regelfalle bei Marktanteil unter 15%) und «KMU Regelung» keine spürbaren Auswirkungen?
   a) wenn ja, ist Art. 81 Abs. 1 EGV grundsätzlich nicht anwendbar, sofern keine Kernbeschränkungen gemäss Bagatell-Bekanntmachung verletzt werden: Die Abrede ist zulässig.
   b) wenn nein, ist weiter zu prüfen:

2) Erfüllen die (vertikalen) Abreden die Voraussetzungen einer Gruppenfreistellungsverordnung (vorliegend insbesondere der EU Vertikal-Gruppenfreistellungsverordnung mit Anwendbarkeit, soweit Marktanteil von 30% nicht überschritten wird)?
   a) wenn ja, ist Art. 81 Abs. 1 EGV auf diese Abreden nicht anwendbar: Die Abreden sind zulässig.
   b) wenn nein, ist weiter zu prüfen:

3) Handelt es sich um (vertikale) Abreden, die grundsätzlich per se verboten sind?
   a) wenn nein, ist zu prüfen, ob die Abreden die Voraussetzungen von Art. 81 Abs. 3 EGV erfüllen und somit vom Verbot gemäss Art. 81 Abs. 1 EGV freigestellt sind (Einzelfreistellung).
   b) wenn ja, liegt eine verbotene Wettbewerbsbeschränkung vor, die unzulässig und nichtig ist und auch gebüsst werden kann.

2.5 Verbleibende Dispositionsfreiheit für Alleinvertriebsverträge und verwandte Verträge im Rahmen der EU Vertikal-Gruppenfreistellungsverordnung

Fällt ein Alleinvertriebsvertrag oder ein verwandter Vertrag in den Anwendungsbereich der EU Vertikal-Gruppenfreistellungsverordnung (mit einem Marktanteil des Lieferanten zwischen 15% und 30%)[158] und fällt dieser Ver-

---

[158] Womit die EU Bagatell-Bekanntmachung mit grundsätzlicher Anwendbarkeit im Vertikalbereich bis zu 15% Marktanteil des Lieferanten nicht mehr zum Tragen kommt; vgl. Bagatell-Bekanntmachung, Ziff. 7 in Anhang, Ziff. 3.

trag nicht in den Anwendungsbereich von anderen (vertikalen) Gruppenfrei-stellungsverordnungen[159], so sind damit insbesondere folgende Absprachen bzw. Verpflichtungen zu Lasten des Lieferanten und des Käufers bzw. Ver-triebshändlers freigestellt und damit zulässig[160]:

a) Zu Lasten des Lieferanten

– Verpflichtung des Lieferanten, die Vertragsprodukte im Vertragsgebiet bzw. für den vertraglichen Kundenkreis nur an den Alleinvertreter bzw. Vertriebshändler und nicht an andere Händler (auf gleicher oder unterer Marktstufe) zu liefern (Alleinbelieferungspflicht).

– Verpflichtung des Lieferanten, Vertragsprodukte im Vertragsgebiet bzw. im vertraglichen Kundenkreis nicht an Endkonsumenten zu liefern (die damit dem Vertriebshändler vorbehalten sind); selbstverständlich kann sich der Lieferant damit – in majore minus – vertraglich vorbehalten, z.B. gewisse Endkonsumenten direkt selbst zu beliefern, passive Verkäufe im Vertragsgebiet vorzunehmen etc. Vorbehalten bleibt indes die Kern-beschränkungsausnahme von Art. 4 lit. e) EU Vertikal-Gruppenfreistel-lungsverordnung (Ersatzteilverkauflieferungen des Lieferanten an End-kunden, die unter den dort genannten Voraussetzungen immer zulässig sein müssen).

– Spiegelbildliche Verpflichtungen zu Lasten des Lieferanten, anderen Ver-triebshändlern gleiche Verkaufsbeschränkungen aufzuerlegen, welche gemäss b) Alinea 4 unten dem Vertriebshändler zulässigerweise auferlegt werden.

b) Zu Lasten des Vertriebshändlers

– Verpflichtung des Vertriebshändlers während der Vertragslaufzeit, keine die Vertragsprodukte konkurrierenden Produkte zu beziehen, herzustel-len oder zu vertreiben oder sich an solchen Unternehmen zu beteiligen, sofern diese Verpflichtung fünf Jahre nicht übersteigt oder von unbe-

---

[159] Vorab zu erwähnen sind hier Verordnung (EG) Nr. 772/2004 der Kommission betreffend Technologietransfer-Vereinbarungen (ABl. L 123 vom 27.4.2004), die Verordnung (EG) Nr. 1400/2002 der Kommission betreffend Vereinbarungen über Kfz-Vertrieb (ABl. L 203/30 vom 1.8.2002), die Verordnungen (EG) Nr. 2658/2000 der Kommission betreffend Spe-zialisierungsvereinbarungen (ABl. 2000 L 304) vom 29. November 2000 und (EG) Nr. 2659/2000 der Kommission betreffend Vereinbarungen über Forschung und Entwicklung vom 29. November 2000 (ABl. 2000 L 304/7).

[160] Instruktiv und wegleitend sind dazu vorab die white clauses in der (früheren) EG VO Nr 1983/83 betreffend Alleinvertriebsverträgen.

stimmter Dauer ist. Vorbehalten bleibt Art. 5 lit. c EU Vertikal-Gruppen-freistellungsverordnung, wonach Vertriebshändlern in selektiven Vertriebssystemen der Verkauf anderer Marken und damit der Verkauf von Konkurrenzprodukten erlaubt sein muss.

– Verpflichtung des Vertriebshändlers während der Vertragslaufzeit, Vertragsprodukte nur vom Lieferanten oder einem vom Lieferanten bezeichneten Dritten zu beziehen (Alleinbezugspflicht), sofern diese Verpflichtung fünf Jahre nicht übersteigt oder nicht von unbestimmter Dauer ist[161].

– Verpflichtung des Vertriebshändlers während der Vertragslaufzeit, Vertragsprodukte im Umfang von mehr als 80% seines Bedarfs nur vom Lieferanten oder einem vom Lieferanten bezeichneten Dritten zu beziehen (faktische Alleinbezugspflicht), sofern diese Verpflichtung fünf Jahre nicht übersteigt oder nicht von unbestimmter Dauer ist[162].

– Beschränkungen des aktiven Verkaufs zu Lasten des Vertriebshändlers in Gebiete oder an Kundengruppen, die der Lieferant sich selber oder ausschliesslich einem anderen Vertriebshändler zugewiesen hat, sofern dadurch Verkäufe seitens der Kunden des Vertriebshändlers nicht beschränkt werden; dies beinhaltet insbesondere die Verpflichtung ausserhalb des Vertragsgebietes aktiv keine Kunden (Endkunden oder Händler, Agenten etc.) zu werben, keine Niederlassungen und Auslieferungslager einzurichten. Passive Verkäufe müssen indes immer zulässig bleiben, wobei auch die Internetwerbung zulässig bleibt.

Beschränkungen des aktiven und passiven Verkaufs zu Lasten des Vertriebshändlers sind jedoch zulässig an nicht zugelassene Händler im Rahmen eines selektiven Vertriebssystems, an Endkunden im Falle, dass der Vetriebshändler auf Grosshandelsstufe tätig ist und bezüglich Bestandteilen, die für Konkurrenzprodukte des Lieferanten gebraucht werden (Art. 4 lit. b EU Vertikal-Gruppenfreistellungsverordnung). Beschränkungen des aktiven und passiven Verkaufs an Endverbraucher zu Lasten der Vertriebshändler auf Einzelhandelsstufe in selektiven Vertriebssystemen sowie Beschränkungen des aktiven und passiven Verkaufs zwischen Händlern in selektiven Vertriebssystemen sind jedoch unzulässig (Art. 4 lit. c und d EU Vertikal-Bekanntmachung).

---

[161] Ist der Alleinvertriebsvertrag zu einem wirklichen Franchisevertrag mutiert, kann unter bestimmten Voraussetzungen die Dauer für den Alleinbezug länger als fünf Jahre vereinbart werden; vgl. Leitlinien der EG Kommission für vertikale Beschränkungen vom 12.10.2000, Rz 200 in Anhang, Ziff. 5.

[162] Die Anmerkung in obiger Fussnote gilt auch in diesem Falle.

- Verpflichtung des Vertriebshändlers während der Vertragslaufzeit (passive) Verkäufe ausserhalb des Vertragsgebietes oder Kundenkreises zu melden, sofern dem Vertriebshändler daraus keine Nachteile erwachsen.

- Verpflichtung des Vertriebshändlers vollständige Sortimente oder Mindestmengen[163] abzunehmen.

- Verpflichtung des Vertriebshändlers Vertragsprodukte unter vorgeschriebenen Marken und Ausstattungen zu vertreiben.

- Verpflichtung des Vertriebshändlers, vertriebsfördernde Massnahmen zu ergreifen, Werbung zu betreiben, Lager und Kundendienst zu unterhalten, Garantieleistungen zu erbringen, fachlich oder technisch geschultes Personal zu verwenden.

- Verpflichtung des Vertriebshändlers, ein angemessenes eigenes Verkaufsnetz oder ein Verkaufsnetz über Dritte zu unterhalten, wobei diesfalls allfällige Zugangsbeschränkungen nur aufgrund sachlicher Kriterien qualitativer Art (fachliche Qualifikation, Ausstattung der Verkaufsräume etc.) vorgeschrieben werden dürfen.

- Verpflichtungen des Vertriebshändlers, welche im Falle der Übertragung und Nutzung von Rechten an geistigem Eigentum und Know-How auf ihn zum Schutz dieser vom Lieferanten gewährten Rechte notwendig sind, sofern die Vereinbarung den Bezug oder den Vertrieb von Waren oder Dienstleistungen zum Hauptgegenstand hat[164].

- Verpflichtung des Lieferanten, nachvertraglich keine Konkurrenzierung einzugehen unter den Voraussetzungen von Art. 5 lit. b EU Vertrikal-Gruppenfreistellungsverordnung.

---

[163] Der Mindestmengenbezug kann indes eine faktische Alleinbezugspflicht und somit ein Wettbewerbsverbot auslösen, das auf fünf Jahre beschränkt ist.

[164] Vgl. dazu EU Leitlinien für vertikale Beschränkungen, iv) Vertikale Vereinbarungen mit Bestimmungen zum Schutz geistigen Eigentums, Rz 30 ff; Anhang, Ziff. 5. Mutiert die Vereinbarung zwischen Lieferant und Händler zur Franchisevereinbarung, so halten die Leitlinien in Rz 44 beispielhaft die zulässigen Absprachen zu Lasten des Franchisenehmers fest, welche bei Franchisevereinbarungen zum Schutz des Know-Hows des Lieferanten bzw. Franchisegebers notwendig und zulässig sind.

3. Alleinvertriebsverträge und verwandte Verträge unter dem schweizerischen Kartellgesetz

3.1 Entwicklung und Basis des schweizerischen Kartellrechts

3.1.1 Entwicklung

Das erste Schweizer Kartellgesetz vom Jahre 1962 war materiellrechtlich, wie auch in Bezug auf dessen Durchsetzung, praktisch wirkungslos. Die Revision des Kartellgesetzes von 1985 brachte gewisse Fortschritte. Erst mit der Revision 1995 und dem Kartellgesetz vom 6. Oktober 1995 (*Kartellgesetz 1995*)[165] schaffte die Schweiz, wenn auch nicht vollständig, den Anschluss an die ausländische Rechtsentwicklung, vorab diejenige der EU. Damit erfolgte ein *erster «Quantensprung»*. Mit der *letzten Kartellgesetznovelle 2003 (Kartellgesetz; KG)*[166], welche vom Parlament im Sommer 2003 beschlossen wurde und die am *1. April 2004 in Kraft* trat, erfolgte ein *zweiter «Quantensprung»* in weiterer Annäherung an die ausländische Rechtsentwicklung. Kernpunkt der Revision bildete vorab die Einführung von (massiven) Bussen[167] bereits im Erstübertretungsfalle bei Verstössen gegen faktische Verbote von harten Wettbewerbsabreden bzw. von Missbrauch von Marktmacht[168], wie dies bereits im Ausland (mit Erfolg und der entsprechenden präventiven Wirkung) gehandhabt wurde[169]. Verstärkt wurde der gesamte Sanktionsmechanismus zudem durch die Einführung einer Kronzeugen- bzw. Bonusregelung und weiterer Verfahrensregeln. Sodann wurde durch den Gesetzgeber im Nachgang zum Kodak Urteil des Bundesgerichtes eine Regelung gegen

---

[165] Bundesgesetz über Kartelle und andere Wettbewerbsbeschränkungen vom 6. Oktober 1995.

[166] Bundesgesetz über Kartelle und andere Wettbewerbsbeschränkungen vom 6. Oktober 1995 mit Änderung vom 20. Juni 2003: SR 251 (KG); Verordnung über die Sanktionen bei unzulässigen Wettbewerbsbeschränkungen vom 12. März 2004 (SVKG): SR 251.5; Text KG in Auszügen in Anhang, Ziff. 8.

[167] Es wird hier der einschlägige Begriff der Busse verwendet, selbst wenn es sich nicht um Bussen im (verwaltungs-) strafrechtlichen Sinne handelt, sondern um administrative Pönalen, welche im Gesetz als Belastungen bezeichnet werden (Art. 49a KG).

[168] Die massiven Bussen wurden zudem auch bei wiederholten Verstössen im Zusammenhang mit Unternehmenszusammenschlüssen eingeführt; vgl. Art. 51 Abs. 2 KG.

[169] Vgl. Botschaft über die Änderung des Kartellgesetzes vom 7. November 2001, BBl 2002, S. 2022 ff., insbesondere S. 2025 ff.: In der EU waren direkte Sanktionen gegen Wettbewerbsverstösse seit jeher vorgesehen. Deutschland kennt seit längerem ein System der direkten Bussenverfügung. In Grossbritannien wurde ein solches System mit dem Competition Act 1998 eingeführt. Die US Wettbewerbsbehörden sprechen nebst hohen Geldbussen bei Erstverstössen gegenüber Unternehmungen auch Bussen und Haft gegen verantwortliche Entscheidungsträger aus.

die Verhinderung von Parallelimporten über Rechte des geistigen Eigentums eingeführt.

Das Kartellgesetz 1995 samt Novelle 2003 beruht – ähnlich wie die Wettbewerbsgesetzgebung der EU – auf drei Pfeilern. Erstens sind *Wettbewerbsabreden*, die den Wettbewerb auf einem bestimmten Markt erheblich beeinträchtigen und sich nicht durch Gründe der wirtschaftlichen Effizienz rechtfertigen lassen sowie Abreden, die zur Beseitigung des wirksamen Wettbewerbs führen, unzulässig (Art. 5 Abs. 1 KG). Zweitens werden *missbräuchliche Verhaltensweisen marktbeherrschender Unternehmen* für unzulässig erklärt (Art. 7 KG). Drittens sind *Unternehmenszusammenschlüsse* einer bestimmten Grösse meldepflichtig und können untersagt oder mit Auflagen versehen werden, wenn sie durch die begründete oder verstärkte marktbeherrschende Stellung wirksamen Wettbewerb in einem Markt zu beseitigen drohen und keine Verbesserung der Wettbewerbsverhältnisse in einem anderen Markt bewirken, welche die Nachteile der marktbeherrschenden Stellung kompensieren (Art. 9 und 10 KG).

Dabei bezweckt das *Kartellgesetz* gemäss Verfassungsgrundlage – immer noch ausgestaltet als Missbrauchsgesetzgebung – «volkswirtschaftlich oder sozial schädliche Auswirkungen von Kartellen und anderen Wettbewerbsbeschränkungen zu verhindern» (Art. 96 BV; Art. 1 KG). *Schutzgut* ist im Rahmen dieser Zweckerreichung vorab der *wirksame Wettbewerb* (Art. 96 BV), aber auch die *individuelle Wirtschaftsfreiheit»*[170]. Es wird damit unterstellt, dass der wirksame Wettbewerb positive volkswirtschaftliche und soziale Effekte zeitigt, was durch die (liberale) Wirtschaftstheorie belegt ist.

3.1.2 Basis für vertikale Abreden

Das Kartellgesetz 1995 mit der Kartellgesetznovelle 2003 enthält im Hinblick auf vertikale Absprachen nur wenige generelle und rudimentäre Regelungen.

Nebst der zentralen *generellen Regelung von Art. 5 Abs. 1 KG*, welche Abreden zur Beseitigung des Wettbewerbs und Abreden zur erheblichen Beeinträchtigung des Wettbewerbs ohne Rechtfertigung durch wirtschaftliche Effizienz als unzulässig erklärt[171], steht im Vertikalbereich *Art. 5 Abs. 4 KG* im Vordergrund mit den *faktischen Verboten* der Festschreibung von *Fest- und Mindestpreisen* sowie der *absoluten Gebiets- oder Kundengruppenzuweisun-*

---

[170] R. Zäch, a.a.O., S. 166 mit weiteren Verweisen. Der Schutz der individuellen Wirtschaftsfreiheit wird allerdings von gewissen Autoren verneint.

[171] Dies auf horizontaler und vertikaler Stufe.

gen, welche zugleich der Erstbussenregelung unterstellt wurden. Die Bestimmung hat folgenden Wortlaut:

> *«Die Beseitigung wirksamen Wettbewerbs wird auch vermutet bei Abreden zwischen Unternehmen verschiedener Marktstufen über Mindest- oder Festpreise sowie bei Abreden in Vertriebsverträgen über die Zuweisung von Gebieten, soweit Verkäufe in diese durch gebietsfremde Vertriebspartner ausgeschlossen werden.»*

Diese Bestimmung von Art. 5 Abs. 4 KG ist indes immer im Zusammenhang mit dem grundlegenden Art. 5 Abs. 1 KG zu sehen, welcher *«Abreden, die den Wettbewerb auf einem Markt für bestimmte Waren und Leistungen erheblich beeinträchtigen und sich nicht durch Gründe der wirtschaftlichen Effizienz rechtfertigen lassen sowie Abreden, die zur Beseitigung wirksamen Wettbewerbs führen»* als unzulässig erklärt.

Art. 5 Abs. 2 KG hält die *Rechtfertigung von erheblich wettbewerbsbeeinträchtigenden Abreden aus Gründen wirtschaftlicher Effizienz* wie folgt fest: Die Rechtfertigung ist gegeben, wenn die Abreden:

> *«notwendig sind, um die Herstellungs- oder Vertriebskosten zu senken, Produkte oder Produktionsverfahren zu verbessern, die Forschung oder die Verbreitung von technischem oder beruflichem Wissen zu fördern oder um Ressourcen rationeller zu nutzen; und*

> *den beteiligten Unternehmen in keinem Fall Möglichkeiten eröffnen, wirksamen Wettbewerb zu beseitigen.»*[172]

Nach der Medienkampagne Ende 2001 gegen die im Verhältnis zum Ausland in der Schweiz überhöhten Konsumgüterpreise erliess die Weko am 18. Februar 2002 die (eigenwillige) Bekanntmachung über die wettbewerbsrechtliche Behandlung vertikaler Abreden gestützt auf die entsprechende (analoge) Kompetenz in Art. 6 Abs. 1 KG *(Weko-Vertikalbekanntmachung I)*[173]. Weiter publizierte die Weko im Herbst 2003 (praktisch gleichzeitig mit der EU) die Bekanntmachung vom *21. Oktober 2002* über die wettbewerbsrechtliche Behandlung von vertikalen Abreden im Kraftfahrzeughandel *(Weko-Kraftfahrzeughandelsbekanntmachung)*[174]. Durch diese Bekanntmachungen wurde die Behandlung allgemeiner und sektorspezifischer vertikaler Abreden durch die Weko erstmals konkretisiert, nachdem das Kartellgesetz 1995

---

[172] Vgl. die ähnliche, aber nicht gleiche Formulierung in Art. 81 Abs. 3 EGV; Anhang, Ziff. 1.

[173] RPW 2002/2, S. 404 ff.

[174] Abrufbar auf der Weko Website: www.wettbewerbskommission.ch/www.weko.admin.ch unter Publikationen.

dazu nur wenige und generelle Aussagen machte und sich eine Praxis der Weko dazu nur zaghaft bilden konnte. Die Weko erliess diese Bekanntmachungen auch unter politischem Druck und mit der Entschlossenheit, durch Intensivierung des Wettbewerbs – mittels weiterer Angleichung der Auslegung des KG an das EU-Wettbewerbsrecht – die Hochpreisinsel Schweiz «einzuebnen»[175].

Am *19. Dezember 2005* erliess die Weko zudem gestützt auf die entsprechende (analoge) Kompetenz in Art. 6 Abs. 1 lit. e) KG [176] die Bekanntmachung betreffend Abreden mit beschränkter Marktwirkung (*Weko KMU-Bekanntmachung*)[177]. Gemäss der Kompetenzbasis (von Art. 6 Abs. 1 lit. e) KG) sollten mit der Weko KMU-Bekanntmachung «Abreden mit dem Zweck, die Wettbewerbsfähigkeit kleinerer und mittlerer Unternehmen zu verbessern, sofern sie eine beschränkte Marktwirkung aufweisen» gerechtfertigt werden. Dabei ist die Weko KMU-Bekanntmachung auf horizontale und vertikale Wettbewerbsabreden und deren mögliche Rechtfertigung durch Verbesserung der Wettbewerbsfähigkeit bzw. der wirtschaftlichen Effizienz bei beschränkter Marktwirkung (wenn alle beteiligten Unternehmen einen Marktanteil von weniger als 10% auf horizontaler Stufe bzw. 15% auf vertikaler Stufe halten) ausgerichtet. Im Vordergrund stehen dabei aber Kooperationsabreden auf horizontaler Stufe (gemäss Art. 6 Abs. 2 KG); nur in speziellen Fällen sind auch gerechtfertigte vertikale Abreden angesprochen und zulässig erklärt.

Sodann hat die Weko am 2. Juli 2007 die Bekanntmachung über die wettbewerbsrechtliche Behandlung vertikaler Abreden (*Weko Vertikal-Bekanntmachung*) erlassen[178]. Dies in naher Angleichung an die EU Vertikal-Bekanntmachung, nachdem die (eigenwillige) Weko Vertikal-Bekanntmachung I vom Jahre 2002 stark kritisiert wurde.

Nachfolgend sollen die auf Basis des neuen KG, der Weko Vertikal-Bekanntmachung und der Weko KMU-Bekanntmachung zulässigen (allgemeinen) vertikalen Vertriebsstrukturen näher betrachtet werden. Auf eine Darstel-

---

[175] Vgl. Referat Prof. R. Zäch, XXXVI FIW-Symposium Enforcement – Die Durchsetzung des Wettbewerbsrechts, 25.–27. Februar 2004 in Innsbruck: Warenbeschaffungskosten im Detailhandel im Jahre 2000 in der Schweiz rund 30% höher, Preise für Konsumenten im Durchschnitt 30% höher als in Deutschland – Hochpreisinsel Schweiz verhindert ein «Level playing field» bezüglich Konkurrenten aus dem Ausland.

[176] Eingeführt gestützt auf die Kartellgesetznovelle 2003 auf Druck von KMU-Kreisen.

[177] Abrufbar auf der Weko Website: www.wettbewerbskommission.ch/www.weko.admin.ch unter Publikationen.

[178] Text in Anhang, Ziff. 9.

lung der Weko-Kraftfahrzeughandelsbekanntmachung als sektorspezifische Regelung mit speziellen Einzelproblemen wird dabei nicht eingegangen.

3.2 Bei Anwendbarkeit des schweizerischen Kartellgesetzes: Missbrauchsgesetzgebung

3.2.1 Unzulässige Beseitigung und unzulässige erhebliche Beeinträchtigung des Wettbewerbs, wenn nicht durch wirtschaftliche Effizienz gerechtfertigt

Wie bereits erwähnt, ist nach dem schweizerischen Kartellgesetz und dessen Art. 5 Abs. 1 eine horizontale oder vertikale Wettbewerbsabrede unzulässig, wenn sie den Wettbewerb auf einem Markt für bestimmte Waren oder Leistungen erheblich beschränkt und sich nicht durch Gründe der wirtschaftlichen Effizienz rechtfertigen lässt. Dies neben Wettbewerbsabreden, die unzulässig bleiben, wenn sie den Wettbewerb auf einem Markt für bestimmte Waren oder Leistungen beseitigen.

Damit werden gemäss Art. 5 KG *drei Arten von Wettbewerbsbeschränkungen* unterschieden: *unerhebliche Wettbewerbsbeschränkungen* (die zulässig sind), *erhebliche Wettbewerbsbeschränkungen* (die unzulässig sind, soweit sie nicht durch Gründe wirtschaftlicher Effizient gerechtfertigt werden können) und Wettbewerbsabreden, die die *Beseitigung des wirksamen Wettbewerbs* bewirken (und damit unzulässig bleiben, da eine Rechtfertigung praktisch nicht denkbar erscheint).

Entsprechend sind gemäss Art. 5 KG damit zwei Arten von Wettbewerbsabreden unzulässig: Abreden, die den Wettbewerb erheblich beschränken und sich nicht durch Gründe wirtschaftlicher Effizienz rechtfertigen lassen und Abreden, die wirksamen Wettbewerb beseitigen (die praktisch nicht durch Gründe wirtschaftlicher Effizienz gerechtfertigt werden können).

Für vertikale Wettbewerbsabreden über Mindest- oder Festpreise und Abreden über den absoluten Gebietsschutz wird nach Art. 5 Abs. 4 KG vermutet, dass diese wirksamen Wettbewerb beseitigen und damit gemäss Art. 5 Abs. 1 KG unzulässig sind (sofern die Vermutung im Einzelfall nicht umgestossen werden kann)[179].

Zentral wird damit der *Begriff der erheblichen Wettbewerbsbeschränkung*. Eine Wettbewerbsbeschränkung durch Abrede liegt vor, wenn die Handlungsfreiheit der Wettbewerbsteilnehmer hinsichtlich eines oder mehrerer

---

[179] Dies gilt auch für horizontale Preis-, Mengen- und Gebietsabreden gemäss Art. 5 Abs. 3 KG – Anhang, Ziff. 8.

Wettbewerbsparameter beschränkt wird. Dies ist der Fall, wenn sich die Abrede auf Wettbewerbsparameter wie Preis, Menge, Gebiet, Produktepolitik (Sortiment, Qualität, Service, Entwicklung) und Marketing bezieht[180].

Die (bis dahin) offene Frage, was Erheblichkeit einer vertikalen Abrede bzw. einer vertikalen Wettbewerbsbeeinträchtigung bedeutet, ist durch die Weko erstmals (öffentlich – und über publizierte Einzelfälle hinaus) mittels der Bekanntmachung über die wettbewerbsrechtliche Behandlung vertikaler Abreden vom 18. Februar 2002 einer (allerdings nicht geglückten) *Klärung* zugeführt worden[181]. Mit der neuen *Weko Vertikal-Bekanntmachung* vom 2. Juli 2007 wurde für den Vertikalbereich eine neue Regelung (in weitgehender Angleichung an die EU Vertikal-Gruppenfreistellungsverordnung) geschaffen und die Frage der Erheblichkeit (wie auch der damit einhergehenden und verbundenen Rechtfertigung) weitgehend beantwortet. Mit dieser Regelung wurde (aus Sicht der Weko eine Verwaltungspraxis begründend, aber für Gerichte nicht bindend) dargelegt, unter welchen Voraussetzungen anzunehmen ist, dass eine vertikale Wettbewerbsabrede eine erhebliche Beeinträchtigung des Wettbewerbs im Sinne von Art. 5 Abs. 1 KG darstellt.

In der Regelung der Weko Vertikal-Bekanntmachung wird richtigerweise auf quantitative Kriterien (wie Marktanteile) und qualitative Kriterien (wie einzelne Abreden) abgestellt[182]. Danach stellen vertikale Wettbewerbsabreden *grundsätzlich eine erhebliche Beeinträchtigung des Wettbewerbs* dar (eine Rechtfertigung ist theoretisch möglich, aber wohl schwer zur erzielen), wenn sie namentlich folgende Regelung zum Gegenstand haben: *Direkte oder indirekte Fixierung von Fest- oder Mindestpreisen für den Weiterverkauf, direkte oder indirekte Beschränkungen des geografischen Absatzgebietes oder Kundenkreises für den Weiterverkauf durch Händler (absoluter Gebietsschutz), Beschränkungen des aktiven und passiven Verkaufs an Endverbraucher, sofern sie Händlern (auf Einzelhandelsstufe) in selektiven Vertriebssystemen auferlegt werden, Beschränkungen von Querlieferungen innerhalb eines selektiven Vertriebssystems zwischen zugelassenen Händlern (aller Stufen), Ersatzteillieferungsbeschränkungen des Lieferanten unter bestimmten Umständen, Wettbewerbsverbote, welche für eine Dauer von mehr als 5 Jahren (oder mit unbestimmter Dauer) oder welche für mehr als ein Jahr nach Beendigung der vertikalen Wettbewerbsabrede*

---

[180] Vgl. Zäch, a.a.O., S. 183.
[181] Weko Vertikal-Bekanntmachung I in RPW 2002/2 404ff.
[182] In der Weko Vertikal-Bekanntmachung I wurde noch allein auf qualitative Kriterien abgestellt; dies entgegen der EU Vertikal-Gruppenfreistellungsverordnung, was zu harter Kritik führte.

vereinbart werden, und Einschränkungen von Mehrmarkenvertrieb in selektiven Vertriebssystemen.[183]

Diese den Wettbewerb erheblich beeinträchtigenden Abreden können in Anlehnung an das EU Recht als «*Kernbeschränkungen*» unter dem schweizerischen Wettbewerbsrecht bezeichnet werden.

In Anwendung quantitativer Kriterien (der sich die Weko in der Weko Vertikal-Bekanntmachung I noch verschlossen hat) hält Ziff. 13 Abs. 1 der Weko Vertikal-Bekanntmachung als *Bagatellfälle* fest, dass vertikale Wettbewerbsabreden, welche nicht unter die oben erwähnten Kernbeschränkungen fallen, in der Regel keine erheblichen Beeinträchtigungen des Wettbewerbs bewirken, wenn der von jedem an einer vertikalen Wettbewerbsabrede beteiligten Unternehmen gehaltene Marktanteil auf keinem der von der Abrede betroffenen relevanten *Märkte 15%* überschreitet[184]. Damit wird analog der EU Bagatell-Bekanntmachung in diesem Bereich die Erheblichkeit einer Wettbewerbsabrede in der Regel verneint (analog der Verneinung der Spürbarkeit in der EU Bagatell-Bekanntmachung in diesem Bereich). Allerdings gehen die Kernbeschränkungen in diesem Bereich bis 15% Marktanteil gemäss Weko Vertikal-Bekanntmachung weiter als die Kernbeschränkungen gemäss EU Bagatell-Bekanntmachung.[185]

Weiter hält Ziff. 15 Abs. 2 der Weko Vertikal-Bekanntmachung fest, dass über die Kernbeschränkungen hinausgehende vertikale Wettbewerbsabreden bei *Marktanteilen der beteiligten Unternehmen zwischen 15 und 30%* in der Regel als gerechtfertigt angesehen werden. Namentlich werden (im Gleichschritt mit der EU Regelung in der EU Vertikal-Gruppenfreistellungsverordnung) folgende Abreden als *gerechtfertigt* angesehen: *Festsetzung von Höchstpreisen und Preisempfehlungen, Beschränkungen des aktiven Verkaufs in Gebiete und Kundengruppen, die der Lieferant anderen zugehalten hat, Beschränkungen des Direktverkaufs durch Grossisten, Beschränkungen des Verkaufs an nicht zugelassene Händler in selektiven Vertriebssystemen, Beschränkungen des Bestandteilverkaufs zu Lasten des Händlers unter bestimmten Bedingungen, Wettbewerbsverbote bis zu fünf Jahren, Wettbewerbsverbote von mehr als fünf Jahren oder mit unbestimmter Dauer, sofern der Käufer die Vertragswaren in Räumlichkeiten des Lieferanten vertreibt, nachvertragliche Wettbewerbsverbote*

---

[183]   Vgl. Weko Vertikal-Bekanntmachung, Ziff. 12; Anhang, Ziff. 10.
[184]   Vgl. Weko Vertikal-Bekanntmachung, Ziff. 13 Abs. 1; Anhang, Ziff. 10.
[185]   Vgl. Weko Vertikal-Bekanntmachung, Ziff. 12 und EU Bagatell-Bekanntmachung, Ziff. 11; Anhang, Ziff. 10 und 3. Insbesondere entfällt in der EU-Regelung das Wettbewerbsverbot mit Maximalbeschränkung auf 5 Jahre im Bereich bis 15% Marktanteil.

von einem Jahr unter bestimmten Bedingungen sowie gewisse Einschränkungen des Mehrmarkenvertriebs in selektiven Vertriebssystemen.[186]

Eine weitere Konkretisierung des Begriffs der Erheblichkeit der Wettbewerbsbeeinträchtigung und der allfälligen Rechtfertigung einer entsprechenden Abrede, die durch wirtschaftliche Effizienz gerechtfertig wird, wurde durch die Weko KMU-Bekanntmachung[187] geschaffen, welche allerdings nur zur Anwendung kommt, wenn die Marktanteile der beteiligten Unternehmen im vertikalen Bereich 15% nicht überschreiten. Die Weko KMU-Bekanntmachung geht der Weko Vertikal-Bekanntmachung nach. Sie ist damit nur subsidiär zu berücksichtigen und bringt für den vertikalen Bereich nur wenig hinzu, da sie vorab auf Kooperationen von KMUs im horizontalen Bereich ausgerichtet ist.

3.2.2 Unzulässige Beseitigung und unzulässige erhebliche Beeinträchtigung des Wettbewerbs, sofern nicht durch wirtschaftliche Effizienz gerechtfertigt gemäss Weko Vertikal-Bekanntmachung und Weko KMU-Bekanntmachung

Die Weko Vertikal-Bekanntmachung geht der Weko KMU-Bekanntmachung vor[188], und ist damit vorab darzustellen. Auf die Weko Kraftfahrzeughandelsbekanntmachung wird hier nicht weiter eingetreten, die in diesem Spezialfall der Weko Vertikal-Bekanntmachung wiederum vorgeht[189].

Die Weko Vertikal-Bekanntmachung ist in gewisser Hinsicht, aber nicht vollständig, das schweizerische Abbild der EU Vertikal-Gruppenfreistellungsverordnung[190]. Die Weko Vertikal-Bekanntmachung hat allerdings vorab dem Umstand Rechnung zu tragen, dass das schweizerische Kartellrecht (immer noch) eine Missbrauchsgesetzgebung ist, während das EU-Wettbewerbsrecht, wie oben dargestellt, eine Verbotsgesetzgebung mit Legalausnahme darstellt.

Entsprechend will die Weko in der Weko Vertikal-Bekanntmachung darlegen und bekanntmachen, nach welchen Kriterien sie die Vermutung der Beseitigung des wirksamen Wettbewerbs im Sinne von Art. 5 Abs. 4 KG (bei Festschreibung von Fest- oder Mindestpreisen und Festschreibung von absolutem Gebietsschutz) und die Erheblichkeit der Beeinträchtigung des wirksa-

---

[186] Vgl. Weko Vertikal-Bekanntmachung, Ziff. 12; Anhang, Ziff. 10.
[187] Weko KMU-Bekanntmachung; Anhang, Ziff. 9.
[188] Vgl. Weko Vertikal-Bekanntmachung, Ziff. 9 Abs. 2; Anhang, Ziff. 10.
[189] Vgl. Weko Vertikal-Bekanntmachung, Ziff. 9 Abs. 1; Anhang, Ziff. 10.
[190] Vgl. Weko Vertikal-Bekanntmachung Einleitung, Absatz 11; Anhang, Ziff. 10.

men Wettbewerbs gemäss Art. 5 Abs. 1 KG (Unzulässigkeit von Wettbewerbsabreden, die den Wettbewerb erheblich beeinträchtigen, und sich nicht durch Gründe wirtschaftlicher Effizienz rechtfertigen lassen) beurteilen wird[191]. Weiter sollen darin gemäss Art. 6 KG die allgemeinen Voraussetzungen umschrieben werden, unter denen einzelne Arten von Wettbewerbsabreden aus Gründen wirtschaftlicher Effizienz im Sinne von Art. 5 Abs. 2 KG (Senkung der Herstellungs- und Vertriebskosten, Verbesserung von Produkten und Produktionsverfahren, Förderung der Forschung, bessere Ressourcennutzung) in der Regel als gerechtfertigt angesehen werden[192].

Ziff. 1 der *Weko Vertikal-Bekanntmachung* definiert den Begriff der vertikalen Wettbewerbsabrede und damit gleichzeitig den *Anwendungsbereich* der Weko Vertikal-Bekanntmachung wie folgt: «Erzwingbare oder nicht erzwingbare *Vereinbarungen sowie aufeinander abgestimmte Verhaltensweisen (vgl. Art. 4 Abs. 1 KG) von Unternehmen verschiedener Marktstufen, welche die Geschäftsbedingungen betreffen, zu denen die beteiligten Unternehmen bestimmte Waren oder Dienstleistungen beziehen, verkaufen oder weiterverkaufen können.*»[193] Diese Begriffsbestimmung der vertikalen Wettbewerbsabrede ist praktisch deckungsgleich mit derjenigen in der EU Vertikal-Gruppenfreistellungsverordnung[194].

Damit unterliegen der Weko Vertikal-Bekanntmachung (gleich wie bei der EU Vertikal-Gruppenfreistellungsverordnung) namentlich alle Vertriebsvereinbarungen für Waren und Dienstleistungen[195], insbesondere der *Alleinvertriebsvertrag und verwandte oder kombinierte Verträge, wie selektive Vertriebssysteme, Franchiseverträge und Alleinbezugs- und Alleinbelieferungsverträge.*

Gemäss Ziff. 15 Abs. 2 der Weko Vertikal-Bekanntmachung gelten die Rechtfertigungen der darin enthaltenen vertikalen Abreden nur, wenn der Anteil des Lieferanten am relevanten Markt, auf dem er die Vertragswaren oder -dienstleistungen an den (Allein-)Vertriebshändler verkauft, 30% nicht überschreitet. Eine Ausnahme besteht bei Vorliegen von nebeneinander bestehenden Vertriebsnetzen, die sich auf dem relevanten Markt kumulativ auswirken (mit mehr als 30%). Diesfalls wird die Marktanteilsschwelle auf 5% herabgesetzt[196].

---

[191] Vgl. Weko Vertikal-Bekanntmachung Einleitung, Absatz 5; Anhang, Ziff. 10.

[192] Vgl. Weko Vertikal-Bekanntmachung Einleitung, Absatz 1; Anhang, Ziff. 10.

[193] Vgl. Weko Vertikal-Bekanntmachung, Ziff. 1 i.V. mit Ziff. 8; Anhang, Ziff. 10.

[194] Vgl. EU Vertikal-Gruppenfreistellungsverordnung, Art. 2 Abs. 1.

[195] Eine Ausnahme besteht wie in der EU in der Schweiz bezüglich der Weko Kraftfahrzeughandelsbekanntmachung.

[196] Weko Vertikal-Bekanntmachung, Ziff. 15 Abs. 2 i.V. mit Ziff. 13 Abs. 2; Anhang, Ziff. 10.

«Schwarze Klauseln» / Kernbeschränkungen: Ziffer 12 Weko Vertikal-Bekanntmachung

So wie unter der EU Vertikal-Gruppenfreistellungsverordnung die Freistellung der Kernbeschränkungen gemäss Art. 4 entfällt, so wird in der Weko Vertikal-Bekanntmachung in Ziff. 11 die (unzulässige) erhebliche Beeinträchtigung des wirksamen Wettbewerbs gemäss Art. 5 Abs. 1 KG vermutet (sofern keine Rechtfertigung beigebracht werden kann), wenn folgende Kernbeschränkungen vorliegen:

a) *Fest- und Mindestpreisbindungen für den Weiterverkauf* (sog. Preisbindungen zweiter Hand; Ziff. 10 Abs. 1 lit. a Weko Vertikal-Bekanntmachung – entsprechend Art. 4 lit. a EU Vertikal-Gruppenfreistellungsverordnung).

   Gemäss der EU Vertikal-Gruppenfreistellungsverordnung ist die Aussprechung von Preisempfehlungen grundsätzlich zulässig, «sofern sich diese nicht infolge der Ausübung von Druck oder der Gewährung von Anreizen durch eine der Vertragsparteien tatsächlich wie Fest- oder Mindestverkaufspreise auswirken.»[197] Die Weko Vertikal-Bekanntmachung hält lapidar fest: «Als solche gelten auch in Empfehlungsform gekleidete Wettbewerbsabreden über die Einhaltung von Mindest- oder Festpreisen»[198]. Diese Bestimmung bzw. die ähnliche Vorfassung hat bereits im Vernehmlassungsverfahren zu harter Kritik geführt, soweit sie selbst zu einer (zumindest von der Weko gewünschten) Beweislastumkehr und Verschärfung der EU Regelung führen könnte, die als nicht gerechtfertigt angesehen wird[199].

b) *Gebietszuweisungen bzw. Kundenzuweisungen,* soweit Verkäufe in diese Gebiete bzw. Kundengruppen durch gebietsfremde Vertriebspartner ausgeschlossen werden (*absoluter Gebietsschutz*) (Ziff. 10 lit. b bzw. Ziff. 12 lit. b Weko Vertikal-Bekanntmachung – entsprechend Art. 4 lit. b EU Vertikal-Gruppenfreistellungsverordnung).

   Interessanterweise wird die (unzulässige) (absolute) Beschränkung des Kundenkreises in Ziff. 10 der Weko Vertikal-Bekanntmachung nicht erwähnt (entgegen der EU Vertikal-Gruppen-freistellungsverordnung in

---

[197] Vgl. EU Vertikal-Gruppenfreistellungsverordnung, Art. 4 lit. a; Anhang, Ziff. 4.
[198] Vgl. Weko Vertikal-Bekanntmachung, Ziff. 10 Abs. 1 lit. a; in Ziff. 11 hat die definitive Weko Vertikal-Bekanntmachung sodann Kriterien eingeführt, warum Empfehlungen zu unzulässigen Preisvorgaben mutieren sollten; Anhang, Ziff. 10.
[199] «Weko will Preisempfehlungen verbieten», Tages Anzeiger vom 27.03.2007.

Art. 4 lit. b). Auch sie wird indes (zumindest nach Auffassung der Weko) vermutungsweise den Wettbewerb unzulässigerweise beseitigen[200].

Sodann fügt die Weko Vertikal-Bekanntmachung kontrovers und in verschärfender Weise an: «Die Vermutung der Beseitigung des Wettbewerbs kann nicht durch den blossen Nachweis von Wettbewerb zwischen Anbietern verschiedener Marken (Interbrand-Wettbewerb) widerlegt werden.» (Weko Vertikal-Bekanntmachung, Ziff. 10 Abs. 2).

In analogem Gleichzug zur EU Vertikal-Gruppenfreistellungsverordnung hält die Weko Vertikal-Bekanntmachung in Ziff. 10 fest, dass auch bei Widerlegung der Vermutung der Beseitigung des Wettbewerbs durch Fixierung von Fest- und Mindestverkaufspreisen für den Weiterverkauf und durch absoluten Gebietsschutz, diese vertikalen Wettbewerbsabreden grundsätzlich eine (unzulässige) erhebliche Wettbewerbsbeeinträchtigung im Sinne von Art. 5 Abs. 1 KG darstellen. Dies mit folgenden zulässigen und damit *gerechtfertigten Ausnahmen* (gemäss Ziff. 12 lit. b Weko Vertikal-Bekanntmachung – analog zu EU Vertikal-Gruppenfreistellungsverordnung, Art. 4 lit. b):

– (Zulässige) Beschränkungen des aktiven Verkaufs in Gebiete oder an Kundengruppen, die der Lieferant sich selbst vorbehalten oder ausschliesslich einem anderen Käufer zugewiesen hat, vorausgesetzt dass Passivverkäufe uneingeschränkt möglich sind (Ziff. 12 lit. b (i) Weko Vertikal-Bekanntmachung – Art. 4 lit. b alinea 1 EU Vertikal-Gruppenfreistellungsverordnung).

– (Zulässige) Beschränkung des Direktverkaufs an die Endverbraucher von Grossisten (Ziff. 12 lit. b (ii) Weko Vertikal-Bekanntmachung – Art. 4 lit. b alinea 2 EU Vertikal-Gruppenfreistellungsverordnung).

– (Zulässige) Beschränkungen des Verkaufs an nicht zugelassene Händler, die Mitgliedern eines selektiven Vertriebssystems auferlegt werden (Ziff. 12 lit. b (iii) Weko Vertikal-Bekanntmachung – Art. 4 lit. b alinea 3 EU Vertikal-Gruppenfreistellungsver-ordnung).

– (Zulässige) Beschränkung des Bestandteilverkaufs zu Lasten des Vertriebshändlers, soweit diese Bestandteile zur Herstellung von Konkurrenzprodukten des Lieferanten dienen (Ziff. 12 lit. b (iv) Weko Vertikal-Bekanntmachung – Art. 4 lit. b alinea 4 EU Vertikal-Gruppenfreistellungsverordnung).

---

[200] Vgl. Weko Vertikal-Bekanntmachung, Ziff. 12 Abs. 1 lit. b; Anhang Ziff. 10.

- (Zulässige) Einschränkungen von Mehrmarkenvertrieb in selektiven Vertriebssystemen, welche sich nicht gezielt auf Marken bestimmter konkurrierender Lieferanten beziehen (Ziff. 12 lit. h Weko Vertikal-Bekanntmachung).
- (Zulässige) Festsetzung von Höchstpreisen oder Preisempfehlungen, wobei Preisempfehlungen in der Weko Vertikal-Bekanntmachung gegenüber der EU Regelung eine Verschärfung erfahren (Ziff. 10 und 11 Weko Vertikal-Bekanntmachung – mit anderem Wortlaut EU Vertikal-Gruppenfreistellungsverordnung, Art. 4 lit. a).

Sodann bewirken gemäss Weko Vertikal-Bekanntmachung folgende vertikalen Abreden grundsätzlich eine erhebliche Beeinträchtigung des Wettbewerbs im Sinne von Art. 5 Abs. 1 KG und sind somit in der Regel unzulässig (analog der EU Vertikal-Gruppenfreistellungsverordnung).

c) *Beschränkungen des aktiven oder passiven Verkaufs an Endverbraucher, sofern diese Beschränkungen Händlern (auf Einzelhandelsstufe) innerhalb selektiver Vertriebssysteme auferlegt werden* (Ziff. 12 lit. c Weko Vertikal-Bekanntmachung – Art. 4 lit. c EU Vertikal-Gruppenfrei-stellungsverordnung).

d) *Beschränkungen von Querlieferungen zwischen Händlern innerhalb eines selektiven Vertriebssystems, auch wenn es sich um Händler unterschiedlicher Marktstufen handelt* (Ziff. 12 lit. d Weko Vertikal-Bekanntmachung – Art. 4 lit. d EU Vertikal-Gruppenfreistellungsverordnung).

e) *Spezifische Beschränkungen des Lieferanten beim Bestandteilverkauf*[201] (Ziff. 12 lit. e Weko Vertikal-Bekanntmachung – Art. 4 lit. e EU Vertikal-Gruppenfreistellungsverordnung).

f) *Einschränkungen von Mehrmarkenvertrieb in selektiven Vertriebssystemen, welche sich gezielt auf bestimmte Marken richten* (Ziff. 12 lit. h Weko Vertikal-Bekanntmachung – Art. 5 lit. c EU Vertikal-Gruppenfreistellungsverordnung).

---

[201] Vgl. genauen Wortlaut in Ziff. 12. Abs. 2 lit. c Weko Vertikal-Bekanntmachung; Anhang, Ziff. 10.

Wettbewerbsverbote (Ziff. 12 lit. f und g Weko Vertikal-Bekanntmachung –
Art. 5 EU Vertikal-Gruppenfreistellungsverordnung)

Wettbewerbsverbote bzw. Konkurrenzverbote (Verbote der Herstellung, des Bezugs und Vertriebs von Konkurrenzprodukten zu den Vertragswaren)[202], die in Ziff. 12 lit. f und g Weko Vertikal-Bekanntmachung aufgeführt sind (Wettbewerbsverbote von mehr als fünf Jahren, mit unbestimmter Dauer oder für mehr als ein Jahr nach Beendigung des Vertrages) stellen grundsätz-lich eine (unzulässige) erhebliche Beeinträchtigung des Wettbewerbs dar im Sinne von Art. 5 Abs. 1 KG. Allerdings ist eine Rechtfertigung und Erstellung der Zulässigkeit denkbar (im Gegensatz zur Regelung in Art. 5 EU Vertikal-Gruppenfreistellungsverordnung, wo keine Freistellung von Wettbewerbs-verboten über fünf Jahre bzw. einem Jahr erfolgt).

– *Wettbewerbsverbote während der Vertragslaufzeit* (Ziff. 12 lit. f Weko Verti-kal-Bekanntmachung)

Das wichtigste Kriterium für grundsätzlich unzulässige und den Wett-bewerb erheblich beeinträchtigende Wettbewerbsverbote im Sinne von Art. 5 Abs. 1 KG ist deren Dauer. Grundsätzlich unzulässig sind Wett-bewerbsverbote mit einer *Dauer von mehr als fünf Jahren oder mit unbe-stimmter Dauer.* Dies entspricht der EU Regelung[203]. Wie in der EU gilt die grundsätzliche Begrenzung auf fünf Jahre nicht, wenn die Vertragswaren oder -dienstleistungen vom Käufer in Räumlichkeiten und auf Grundstü-cken verkauft werden, die Eigentum des Lieferanten sind oder von diesem gemietet oder gepachtet werden; das Wettbewerbsverbot gilt in diesem Falle für die Dauer der Grundstücknutzung durch den Käufer bzw. Ver-triebshändler (Ziff. 12 lit. f Weko Vertikal-Bekanntmachung).

---

[202] Ziff. 6 Weko Vertikal-Bekanntmachung definiert Wettbewerbsverbote wie folgt: «Alle un-mittelbaren oder mittelbaren Verpflichtungen, die den Käufer veranlassen, keine Waren oder Dienstleistungen herzustellen, zu beziehen, zu verkaufen oder weiterzuverkaufen, die mit den Vertragswaren oder -dienstleistungen im Wettbewerb stehen. Des Weiteren alle unmittelbaren oder mittelbaren Verpflichtungen des Käufers, mehr als 80% seiner auf der Grundlage des Einkaufswertes des vorherigen Kalenderjahres berechneten gesamten Einkäufe von Vertragswaren oder -dienstleistungen sowie ihrer Substitute auf dem rele-vanten Markt vom Lieferanten oder einem anderen vom Lieferanten bezeichneten Unter-nehmen zu beziehen (die gleichlautende Definition findet sich in Art. 1 lit. b der EU Vertikal-Gruppenfreistellungsverordnung).

[203] Vgl. Art. 5 lit. a EU Vertikal-Gruppenfreistellungsverordnung; Anhang, Ziff. 4.

- *Nachvertragliche Wettbewerbsverbote* (Ziff. 12 lit. g Weko Vertikal-Bekanntmachung)

  Nachvertragliche Wettbewerbsverbote sind gemäss Weko Vertikal-Bekanntmachung grundsätzlich erheblich wettbewerbsbeeinträchtigend und damit unzulässig, sofern sie eine *Dauer von mehr als einem Jahr* aufweisen. Ausnahmen sind in Ziff. 12 lit. g aufgeführt.

- *Wettbewerbsverbote in selektiven Vertriebssystemen zu Lasten des Käufers bzw. Vertriebshändlers*, sofern sich diese gezielt auf bestimmte Marken von Konkurrenten beziehen (Ziff. 12 lit. c Weko Vertikal-Bekanntmachung – Art. 5 lit. c EU Vertikal-Gruppenfreistellungsverord-nung).

  Wettbewerbsverbote in selektiven Vertriebssystemen zu Lasten des Käufers bzw. Vertriebshändlers sind gemäss Weko Vertikal-Bekanntmachung grundsätzlich erheblich wettbewerbsbeeinträchtigend und damit unzulässig – im Gleichschritt mit der EU Regelung. Allerdings lässt die Weko Vertikal-Bekanntmachung Einschränkungen vom Mehrmarkenvertrieb zu, soweit sie sich nicht gezielt auf Marken bestimmter Konkurrenten richten.

Weitere Wettbewerbsabreden, die in der Regel gerechtfertigt oder zulässig sind

Ziff. 15 Abs. 2 der Weko Vertikal-Bekanntmachung hält (sinngemäss) fest, dass bei *Marktanteilen* des Lieferanten zwischen *15 und 30%* alle übrigen (nicht die Kernbeschränkungen tangierenden) vertikalen Abreden in der Regel ohne Einzelfallprüfung gerechtfertigt und damit zulässig sind, die oben in Ziff. 3.2.2. nicht erwähnt wurden (bzw. in Ziff. 12 und 13 der Weko Vertikal-Bekanntmachung nicht erwähnt sind).

Sodann bestimmt Ziff. 13 Abs. 1 der Weko Vertikal-Bekanntmachung, dass Wettbewerbsabreden, die nicht unter die erwähnten Kernbeschränkungen fallen, in der Regel keine erhebliche Wettbewerbsbeeinträchtigung darstellen und damit in der Regel ohne weitere Rechtfertigung zulässig sind, wenn der von jedem an einer vertikalen Wettbewerbsabrede beteiligten Unternehmen gehaltene Marktanteil auf keinem der von der Abrede betroffenen *relevanten Märkte 15%* übersteigt[204].

In Verschärfung der EU Regelung bestimmt die Weko Vertikal-Bekanntmachung in Ziff. 13 Abs. 3 indes insbesondere, dass auch bei Marktanteilen von unter 15% die oben angeführten «(schweizerischen) Kernbeschränkungen» gelten, womit in diesem Bereich zusätzlich (gegenüber der EU Regelung)

---

[204] Dies im Gleichschritt mit Ziff. 7 lit. b der EU Bagatell-Bekanntmachung; Anhang, Ziff. 3.

auch die Wettbewerbsverbote von über fünf Jahren und die nachvertraglichen Wettbewerbsverbote von über einem Jahr[205] grundsätzlich erheblich wettbewerbsbehindernd und damit in der Regel unzulässig angesehen werden.

Weko KMU-Bekanntmachung

Mit der Weko KMU-Bekanntmachung vom 19. Dezember 2005 (die schon bald einer zweijährigen Überprüfung durch die Weko bedarf), welche der Weko Vertikal-Bekanntmachung (grundsätzlich) nachgeht[206], wird im Vertikalbereich wenig zur Regelung gemäss der Weko Vertikal-Bekanntmachung beigefugt.

Für *Kleinstunternehmen* mit weniger als zehn Personen und einem Umsatz unter CHF 2 Mio.[207] werden Wettbewerbsabreden in der Regel als unerheblich betrachtet[208], sofern es sich nicht um die Vereinbarung von Mindest- oder Festpreisen oder absoluten Gebietsschutz handelt.

Bei *eigentlichen KMUs* (abgesehen von den oben erwähnten Kleinstunternehmen) wird von einer beschränkten Marktwirkung ausgegangen, sofern der von jedem an einer vertikalen Wettbewerbsabrede (insbesondere Vertriebsabrede) beteiligten Unternehmen gehaltene Marktanteil auf keinem der von der Abrede betroffenen relevanten *Märkte 15%* überschreitet (Ziff. 3 Abs. 1 lit. b Weko KMU-Bekanntmachung). Als erhebliche und damit in der Regel unzulässige Wettbewerbsabreden werden auch hier (vorab) die Vereinbarung von Mindest- und Festpreisen sowie der absolute Gebietsschutz bezeichnet (Ziff. 3 Abs. 2 lit. b Weko KMU-Bekanntmachung). Sodann gelten (auch) in diesem Bereich die weiteren «Kernbeschränkungen» gemäss Weko Vertikal-Bekanntmachung, die vorgeht. Andererseits verzichtet die Weko gemäss der Weko KMU-Bekanntmachung «in der Regel» auf eine Verfahrenseröffnung, wenn Wettbewerbsabreden von solchen (KMU) Unternehmen getroffen werden, die eine *Verbesserung der Wettbewerbsfähigkeit* bewirken, insbesondere wenn sie «*durch leistungssteigernde oder innovationsfördernde Massnahmen Grössen- oder Verbundvorteile ermöglicht oder wenn sie Verkaufsanreize für die nachgelagerte Stufe schafft und hierzu notwendig ist*»[209].

---

[205] Vgl. aber Ausnahme dazu wiederum in Ziff. 12 lit. g Weko Vertikal-Bekanntmachung; Anhang Ziff. 10.

[206] Ziff. 9 Abs. 2 Weko Vertikal-Bekanntmachung; Anhang Ziff. 10.

[207] Art. 4 Weko KMU-Bekanntmachung sowie Art. 8 ff. betr. Bestimmung der Mitarbeiterzahl und des Umsatzes; Anhang, Ziff. 9.

[208] Vgl. Art. 5 Weko KMU-Bekanntmachung; Anhang, Ziff. 9.

[209] Ziff. 2 Abs. 1 Weko KMU-Bekanntmachung; Anhang, Ziff. 9.

Als solche Verbesserungen werden namentlich Abreden in folgenden Bereichen bezeichnet:

a) *Produktion (z.B. Ausweitung oder Verbreiterung der Produktion, Erhöhung der Qualität);*

b) *Forschung und Entwicklung (z.B. gemeinsame Forschungs- und Entwicklungsprojekte);*

c) *Finanzierung, Verwaltung und Rechnungswesen (z.B. zentrale Auftragsverwaltung);*

d) *Werbung und Marketing (z.B. gemeinsame Werbemittel, gemeinsame Zeitschriftenbeilage);*

e) *Einkauf, Vertrieb und Logistik (z.B. Einkaufs-, Transport- und Lagerhaltungsgemeinschaften);*

f) *Markteintritt von Produkten oder Unternehmen (z.B. Vertriebsabreden, Franchising).*

Es geht in der Weko KMU-Bekanntmachung hier damit vorab um die (erleichterte) Ermöglichung von Teil- und Vollfunktionsgemeinschaftsunternehmen auf der horizontalen Stufe[210]. Lediglich mit dem Markteintritt von Produkten oder Unternehmen mit Vertriebs- und Frachiseverträgen wird auf die vertikale (vertriebliche) Ebene Bezug genommen und auf die Ermöglichung von Abreden hingewiesen, welche über die «Kernbeschränkungen» gemäss Weko Vertikal-Bekanntmachung hinausgehen und die gerechtfertigt sein können, sofern diese notwendig sind, um eine Verbesserung der Wettbewerbsfähigkeit zu bewirken. Damit ist die Auswirkung der Weko KMU-Bekanntmachung auf den vertikalen Bereich gering, zumal die Weko Vertikal-Bekanntmachung in diesem Bereich (vorerst) vorgeht[211]. Zudem erfolgt damit eine stärkere wettbewerbsrechtliche Einbindung der eigentlichen KMUs als unter dem EU-Wettbewerbsrecht, wo die EU Leitlinien für vertikale Beschränkungen festhalten[212], dass Vereinbarungen zwischen KMUs nach der Definition im Anhang zur Kommissionsempfehlung (nunmehr vom 6. Mai 2003[213]) selten geeignet sind, eine spürbare Wettbewerbsbeeinträchti-

---

[210] Vgl. dazu Patrick Ducrey, Gemeinschaftsunternehmen (Joint Ventures) – kartellrechtliche Aspekte, in: Mergers & Acquisitions III, Zürich 2001, S. 127 ff.

[211] Ziff. 9 Weko Vertikal-Bekanntmachung; Anhang, Ziff. 10.

[212] EU Leitlinien für vertikale Beschränkungen, Rz 11; Anhang, Ziff. 5.

[213] Empfehlung der Kommission vom 6.5.2003 betreffend die Definition der Kleinstunternehmen sowie der kleinen und mittleren Unternehmen; ABl L 124 vom 20.5.2003, S. 36 ff. Danach beschäftigt ein KMU weniger als 250 Personen und hat entweder einen Jahresumsatz von höchstens EUR 50 Mio. oder eine Bilanzsumme von höchstens EUR 43 Mio.

gung zu bewirken. Allerdings gibt die Weko KMU-Bekanntmachung in Ziff. 2 Abs. 1 im vertikalen Bereich zumindest eine gewisse Grundlage für länger-dauernde und fester einbindende Vertriebsverträge bei neuen Markteintritten und Produktelancierungen.

3.3 Checkliste für Alleinvertriebsverträge und verwandte Verträge unter dem schweizerischen Kartellgesetz

Zur Fragebeantwortung, ob ein Alleinvertriebsvertrag oder ein verwandter Vertrag unter Art. 5 Abs. 1 KG (Verbot von Wettbewerbsabreden, die (i) den Wettbewerb beseitigen oder (ii) erheblich beeinträchtigen und nicht durch Gründe wirtschaftlicher Effizienz gerechtfertigt sind) fällt und damit unzulässig ist, kann in Berücksichtigung der bisherigen Ausführungen folgende Checkliste dienen:

1) Haben Abreden gemäss Weko KMU-Bekanntmachung und «Regelung für Kleinstunternehmen» keine erheblichen Auswirkungen?
   a) wenn ja, sind die Abreden gemäss Art. 5 KG grundsätzlich zulässig, sofern keine Kernbeschränkungen gemäss Weko KMU-Bekanntmachung (Abreden über Mindest- oder Festpreise oder absoluten Gebietsschutz) verletzt werden;
   b) wenn nein, ist weiter zu prüfen:

2) Erfüllen die Abreden Voraussetzungen von Weko Bekanntmachungen (vorliegend insbesondere der Weko Vertikal-Bekanntmachung mit Anwendbarkeit, soweit ein Marktanteil von 30% nicht überschritten wird – und der Weko KMU-Bekanntmachung, soweit ein Marktanteil von 15% nicht überschritten wird)?
   a) wenn ja, sind die Abreden gemäss Art. 5 Abs. 2 KG grundsätzlich zulässig;
   b) wenn nein, ist weiter zu prüfen:

3) Handelt es sich um Abreden, die ausnahmsweise gemäss Art. 5 Abs. 2 KG in Einzelfallprüfung zufolge wirtschaftlicher Effizienz dennoch gerechtfertigt werden können?
   a) wenn ja, ist die Abrede zulässig;
   b) wenn nein, liegt eine Wettbewerbsbeschränkung vor, die unzulässig und nichtig ist und allenfalls (bei Fixierung von Mindest- oder Festpreisen oder absolutem Gebietsschutz) auch gebüsst werden kann.

3.4 Verbleibende Dispositionsfreiheit für Alleinvertriebs-verträge und verwandte Verträge im Rahmen der Weko Vertikal-Bekanntmachung

Fällt ein Alleinvertriebsvertrag oder verwandter Vertrag in den Anwendungs-bereich der Weko Vertikal-Bekanntmachung (mit einem Marktanteil des Lieferanten bzw. des Vertriebshändlers bis zu 30%) und fällt dieser Vertrag nicht in den Anwendungsbereich einer anderen speziellen (vertikalen) Weko Bekanntmachung[214], so sind damit insbesondere folgende Absprachen bzw. Verpflichtungen zu Lasten des Lieferanten und des Käufers bzw. Vertriebs-händlers gemäss Art. 5 und 6 KG zulässig:

a)   Zu Lasten des Lieferanten

– Verpflichtung des Lieferanten, die Vertragsprodukte im Vertragsgebiet bzw. für den vertraglichen Kundenkreis nur an den Alleinvertreter bzw. Vertriebshändler und nicht an andere Händler (auf gleicher oder unterer Marktstufe) zu liefern (Alleinbelieferungspflicht).

– Verpflichtung des Lieferanten, Vertragsprodukte im Vertragsgebiet bzw. im vertraglichen Kundenkreis nicht an Endkonsumenten zu liefern (die damit dem Vertriebshändler vorbehalten sind); selbstverständlich kann sich der Lieferant damit – in majore minus – vertraglich vorbehalten, z.B. gewisse Endkonsumenten direkt selbst zu beliefern, passive Verkäufe im Vertragsgebiet vorzunehmen etc. Vorbehalten bleibt indes die «Kernbe-schränkungsausnahme» von Ziff. 12 lit. e Weko Vertikal-Bekanntmachung (Ersatzteilverkauflieferungen des Lieferanten an Endkunden, die unter den dort genannten Voraussetzungen immer zulässig sein müssen).

– Spiegelbildliche Verpflichtungen zu Lasten des Lieferanten, anderen Ver-triebshändlern gleiche Verkaufsbeschränkungen aufzuerlegen, welche gemäss b) Alinea 4 unten dem Vertriebshändler zulässigerweise auferlegt werden.

b)   Zu Lasten des Vertriebshändlers

– Verpflichtung des Vertriebshändlers während der Vertragslaufzeit, keine die Vertragsprodukte konkurrierenden Produkte zu beziehen, herzustel-len oder zu vertreiben oder sich an solchen Unternehmen zu beteiligen,

---

[214] Vorab zu erwähnen ist hier die Weko-Kraftfahrzeughandelsbekanntmachung. Zu prüfen ist indes auch, ob subsidiär die Weko KMU-Bekanntmachung anwendbar sein kann, die aller-dings dann bei Marktanteilen bis 15% weiteren Raum für Absprachen belässt.

sofern diese Verpflichtung fünf Jahre nicht übersteigt. Vorbehalten bleibt Ziff. 12 lit. h Weko Vertikal-Bekanntmachung, wonach Vertriebshändlern in selektiven Vertriebssystemen der Verkauf anderer Marken und damit der Verkauf von Konkurrenzprodukten erlaubt sein muss (sofern nicht eine Einschränkung gemäss Ziff. 12 lit. h Weko Vertikal-Bekanntmachung zulässig ist).

– Verpflichtung des Vertriebshändlers während der Vertragslaufzeit, Vertragsprodukte nur vom Lieferanten oder einem vom Lieferanten bezeichneten Dritten zu beziehen (Alleinbezugspflicht), sofern diese Verpflichtung fünf Jahre nicht übersteigt[215].

– Verpflichtung des Vertriebshändlers während der Vertragslaufzeit, Vertragsprodukte im Umfang von mehr als 80% seines Bedarfs nur vom Lieferanten oder einem vom Lieferanten bezeichneten Dritten zu beziehen (faktische Alleinbezugspflicht), sofern diese Verpflichtung fünf Jahre nicht übersteigt[216].

– Beschränkungen des aktiven Verkaufs zu Lasten des Vertriebshändlers in Gebiete oder an Kundengruppen, die der Lieferant sich selber oder ausschliesslich einem anderen Vertriebshändler zugewiesen hat, sofern dadurch Verkäufe seitens der Kunden des Vertriebshändlers nicht beschränkt werden; dies beinhaltet insbesondere die Verpflichtung ausserhalb des Vertragsgebietes aktiv keine Kunden (Endkunden oder Händler, Agenten etc.) zu werben, keine Niederlassungen und Auslieferungslager einzurichten. Passive Verkäufe müssen indes immer zulässig bleiben, wobei auch die Internetwerbung zulässig bleibt.

Beschränkungen des aktiven und passiven Verkaufs zu Lasten des Vertriebshändlers sind jedoch zulässig an nicht zugelassene Händler im Rahmen eines selektiven Vertriebssystems, an Endkunden im Falle, dass der Vertriebshändler auf Grosshandelsstufe tätig ist und bezüglich Bestandteilen, die für Konkurrenzprodukte des Lieferanten gebraucht werden (Ziff. 12 lit. b Weko Vertikal-Bekanntmachung). Beschränkungen des aktiven und passiven Verkaufs an Endverbraucher zu Lasten der Vertriebshändler auf Einzelhandelsstufe in selektiven Vertriebssystemen,

---

[215] Ist der Alleinvertriebsvertrag zu einem Franchisevertrag mutiert, kann unter EU Recht unter bestimmten Voraussetzungen die Dauer für den Alleinbezug länger als 5 Jahre vereinbart werden; vgl. EU Leitlinien für vertikale Beschränkungen, Rz 200; Anhang, Ziff. 5. Dies muss bei Vorliegen dieser Voraussetzungen auch unter dem schweizerischen KG gerechtfertigt sein.

[216] Die Anmerkung in obiger Fussnote gilt auch in diesem Falle.

Beschränkungen des aktiven und passiven Verkaufs zwischen Händlern in selektiven Vertriebssystemen sind jedoch unzulässig (Ziff. 12 lit. c und d Weko Vertikal-Bekanntmachung).

– Verpflichtung des Vertriebshändlers während der Vertragslaufzeit (passive) Verkäufe ausserhalb des Vertragsgebietes oder Kundenkreises zu melden, sofern dem Vertriebshändler daraus keine Nachteile erwachsen.

– Verpflichtung des Vertriebshändlers vollständige Sortimente oder Mindestmengen[217] abzunehmen.

– Verpflichtung des Vertriebshändlers Vertragsprodukte unter vorgeschriebenen Marken und Ausstattungen zu vertreiben.

– Verpflichtung des Vertriebshändlers, vertriebsfördernde Massnahmen zu ergreifen, Werbung zu betreiben, Lager und Kundendienst zu unterhalten, Garantieleistungen zu erbringen, fachlich oder technisch geschultes Personal zu verwenden.

– Verpflichtung des Vertriebshändlers, ein angemessenes eigenes Verkaufsnetz oder ein Verkaufsnetz über Dritte zu unterhalten, wobei diesfalls allfällige Zugangsbeschränkungen nur aufgrund sachlicher Kriterien qualitativer Art (fachliche Qualifikation, Ausstattung der Verkaufsräume etc.) vorgeschrieben werden dürfen.

– Verpflichtungen des Vertriebshändlers, welche im Falle der Übertragung und Nutzung von Rechten an geistigem Eigentum und Know-How auf ihn zum Schutz dieser vom Lieferanten gewährten Rechte notwendig sind, sofern die Vereinbarung den Bezug oder den Vertrieb von Waren oder Dienstleistungen zum Hauptgegenstand hat[218].

– Verpflichtung des Vertriebshändlers, nachvertraglich keine Konkurrenzierung einzugehen unter den Voraussetzungen von Ziff. 12 lit. g Weko Vertikal-Bekanntmachung.

---

[217] Der Mindestmengenbezug kann indes eine faktische Alleinbezugspflicht und somit ein Wettbewerbsverbot auslösen, das auf 5 Jahre beschränkt ist.

[218] Vgl. dazu EU-Leitlinien für vertikale Beschränkungen, iv) Vertikale Vereinbarungen mit Bestimmungen zum Schutz geistigen Eigentums, Rz 30 ff.; Anhang, Ziff. 5. Mutiert die Vereinbarung zwischen Lieferant und Händler zur Franchisevereinbarung, so halten die Leitlinien in Rz 44 beispielhaft die zulässigen Absprachen zu Lasten des Franchisenehmers fest, welche bei Franchisevereinbarungen zum Schutze des Know-Hows des Lieferanten bzw. Franchisegebers notwendig sind. Diese Absprachen dürften auch unter dem schweizerischen KG gelten.

4.   EWR-Wettbewerbsrecht

4.1   Basis des EWR-Wettbewerbsrechts

Das Abkommen über den Europäischen Wirtschaftsraum (EWR-A) ist am
1. Januar 1994 in Kraft getreten. Ziel des EWR-A ist es, zwischen der EG bzw.
EU und der EFTA[219],[220] im Europäischen Wirtschaftsraum (EWR) «binnen-
marktähnliche Verhältnisse» herbeizuführen. Dafür wurden die Grundfrei-
heiten und die Wettbewerbsvorschriften des EGV sinngemäss in das EWR-A
übernommen. Die Art. 53 und 54 EWR-A entsprechen den Art. 81 und 82 EGV
(fast) wörtlich. Art. 60 EWR-A verweist auf den Anhang XIV, der seinerseits
auf die verschiedenen Gruppenfreistellungsverordnungen der EU verweist.
Damit übernimmt das EWR-A das Wettbewerbsrecht der EU. Auch die Rechtsprechung des EuGH, die vor der Vertragsunterzeichnung des EWR-A ergangen ist[221], ist für die Auslegung des EWR-A verbindlich. Die Rechtsprechung
des EuGH nach der Vertragsunterzeichnung ist von den EFTA-Organen ge-
bührend zu beachten[222]. Diese Prinzipien gelten auch, wenn nationale Behörden und Gerichte in EFTA-Staaten das EWR-Recht anwenden. Für das Wettbewerbsrecht sieht Art. 58 EWR-A vor, dass die zuständigen Behörden[223] eng
zusammenarbeiten, um so eine einheitliche Überwachung des Wettbewerbs
zu entwickeln und aufrechtzuerhalten. Dies auch um nach der Vertragsunterzeichnung eine einheitliche Durchführung, Anwendung und Auslegung der
Bestimmungen des Abkommens zu fördern.

Damit erscheint eine einheitliche Auslegung und Anwendung des nahezu
übereinstimmenden materiellen Wettbewerbsrechts der EU und des EWR
gewährleistet.

4.2   Anwendbarkeit

Das EWR-Wettbewerbsrecht ist auf jedes Unternehmen anwendbar, das direkt oder indirekt im EWR-Gebiet geschäftlich tätig ist (unabhängig vom Sitz

---

[219] Nach dem Beitritt von Österreich, Schweden und Finnland zur EU sind EWR-Staaten auf der
Seite der EFTA nur noch Norwegen, Fürstentum Liechtenstein und Island.

[220] Das Schweizer Stimmvolk lehnte den Beitritt zum EWR-A in der Abstimmung vom 6. Dezember 1992 knapp ab.

[221] Art. 6 EWR-A.

[222] Art. 3 Abs. 2 des Abkommens zwischen den EFTA-Staaten über die Errichtung einer Über-
wachungsbehörde und eines Gerichtshofes.

[223] Gemeint sind die EU-Kommission und die EFTA-Überwachungsbehörde.

des Unternehmens). Die EFTA-Staaten müssen den Bestimmungen des EWR-A im Verhältnis zum nationalen Recht den Vorrang einräumen[224].

Damit ist das EWR-Wettbewerbsrecht anwendbar auf

– alle wettbewerbsbeschränkenden Bestimmungen eines Alleinvertriebs- oder verwandten Vertrages, die

– den Handel zwischen (mindestens) zwei EWR-Mitgliedstaaten zu beeinträchtigen geeignet sind (Zwischenstaatlichkeitskriterium), und dabei

– insgesamt den Wettbewerb innerhalb des EWR spürbar gefährden könnten (Spürbarkeitskriterium)

Für die drei Anwendbarkeitsvoraussetzungen gilt die EU-Auslegungspraxis analog.

Obwohl die Schweiz dem EWR-A nicht beigetreten ist, kann das EWR-Wettbewerbsrecht u.U. dennoch relevant sein. Dies ist dann der Fall, wenn im Verhältnis «Schweiz/EWR-Staaten»[225] der zwischenstaatliche Handel zwischen mindestens zwei EWR-Staaten bzw. EWR-Staat und einem EU-Staat spürbar beeinträchtigt ist.

4.3   Inhalt und Institutionen des EWR-Wettbewerbsrechts

Da sich das EWR-Wettbewerbsrecht mit demjenigen der EU deckt, kann auf die Ausführungen zum EU-Wettbewerbsrecht verwiesen werden. EWR Besonderheiten ergeben sich in Bezug auf die zur Durchsetzung des EWR-Wettbewerbsrechts zuständigen Institutionen.

Im Anwendungsbereich des EWR-A verfügt die EFTA mit der EFTA-Überwachungsbehörde (Art. 108 Abs. 1 EWR-A) und dem EFTA-Gerichtshof (Art. 108 Abs. 2 EWR-A) über zwei eigene Organe. Die Verteilung der Zuständigkeit zwischen der EFTA-Überwachungsbehörde (ESA) und der EU-Kommission basiert auf einem sog. «Zwei-Pfeiler-Modell». Demnach soll nach dem «one-stop-shop-Prinzip» im Einzelfall immer nur ein Pfeiler (ESA oder EU-Kommission) entscheiden. Für Art. 53 EWR-A folgt gemäss dem etwas kompliziert formulierten Art. 56 Abs. 1 EWR-A daraus, dass für Entscheidungen in reinen EU-Fällen sowie in gemischten Fällen, die den zwischenstaatlichen Handel beeinträchtigen, die EU-Kommission und der EuGH zuständig sind. In reinen EFTA-Fällen und gemischten Fällen, in denen die betreffenden

---

[224] Protokoll 35 zum EWR-A.
[225] Hat ein Alleinvertriebs- oder verwandter Vertrag nur Auswirkungen im Verhältnis Schweiz/ EU-Mitgliedstaaten, findet darauf (ungeachtet der EWR-Mitgliedschaft der EU-Staaten) EU-Wettbewerbsrecht Anwendung.

Unternehmen im Gebiet der EFTA-Staaten mindestens 33% ihres Umsatzes im EWR erzielen, entscheidet die ESA und der EFTA-Gerichtshof. Rechtsmittel gegen Entscheide der Kommission sind an den EuGH und Entscheide der ESA an den EFTA-Gerichtshof, die beide ihren Sitz in Luxemburg haben, zu richten. Die Verfahrensbestimmungen und Kognitionsbefugnisse des EuGH und des EFTA-Gerichtshofes sind dieselben.

Des Weiteren regeln Bekanntmachungen der ESA die Zusammenarbeit zwischen der ESA und den nationalen Gerichten sowie den nationalen Wettbewerbsbehörden[226,227].

---

[226] Bekanntmachung über die Zusammenarbeit zwischen der EFTA-Überwachungsbehörde und den nationalen Gerichten bei Anwendung der Artikel 53 und 54 des EWR-Abkommens; ABl Nr. C 112 vom 04/05/1995, S. 0007–0014.

[227] Bekanntmachung der EFTA-Überwachungsbehörde über die Zusammenarbeit zwischen den nationalen Wettbewerbsbehörden und der EFTA-Überwachungsbehörde bei der Bearbeitung von Fällen im Anwendungsbereich der Artikel 53 und 54 des EWR-Abkommens; ABl C 307/6 vom 26.10.2000.

D) Anwendung von ausländischen Kartell- und Wettbewerbsrechten auf grenzüberschreitende Alleinvertriebsverträge und verwandte Verträge

1. Auswirkungsprinzip der nationalen Kartell- und Wettbewerbsrechte

In jedem Fall eines grenzüberschreitenden Alleinvertriebsvertrages oder eines verwandten Vertrages mit internationalem Bezug (mit Lieferant und Vertriebshändler – samt Vertriebsgebiet in verschiedenen Ländern)[228] stellt sich die Frage der Anwendbarkeit und der Auswirkung der verschiedenen in Betracht kommenden und vom Vertrag betroffenen Kartell- und Wettbewerbsrechte.

Weltweit werden *Kartell- und Wettbewerbsrechte einzelner Länder* (oder Gemeinschaften) als zwingende öffentlich-rechtliche Normen grundsätzlich vom *Auswirkungsprinzip (effects doctrine)* beherrscht. Davon geht auch das schweizerische Kartellgesetz aus, wonach dieses Gesetz auf Sachverhalte anwendbar ist, «die sich in der Schweiz auswirken, auch wenn sie im Ausland veranlasst werden.»[229] Das Auswirkungsprinzip führt daher zu einer extraterritorialen Ausdehnung des nationalen oder regionalen Rechts.

Wird ein Alleinvertriebsvertrag zwischen einem schweizerischen Lieferanten/Hersteller und einem deutschen Vertriebshändler mit Vertriebsgebiet in Deutschland und Frankreich abgeschlossen, so sind die wettbewerbsrechtlichen Auswirkungen vorab in diesen beiden Ländern bzw. in der EU lokalisiert[230] und die Vertragsbeziehung ist wettbewerbsrechtlich (vorab) durch das EU-Wettbewerbsrecht bestimmt[231]. Daran vermag auch nichts zu ändern, wenn der Alleinvertriebsvertrag durch zulässige (und in internationalen Verträgen üblicherweise getroffene) Rechtswahl dem schweizerischen Recht des Lieferanten/Herstellers unterstellt wurde. Hat ein angerufener deutscher

---

[228] Selbst bei rein inländischen Vertriebsverträgen (mit Lieferant, Vertriebshändler und Vertriebsgebiet im Inland), kann sich die Frage der Anwendbarkeit eines ausländischen Kartell- oder Wettbewerbsrechts stellen, soweit der Vertriebsvertrag Auswirkungen im Ausland bewirkt.

[229] Art. 2 Abs. 2 KG; Anhang, Ziff. 8.

[230] Bewirkt der Alleinvertriebsvertrag auch wettbewerbsrechtliche Auswirkungen in der Schweiz, so kann auch schweizerisches Kartellrecht anwendbar sein; Art. 2 Abs. 2 KG.

[231] Dabei kann zusätzlich auch die Anwendung des deutschen und französischen Wettbewerbsrechts gegeben sein.

Richter am Sitz des Vertriebshändlers den Vertrag und darauf basierende Ansprüche des Lieferanten/Herstellers gegenüber dem Vertriebshändler zu beurteilen, wird er die nach deutschem Recht zulässige Rechtswahl zu Gunsten des schweizerischen Rechts beachten, aber zusätzlich zwingend das EU-Wettbewerbsrecht zur Anwendung bringen, dessen Nichtbeachtung die Nichtigkeit oder zumindest Teilnichtigkeit des Alleinvertriebsvertrages zur Folge haben kann (womit auch die Durchsetzung von entsprechenden Vertragsansprüchen vereitelt wird). Die Beachtung des EU-Wettbewerbsrechts in diesem Fall des Alleinvertriebsvertrages unter schweizerischem materiellen Recht liegt indes nicht nur im Interesse des Lieferanten/Herstellers zur Durchsetzung seiner Rechtsansprüche im Lande des Vertriebshändlers (Deutschland), sondern auch im Interesse des Vertriebshändlers, der andere Sanktionen des EU-Wettbewerbsrechts – wie z.B. Bussenverfügungen – durch dessen Beachtung ausschliessen will.

Klagt der Lieferant/Hersteller im oben erwähnten Fall zufolge einer gegebenen Gerichtsstandklausel oder Schiedsgerichtsklausel den Vertriebshändler in der Schweiz vor einem ordentlichen Gericht oder einem Schiedsgericht (mit Sitz in der Schweiz) ein und wird ein Urteil zu Gunsten des Lieferanten/Herstellers erlassen, das den Alleinvertriebsvertrag als Grundlage des Anspruchs unter Missachtung des EU-Wettbewerbsrechts als gültig erachtet, so wird dieses Urteil in der EU bzw. am Sitz des Vertriebshändlers (zufolge Missachtung des EU-Wettbewerbsrechts) nicht vollstreckbar sein[232]. Dieses Resultat bestünde auch im Falle eines deutschen Urteils eines ordentlichen Gerichtes, das unter Missachtung des schweizerischen Kartellgesetzes erlassen, in der Schweiz zur Vollstreckung gebracht wird. Die Vollstreckung muss verweigert werden, jedenfalls soweit «Kernbeschränkungen» (hard core Verstösse) gegen das KG nicht beachtet wurden. Zumindest solche Verstösse müssen als mit dem schweizerischen Ordre public unvereinbar angesehen werden, da das Kartellgesetz, oder wenigstens seine Kernbeschränkungen, als dem schweizerischen Ordre public zugehörend zu betrachten sind (Art. 27 Abs. 1 IPRG)[233].

Die Konformität von Alleinvertriebsverträgen und verwandten Verträgen mit betroffenen und qua Auswirkungsprinzip anwendbaren in- und ausländischen Kartell- und Wettbewerbsgesetzen ist damit, wie aufgezeigt, für deren

---

[232] Eine Vollstreckung wäre allenfalls nur in einem Drittstaat ausserhalb der EU denkbar, falls dort auf Aktiven des deutschen Vertriebshändlers gegriffen werden kann.

[233] Vgl. so M. Blessing, EG/U.S. Kartellrecht in internationalen Schiedsverfahren, Basel 2002, S. 37.

Rechtsgültigkeit und die darauf basierende letztliche Vollstreckung von gerichtlichen Urteilen von grösster Bedeutung.

2. Berücksichtigung ausländischer Kartell- und Wettbewerbsrechte durch den schweizerischen Richter

All dies führt zur Frage, ob und wie ein schweizerisches ordentliches Gericht oder ein Schiedsgericht mit Sitz in der Schweiz in internationalen Fällen über Alleinvertriebsverträge oder verwandte Verträge ausländisches Kartell- und Wettbewerbsrecht zu berücksichtigen hat, womit öffentlich-rechtliche zwingende Normen ausländischen Rechts zur Anwendung gelangen. Die Frage stellt sich dabei insbesondere für Schiedsgerichte mit Sitz in der Schweiz, die in solchen Verträgen vorab vorgesehen werden (als institutionelle Schiedsgerichte unter den Swiss Rules of International Arbitration[234], den ICC Rules of Arbitration[235] etc. oder als ad hoc Schiedsgerichte).

Kurz gesagt: Die Zeiten sind vorbei, in welchen ausländische Parteien Schiedsgerichte in der Schweiz anrufen konnten, um sich der Anwendung von ausländischen Kartellrechten bei der Beurteilung schiedsfähiger «vermögensrechtlicher Ansprüche» (Art. 177 IPRG) zu entziehen (insbesondere bei Rechtswahl schweizerischen Rechts als das auf den Vertrag anwendbare materielle Recht). Wegweisend hat das schweizerische Bundesgericht im Entscheid G. S.A. v/V. S.p.a. vom Jahre 1992[236] festgehalten, dass eine Spezialisierungsvereinbarung zwischen einer belgischen und einer italienischen Gesellschaft durch ein Schiedsgericht mit Sitz in der Schweiz auf die Vereinbarkeit mit dem EU-Wettbewerbsrecht (Art. 81/82 EGV) zu überprüfen sei, was im Falle eines Verstosses die Nichtigkeit oder Teilnichtigkeit dieser Vereinbarung bewirken kann. Dies selbst dann, wenn Verfahren vor den EU Wettbewerbsbehörden hängig sind und diese noch nicht entschieden haben. Die Rechtslehre geht dabei davon aus, dass ein schweizerisches Schiedsgericht dazu nicht nur die Kompetenz, sondern die Pflicht hat, das ausländische Wettbewerbsrecht zu beachten, und zwar ungeachtet des auf das Vertragsverhältnis anwendbaren materiellen Rechts[237].

Dies muss u.E. auch für schweizerische ordentliche Gerichte gelten.

---

[234] Swiss Rules of International Arbitration, Chambers of Commerce and Industry, Basel, Berne, Geneva, Lausanne, Lugano, Zurich, in Kraft seit 1. Januar 2004.
[235] Rules of Arbitration, ICC International Court of Arbitration, in Kraft seit 1. Januar 1998.
[236] BGE 118 II 193 ff.
[237] Blessing, a.a.O., S. 36.

Anhang

1.　EG Vertrag: Artikel 81 (Kartellverbot)

(1)　Mit dem Gemeinsamen Markt unvereinbar und verboten sind alle Vereinbarungen zwischen Unternehmen, Beschlüsse von Unternehmensvereinigungen und aufeinander abgestimmte Verhaltensweisen, welche den Handel zwischen Mitgliedstaaten zu beeinträchtigen geeignet sind und eine Verhinderung, Einschränkung oder Verfälschung des Wettbewerbs innerhalb des Gemeinsamen Marktes bezwecken oder bewirken, insbesondere

a)　die unmittelbare oder mittelbare Festsetzung der An- oder Verkaufspreise oder sonstiger Geschäftsbedingungen;

b)　die Einschränkung oder Kontrolle der Erzeugung, des Absatzes, der technischen Entwicklung oder der Investitionen;

c)　die Aufteilung der Märkte oder Versorgungsquellen;

d)　die Anwendung unterschiedlicher Bedingungen bei gleichwertigen Leistungen gegenüber Handelspartnern, wodurch diese im Wettbewerb benachteiligt werden;

e)　die an den Abschluss von Verträgen geknüpfte Bedingung, dass die Vertragspartner zusätzliche Leistungen annehmen, die weder sachlich noch nach Handelsbrauch in Beziehung zum Vertragsgegenstand stehen.

(2)　Die nach diesem Artikel verbotenen Vereinbarungen oder Beschlüsse sind nichtig.

(3)　Die Bestimmungen des Absatzes 1 können für nicht anwendbar erklärt werden auf

– Vereinbarungen oder Gruppen von Vereinbarungen zwischen Unternehmen,

– Beschlüsse oder Gruppen von Beschlüssen von Unternehmensvereinigungen,

– aufeinander abgestimmte Verhaltensweisen oder Gruppen von solchen,

die unter angemessener Beteiligung der Verbraucher an dem entstehenden Gewinn zur Verbesserung der Warenerzeugung oder -verteilung oder zur Förderung des technischen oder wirtschaftlichen Fortschritts beitragen, ohne dass den beteiligten Unternehmen

a) Beschränkungen auferlegt werden, die für die Verwirklichung dieser Ziele nicht unerlässlich sind, oder

b) Möglichkeiten eröffnet werden, für einen wesentlichen Teil der betreffenden Waren den Wettbewerb auszuschalten.

2. EG Vertrag: Artikel 82 (Missbrauch einer marktbeherrschenden Stellung)

Mit dem Gemeinsamen Markt unvereinbar und verboten ist die missbräuchliche Ausnutzung einer beherrschenden Stellung auf dem Gemeinsamen Markt oder auf einem wesentlichen Teil desselben durch ein oder mehrere Unternehmen, soweit dies dazu führen kann, den Handel zwischen Mitgliedstaaten zu beeinträchtigen.

Dieser Missbrauch kann insbesondere in Folgendem bestehen:

a) der unmittelbaren oder mittelbaren Erzwingung von unangemessenen Einkaufs- oder Verkaufspreisen oder sonstigen Geschäftsbedingungen;

b) der Einschränkung der Erzeugung, des Absatzes oder der technischen Entwicklung zum Schaden der Verbraucher;

c) der Anwendung unterschiedlicher Bedingungen bei gleichwertigen Leistungen gegenüber Handelspartnern, wodurch diese im Wettbewerb benachteiligt werden;

d) der an den Abschluss von Verträgen geknüpften Bedingung, dass die Vertragspartner zusätzliche Leistungen annehmen, die weder sachlich noch nach Handelsbrauch in Beziehung zum Vertragsgegenstand stehen.

3.   Bekanntmachung der EG Kommission vom 22.12.2001
        betreffend Vereinbarungen von geringer Bedeutung
        (Bagatellbekanntmachung)[1]
        (2001/C 368/07)

1.   Gemäß Artikel 81 Absatz 1 sind mit dem Gemeinsamen Markt unvereinbar und verboten alle Vereinbarungen zwischen Unternehmen, die den
Handel zwischen Mitgliedstaaten zu beeinträchtigen geeignet sind und eine
Verhinderung, Einschränkung oder Verfälschung des Wettbewerbs innerhalb
des Gemeinsamen Marktes bezwecken oder bewirken. Der Gerichtshof der
Europäischen Gemeinschaften hat präzisiert, dass diese Vorschrift nicht ein-
greift, wenn die Vereinbarung keine spürbaren Auswirkungen auf den inner-
gemeinschaftlichen Handel hat oder keine spürbare Wettbewerbsbeschränkung vorliegt.

2.   In der vorliegenden Bekanntmachung quantifiziert die Kommission
anhand von Marktanteilsschwellen, wann keine spürbare Wettbewerbsbeschränkung gemäß Artikel 81 EG-Vertrag vorliegt. Diese negative Definition
der Spürbarkeit bedeutet nicht, dass Vereinbarungen zwischen Unternehmen, deren Marktanteile über den in dieser Bekanntmachung festgelegten
Schwellen liegen, den Wettbewerb spürbar beschränken. Solche Vereinbarungen können trotzdem nur geringfügige Auswirkungen auf den Wettbewerb haben und daher nicht dem Verbot des Artikels 81 Absatz 1[2] unterliegen.

3.   Ferner können Vereinbarungen außerhalb des Anwendungsbereichs
des Artikel 81 Absatz 1 liegen, wenn sie nicht geeignet sind, den Handel
zwischen Mitgliedstaaten spürbar zu beeinträchtigen. Diese Frage wird von
der vorliegenden Bekanntmachung nicht behandelt. Die Bekanntmachung
macht somit keine Angaben dazu, wann keine spürbaren Auswirkungen auf

---

[1]   Diese Bekanntmachung ersetzt die Bekanntmachung über Vereinbarungen von geringer
      Bedeutung, die im ABl. C 372 vom 9.12.1997 veröffentlicht wurde.
[2]   Siehe z.B. Urteil des Gerichtshofs in den verbundenen Rechtssachen C-215/96 und C-216/96:
      Bagnasco (Carlos) geg. Banca Popolare di Novara und Casa di Risparmio di Genova e Im-
      peria (1999), Slg.I-135, Rdnrn. 34–35. Diese Bekanntmachung lässt die Grundsätze für die
      Bewertung gemäß Artikel 81 Absatz 1 unberührt, die dargelegt sind in der Bekanntmachung
      der Kommission «Leitlinien zur Anwendbarkeit von Artikel 81 EGV auf Vereinbarungen über
      horizontale Zusammenarbeit», ABl. C 3 vom 6.1.2001, S. 2, insbesondere Ziffern 17–31,
      sowie in der Bekanntmachung der Kommission «Leitlinien für vertikale Beschränkungen»,
      ABl. C 291 vom 13.10.2000, S. 1, insbesondere Ziffern 5-20.

den Handel vorliegen. Allerdings ist zu berücksichtigen, dass Vereinbarungen zwischen kleinen und mittleren Unternehmen, wie sie im Anhang zur Empfehlung 96/280/EG der Kommission[3] definiert sind, selten geeignet sind, den Handel zwischen Mitgliedstaaten spürbar zu beeinträchtigen. Als kleine und mittlere Unternehmen anzusehen sind nach der genannten Empfehlung derzeit Unternehmen, die weniger als 250 Mitarbeiter haben und deren Jahresumsatz 40 Mio. EUR oder deren Bilanzsumme 27 Mio. EUR nicht übersteigt.

4.   In Fällen, die in den Anwendungsbereich dieser Bekanntmachung fallen, wird die Kommission weder auf Antrag noch von Amts wegen ein Verfahren eröffnen. Gehen Unternehmen gutgläubig davon aus, dass eine Vereinbarung in den Anwendungsbereich der Bekanntmachung fällt, wird die Kommission keine Geldbußen verhängen. Die Bekanntmachung soll auch den Gerichten und Behörden der Mitgliedstaaten bei der Anwendung von Artikel 81 als Leitfaden dienen, auch wenn sie für diese nicht verbindlich ist.

5.   Die Bekanntmachung gilt auch für Beschlüsse von Unternehmensvereinigungen und aufeinander abgestimmte Verhaltensweisen.

6.   Die Bekanntmachung greift der Auslegung von Artikel 81 durch den Gerichtshof und das Gericht erster Instanz der Europäischen Gemeinschaften nicht vor.

7.   Die Kommission ist der Auffassung, dass Vereinbarungen zwischen Unternehmen, die den Handel zwischen Mitgliedstaaten beeinträchtigen, den Wettbewerb im Sinne des Artikels 81 Absatz 1 nicht spürbar beschränken,

a)   wenn der von den an der Vereinbarung beteiligten Unternehmen insgesamt gehaltene Marktanteil auf keinem der von der Vereinbarung betroffenen relevanten Märkte 10% überschreitet in Fällen, wo die Vereinbarung zwischen Unternehmen geschlossen wird, die tatsächliche oder potenzielle Wettbewerber auf einem dieser Märkte sind (Vereinbarung zwischen Wettbewerbern)[4], oder

---

[3]   ABl. L 107 vom 30.4.1996, S. 4. Diese Empfehlung wird angepasst werden. Es ist beabsichtigt, den Schwellenwert für den Jahresumsatz von 40 Mio. EUR auf 50 Mio. EUR und den Schwellenwert für die Bilanzsumme von 27 Mio. EUR auf 43 Mio. EUR anzuheben.

[4]   Zum Begriff des tatsächlichen oder potenziellen Wettbewerbers siehe die Leitlinien der Kommission zur Anwendbarkeit von Artikel 81 EG-Vertrag auf Vereinbarungen über horizontale Zusammenarbeit, ABl. C 3 vom 6.1.2001, Ziffer 9. Ein Unternehmen wird als tat-

b)   wenn der von jedem der beteiligten Unternehmen gehaltene Marktanteil auf keinem der von der Vereinbarung betroffenen relevanten Märkte 15% überschreitet in Fällen, wo die Vereinbarung zwischen Unternehmen geschlossen wird, die keine tatsächlichen oder potenziellen Wettbewerber auf diesen Märkten sind (Vereinbarung zwischen Nichtwettbewerbern).

Treten Schwierigkeiten bei der Einstufung einer Vereinbarung als Vereinbarung zwischen Wettbewerbern oder als Vereinbarung zwischen Nichtwettbewerbern auf, so gilt die 10%-Schwelle.

8.   Wird in einem relevanten Markt der Wettbewerb durch die kumulative Wirkung von Vereinbarungen beschränkt, die verschiedene Lieferanten oder Händler für den Verkauf von Waren oder Dienstleistungen geschlossen haben (kumulativer Marktabschottungseffekt durch nebeneinander bestehende Netze von Vereinbarungen, die ähnliche Wirkungen auf dem Markt haben), so werden die in Ziffer 7 genannten Marktanteilsschwellen auf 5% herabgesetzt, sowohl für Vereinbarungen zwischen Wettbewerbern als auch für Vereinbarungen zwischen Nichtwettbewerbern. Bei einzelnen Lieferanten oder Händlern mit einem Marktanteil, der 5% nicht überschreitet, ist in der Regel nicht davon auszugehen, dass sie wesentlich zu dem kumulativen Abschottungseffekt beitragen[5]. Es ist unwahrscheinlich, dass ein kumulativer Abschottungseffekt vorliegt, wenn weniger als 30% des relevanten Marktes von nebeneinander bestehenden (Netzen von) Vereinbarungen, die ähnliche Wirkungen auf dem Markt haben, abgedeckt werden.

---

sächlicher Wettbewerber angesehen, wenn es entweder auf demselben relevanten Markt tätig ist oder wenn es auch ohne Vereinbarung in der Lage wäre, in Erwiderung auf eine geringe aber dauerhafte Erhöhung der relativen Preise seine Produktion auf die relevanten Produkte umzustellen und sie kurzfristig auf den Markt zu bringen, ohne spürbare zusätzliche Kosten oder Risiken zu gewärtigen (sofortige Substituierbarkeit auf der Angebotsseite). Ein Unternehmen wird als potenzieller Wettbewerber angesehen, wenn es Anhaltspunkte dafür gibt, dass es ohne die Vereinbarung die notwendigen zusätzlichen Investitionen und andere erforderliche Umstellungskosten auf sich nehmen könnte und wahrscheinlich auch würde, um als Reaktion auf eine geringfügige, aber dauerhafte Heraufsetzung der relativen Preise gegebenenfalls in den Markt einzutreten.

[5]   Siehe auch die Leitlinien der Kommission für vertikale Beschränkungen, ABl. C 291 vom 13.10.2000, insbesondere die Ziffern 73, 142, 143 und 189. Während in den Leitlinien für vertikale Beschränkungen bei bestimmten Beschränkungen nicht nur auf den gesamten, sondern auch auf den gebundenen Marktanteil eines bestimmten Lieferanten oder Käufers abgestellt wird, beziehen sich alle Marktanteilsschwellen in der vorliegenden Bekanntmachung auf den gesamten Marktanteil.

9.   Die Kommission ist weiter der Auffassung, dass Vereinbarungen auch dann nicht wettbewerbsbeschränkend sind, wenn die Marktanteile die in den Ziffern 7 und 8 angegebenen Schwellenwerte von 10%, 15% oder 5% während zwei aufeinander folgender Kalenderjahre um höchstens 2 Prozentpunkte überschreiten.

10.   Zur Berechnung des Marktanteils muss der relevante Markt bestimmt werden, und zwar sowohl der relevante Produktmarkt als auch der räumlich relevante Markt. Bei der Definition dieses Marktes sollte auf die Bekanntmachung der Kommission über die Definition des relevanten Marktes im Sinne des Wettbewerbsrechts der Gemeinschaft zurückgegriffen werden[6]. Bei der Marktanteilsberechnung sollte grundsätzlich der Absatzwert, oder, wo es darauf ankommt, der Wert der auf dem Markt getätigten Käufe zugrunde gelegt werden. Sind keine Wertangaben vorhanden, dürfen auch begründete Schätzungen vorgenommen werden, die auf anderen verlässlichen Marktdaten, einschließlich Mengenangaben, beruhen.

11.   Die Ziffern 7, 8 und 9 gelten nicht für Vereinbarungen, die eine der nachstehenden schwerwiegenden Beschränkungen (Kernbeschränkungen) enthalten:

1.   bei Vereinbarungen zwischen Wettbewerbern, wie sie in Ziffer 7 definiert sind, Beschränkungen, die unmittelbar oder mittelbar, für sich allein oder in Verbindung mit anderen Umständen unter der Kontrolle der Vertragsparteien Folgendes bezwecken[7]:
   a) die Festsetzung der Preise beim Verkauf von Erzeugnissen an Dritte;
   b) die Beschränkung der Produktion oder des Absatzes;
   c) die Aufteilung von Märkten oder Kunden;

2.   bei Vereinbarungen zwischen Nichtwettbewerbern wie sie in Ziffer 7 definiert sind, Beschränkungen, die unmittelbar oder mittelbar, für sich allein oder in Verbindung mit anderen Umständen unter der Kontrolle der Vertragsparteien Folgendes bezwecken:
   a) die Beschränkung der Möglichkeiten des Käufers, seinen Verkaufspreis selbst festzusetzen; dies gilt unbeschadet der Möglichkeit des

---

[6]   ABl. C 372 vom 19.12.1997, S. 5.
[7]   Dies lässt Fälle einer gemeinsamen Produktion mit oder ohne gemeinsamen Vertrieb unberührt, wie sie in Artikel 5 Absatz 2 der Verordnung (EG) Nr. 2658/2000 der Kommission und Artikel 5 Absatz 2 der Verordnung (EG) Nr. 2659/2000 der Kommission, ABl. L 304 vom 5.12.2000, S. 3 bzw. 7, definiert sind.

Lieferanten, Höchstverkaufspreise festzusetzen oder Preisempfehlungen auszusprechen, sofern sich diese nicht infolge der Ausübung von Druck oder der Gewährung von Anreizen durch eine der Vertragsparteien tatsächlich wie Fest- oder Mindestverkaufspreise auswirken;

b) Beschränkungen des Gebiets oder des Kundenkreises, in das oder an den der Käufer die Vertragswaren oder -dienstleistungen verkaufen darf, mit Ausnahme der nachstehenden Beschränkungen, die keine Kernbeschränkungen sind:

 – Beschränkungen des aktiven Verkaufs in Gebiete oder an Gruppen von Kunden, die der Lieferant sich selbst vorbehalten oder ausschließlich einem anderen Käufer zugewiesen hat, sofern dadurch Verkäufe seitens der Kunden des Käufers nicht begrenzt werden;

 – Beschränkungen des Verkaufs an Endbenutzer durch Käufer, die auf der Großhandelsstufe tätig sind;

 – Beschränkungen des Verkaufs an nicht zugelassene Händler, die Mitgliedern eines selektiven Vertriebssystems auferlegt werden;

 – Beschränkungen der Möglichkeiten des Käufers, Bestandteile, die zwecks Einfügung in andere Erzeugnisse geliefert werden, an Kunden zu verkaufen, welche diese Bestandteile für die Herstellung derselben Art von Erzeugnissen verwenden würden, wie sie der Lieferant herstellt;

c) Beschränkungen des aktiven oder passiven Verkaufs an Endverbraucher, soweit diese Beschränkungen Mitgliedern eines selektiven Vertriebssystems auferlegt werden, welche auf der Einzelhandelsstufe tätig sind; dies gilt unbeschadet der Möglichkeit, Mitgliedern des Systems zu verbieten, Geschäfte von nicht zugelassenen Niederlassungen aus zu betreiben;

d) die Beschränkung von Querlieferungen zwischen Händlern innerhalb eines selektiven Vertriebssystems, auch wenn diese auf unterschiedlichen Handelsstufen tätig sind;

e) Beschränkungen, die zwischen dem Lieferanten und dem Käufer von Bestandteilen, welche dieser in andere Erzeugnisse einfügt, vereinbart werden und die den Lieferanten hindern, diese Bestandteile als Ersatzteile an Endverbraucher oder an Reparaturwerkstätten oder andere Dienstleistungserbringer zu verkaufen, die der Käufer nicht mit der Reparatur oder Wartung seiner eigenen Erzeugnisse betraut hat;

3. bei Vereinbarungen zwischen Wettbewerbern wie sie in Ziffer 7 definiert sind, wenn die Wettbewerber zwecks Durchführung der Vereinbarung auf unterschiedlichen Produktions- oder Vertriebsstufen tätig sind, jede der in den Absätzen 1 und 2 genannten Kernbeschränkungen.

12. 1. Die Begriffe des «Unternehmens», «beteiligten Unternehmens», des «Händlers», des «Lieferanten» und des «Käufers» im Sinne dieser Bekanntmachung schließen die mit diesen jeweils verbundenen Unternehmen ein.

2. Verbundene Unternehmen sind:
   a) Unternehmen, in denen ein an der Vereinbarung beteiligtes Unternehmen unmittelbar oder mittelbar
      – über mehr als die Hälfte der Stimmrechte verfügt oder
      – mehr als die Hälfte der Mitglieder des Leitungs- oder Verwaltungsorgans oder der zur gesetzlichen Vertretung berufenen Organe bestellen kann oder
      – das Recht hat, die Geschäfte des Unternehmens zu führen;
   b) Unternehmen, die in einem an der Vereinbarung beteiligten Unternehmen unmittelbar oder mittelbar die unter Buchstabe a) bezeichneten Rechte oder Einflussmöglichkeiten haben;
   c) Unternehmen, in denen ein unter Buchstabe b) genanntes Unternehmen unmittelbar oder mittelbar die unter Buchstabe a) bezeichneten Rechte oder Einflussmöglichkeiten hat;
   d) Unternehmen, in denen eine der Vertragsparteien gemeinsam mit einem oder mehreren der unter den Buchstaben a), b) oder c) genannten Unternehmen oder in denen zwei oder mehr als zwei der zuletzt genannten Unternehmen gemeinsam die in Buchstabe a) bezeichneten Rechte oder Einflussmöglichkeiten haben;
   e) Unternehmen, in denen
      – Vertragsparteien oder mit ihnen jeweils verbundene Unternehmen im Sinne der Buchstaben a) bis d) oder
      – eine oder mehrere der Vertragsparteien oder eines oder mehrere der mit ihnen im Sinne der Buchstaben a) bis d) verbundenen Unternehmen und ein oder mehrere dritte Unternehmen.
      – gemeinsam die unter Buchstabe a) bezeichneten Rechte oder Einflussmöglichkeiten haben.

3. Bei der Anwendung von Absatz 2 Buchstabe e) wird der Marktanteil des Unternehmens, an dem die gemeinsamen Rechte oder Einflussmöglichkeiten bestehen, jedem der Unternehmen, das die in Absatz 2 Buchstabe a) bezeichneten Rechte oder Einflussmöglichkeiten hat, zu gleichen Teilen zugerechnet.

4. Verordnung Nr. 2790 der EG Kommission vom 22. Dezember 1999 über die Anwendung von Artikel 81 Absatz 3 des Vertrages auf Gruppen von vertikalen Vereinbarungen und aufeinander abgestimmten Verhaltensweisen (Gruppenfreistellungsverordnung)

DIE KOMMISSION DER EUROPÄISCHEN GEMEINSCHAFTEN –

gestützt auf den Vertrag zur Gründung der Europäischen Gemeinschaft,

gestützt auf die Verordnung Nr. 19/65/EWG des Rates vom 2. März 1965 über die Anwendung von Artikel 85 Absatz 3 des Vertrages auf Gruppen von Vereinbarungen und aufeinander abgestimmten Verhaltensweisen[1], zuletzt geändert durch die Verordnung (EG) Nr. 1215/1999[2], insbesondere auf Artikel 1,

nach Veröffentlichung des Entwurfs dieser Verordnung[3],

nach Anhörung des Beratenden Ausschusses für Kartell- und Monopolfragen,

in Erwägung nachstehender Gründe:

(1)   Nach der Verordnung Nr. 19/65/EWG ist die Kommission ermächtigt, Artikel 81 Absatz 3 des Vertrages (Ex-Artikel 85 Absatz 3) durch Verordnung auf bestimmte Gruppen von vertikalen Vereinbarungen und die entsprechenden aufeinander abgestimmten Verhaltensweisen anzuwenden, die unter Artikel 81 Absatz 1 fallen.

(2)   Aufgrund der bisherigen Erfahrungen lässt sich eine Gruppe von vertikalen Vereinbarungen definieren, die regelmässig die Voraussetzungen von Artikel 81 Absatz 3 erfüllen.

(3)   Diese Gruppe umfasst vertikale Vereinbarungen über den Kauf oder Verkauf von Waren oder Dienstleistungen, die zwischen nicht miteinander im Wettbewerb stehenden Unternehmen, zwischen bestimmten Wettbewerbern sowie von bestimmten Vereinigungen des Wareneinzelhandels geschlossen werden. Diese Gruppe umfasst ebenfalls vertikale Vereinbarungen, die Nebenabreden über die Übertragung oder Nutzung geistiger Eigentumsrechte

---

[1]   ABl. 36 vom 6.3.1965, S. 533/65.
[2]   ABl. L 148 vom 15.6.1999, S. 1.
[3]   ABl. C 270 vom 24.9.1999, S. 7.

enthalten. Für die Anwendung dieser Verordnung umfasst der Begriff «vertikale Vereinbarungen» die entsprechenden aufeinander abgestimmten Verhaltensweisen.

(4) Für die Anwendung von Artikel 81 Absatz 3 durch Verordnung ist es nicht erforderlich, diejenigen vertikalen Vereinbarungen zu umschreiben, welche geeignet sind, unter Artikel 81 Absatz 1 zu fallen; bei der individuellen Beurteilung von Vereinbarungen nach Artikel 81 Absatz 1 sind mehrere Faktoren, insbesondere die Marktstruktur auf der Angebots- und Nachfrageseite zu berücksichtigen.

(5) Die Gruppenfreistellung sollte nur vertikalen Vereinbarungen zugute kommen, von denen mit hinreichender Sicherheit angenommen werden kann, dass sie die Voraussetzungen von Artikel 81 Absatz 3 erfüllen.

(6) Vertikale Vereinbarungen, die zu der in dieser Verordnung umschriebenen Gruppe gehören, können die wirtschaftliche Effizienz innerhalb einer Produktions- oder Vertriebskette erhöhen, weil sie eine bessere Koordinierung zwischen den beteiligten Unternehmen ermöglichen. Sie können insbesondere die Transaktions- und Distributionskosten der Beteiligten verringern und deren Umsätze und Investitionen optimieren.

(7) Die Wahrscheinlichkeit, dass derartige effizienzsteigernde Wirkungen stärker ins Gewicht fallen als wettbewerbsschädliche Wirkungen, die von Beschränkungen in vertikalen Vereinbarungen verursacht werden, hängt von der Marktmacht der beteiligten Unternehmen und somit von dem Ausmass ab, in dem diese Unternehmen dem Wettbewerb anderer Lieferanten von Waren oder Dienstleistungen ausgesetzt sind, die von den Käufern aufgrund ihrer Eigenschaften, ihrer Preislage und ihres Verwendungszwecks als austauschbar oder substituierbar angesehen werden.

(8) Es kann vermutet werden, dass vertikale Vereinbarungen, die nicht bestimmte Arten schwerwiegender wettbewerbsschädigender Beschränkungen enthalten, im allgemeinen zu einer Verbesserung der Produktion oder des Vertriebs und zu einer angemessenen Beteiligung der Verbraucher an dem daraus entstehenden Gewinn führen, sofern der auf den Lieferanten entfallende Anteil an dem relevanten Markt 30% nicht überschreitet. Bei vertikalen Vereinbarungen, die Alleinbelieferungsverpflichtungen vorsehen, sind die gesamten Auswirkungen der Vereinbarung auf den Markt anhand des Marktanteils des Käufers zu bestimmen.

(9)   Es gibt keine Vermutung, dass oberhalb der Marktanteilsschwelle von 30% vertikale Vereinbarungen, die unter Artikel 81 Absatz 1 fallen, regelmässig objektive Vorteile entstehen lassen, welche nach Art und Umfang geeignet sind, die Nachteile auszugleichen, die sie für den Wettbewerb mit sich bringen.

(10)   Diese Verordnung darf keine vertikalen Vereinbarungen freistellen, welche Beschränkungen enthalten, die für die Herbeiführung der vorgenannten günstigen Wirkungen nicht unerlässlich sind. Insbesondere solche vertikalen Vereinbarungen, die bestimmte Arten schwerwiegender wettbewerbsschädigender Beschränkungen enthalten, wie die Festsetzung von Mindest- oder Festpreisen für den Weiterverkauf oder bestimmte Arten des Gebietsschutzes, sind daher ohne Rücksicht auf den Marktanteil der betroffenen Unternehmen von dem Vorteil der Gruppenfreistellung, die durch diese Verordnung gewährt wird, auszuschliessen.

(11)   Die Gruppenfreistellung ist mit bestimmten Einschränkungen zu versehen, um den Marktzugang zu gewährleisten und um Marktabsprachen vorzubeugen. Zu diesem Zwecke muss die Freistellung auf Wettbewerbsverbote von einer bestimmten Hoechstdauer beschränkt werden. Aus demselben Grund sind alle unmittelbaren oder mittelbaren Verpflichtungen, welche die Mitglieder eines selektiven Vertriebssystems veranlassen, die Marken bestimmter konkurrierender Lieferanten nicht zu führen, von der Anwendung dieser Verordnung auszuschliessen.

(12)   Durch die Begrenzung des Marktanteils, den Ausschluss bestimmter vertikaler Vereinbarungen von der Gruppenfreistellung und die Voraussetzungen, die in dieser Verordnung vorgesehen sind, wird in der Regel sichergestellt, dass Vereinbarungen, auf welche die Gruppenfreistellung Anwendung findet, den beteiligten Unternehmen nicht die Möglichkeit eröffnen, für einen wesentlichen Teil der betreffenden Waren den Wettbewerb auszuschalten.

(13)   Wenn im Einzelfall eine Vereinbarung zwar unter diese Verordnung fällt, dennoch aber Wirkungen zeigt, die mit Artikel 81 Absatz 3 unvereinbar sind, kann die Kommission den Vorteil der Gruppenfreistellung entziehen. Dies kommt insbesondere dann in Betracht, wenn der Käufer auf dem relevanten Markt, auf dem er Waren verkauft oder Dienstleistungen erbringt, über erhebliche Marktmacht verfügt oder wenn der Zugang zu dem relevanten Markt oder der Wettbewerb auf diesem Markt durch gleichartige Wir-

kungen paralleler Netze vertikaler Vereinbarungen in erheblichem Masse beschränkt wird. Derartige kumulative Wirkungen können sich etwa aus selektiven Vertriebssystemen oder aus Wettbewerbsverboten ergeben.

(14)   Nach der Verordnung Nr. 19/65/EWG sind die zuständigen Behörden der Mitgliedstaaten ermächtigt, den Vorteil der Gruppenfreistellung zu entziehen, wenn die Vereinbarung Wirkungen zeigt, die mit Artikel 81 Absatz 3 des Vertrages unvereinbar sind und im Gebiet des betreffenden Staates oder in einem Teil desselben eintreten, sofern dieses Gebiet die Merkmale eines gesonderten räumlichen Marktes aufweist. Die Mitgliedstaaten sollten sicherstellen, dass sie bei der Ausübung dieser Entzugsbefugnis nicht die einheitliche Anwendung der Wettbewerbsregeln der Gemeinschaft auf dem gesamten gemeinsamen Markt oder die volle Wirksamkeit der zu ihrem Vollzug ergangenen Massnahmen beeinträchtigen.

(15)   Um die Überwachung paralleler Netze vertikaler Vereinbarungen mit gleichartigen wettbewerbsbeschränkenden Wirkungen zu verstärken, die mehr als 50% eines Marktes erfassen, kann die Kommission erklären, dass diese Verordnung auf vertikale Vereinbarungen, welche bestimmte auf den betroffenen Markt bezogene Beschränkungen enthalten, keine Anwendung findet, und dadurch die volle Anwendbarkeit von Artikel 81 auf diese Vereinbarungen wiederherstellen.

(16)   Diese Verordnung gilt unbeschadet der Anwendung von Artikel 82.

(17)   Entsprechend dem Grundsatz des Vorrangs des Gemeinschaftsrechts dürfen Massnahmen, die auf der Grundlage der nationalen Wettbewerbsgesetze getroffen werden, nicht die einheitliche Anwendung der Wettbewerbsregeln der Gemeinschaft auf dem gesamten gemeinsamen Markt oder die volle Wirksamkeit der zu ihrer Durchführung ergangenen Massnahmen einschliesslich dieser Verordnung beeinträchtigen –

HAT FOLGENDE VERORDNUNG ERLASSEN:

Artikel 1

Für die Anwendung dieser Verordnung gelten folgende Begriffsbestimmungen:

a)   «Wettbewerber» sind tatsächliche oder potentielle Anbieter im selben Produktmarkt; der Produktmarkt umfasst Waren oder Dienstleistungen, die vom Käufer aufgrund ihrer Eigenschaften, ihrer Preislage und ihres Verwendungszwecks als mit den Vertragswaren oder -dienstleistungen austauschbar oder durch diese substituierbar angesehen werden.

b) «Wettbewerbsverbote» sind alle unmittelbaren oder mittelbaren Verpflichtungen, die den Käufer veranlassen, keine Waren oder Dienstleistungen herzustellen, zu beziehen, zu verkaufen oder weiterzuverkaufen, die mit den Vertragswaren oder -dienstleistungen im Wettbewerb stehen, sowie alle unmittelbaren oder mittelbaren Verpflichtungen des Käufers, mehr als 80% seiner auf der Grundlage des Einkaufswertes des vorherigen Kalenderjahres berechneten gesamten Einkäufe von Vertragswaren oder -dienstleistungen sowie ihrer Substitute auf dem relevanten Markt vom Lieferanten oder einem anderen vom Lieferanten bezeichneten Unternehmen zu beziehen.

c) «Alleinbelieferungsverpflichtungen» sind alle unmittelbaren oder mittelbaren Verpflichtungen, die den Lieferanten veranlassen, die in der Vereinbarung bezeichneten Waren oder Dienstleistungen zum Zwecke einer spezifischen Verwendung oder des Weiterverkaufs nur an einen einzigen Käufer innerhalb der Gemeinschaft zu verkaufen.

d) «Selektive Vertriebssysteme» sind Vertriebssysteme, in denen sich der Lieferant verpflichtet, die Vertragswaren oder -dienstleistungen unmittelbar oder mittelbar nur an Händler zu verkaufen, die aufgrund festgelegter Merkmale ausgewählt werden, und in denen sich diese Händler verpflichten, die betreffenden Waren oder Dienstleistungen nicht an Händler zu verkaufen, die nicht zum Vertrieb zugelassen sind.

e) «Intellektuelle Eigentumsrechte» umfassen unter anderem gewerbliche Schutzrechte, Urheberrechte sowie verwandte Schutzrechte.

f) «Know-how» ist eine Gesamtheit nicht patentierter praktischer Kenntnisse, die der Lieferant durch Erfahrung und Erprobung gewonnen hat und die geheim, wesentlich und identifiziert sind; hierbei bedeutet «geheim», dass das Know-how als Gesamtheit oder in der genauen Gestaltung und Zusammensetzung seiner Bestandteile nicht allgemein bekannt und nicht leicht zugänglich ist; «wesentlich» bedeutet, dass das Know-how Kenntnisse umfasst, die für den Käufer zum Zwecke der Verwendung, des Verkaufs oder des Weiterverkaufs der Vertragswaren oder -dienstleistungen unerlässlich sind; «identifiziert» bedeutet, dass das Know-how umfassend genug beschrieben ist, so dass überprüft werden kann, ob es die Merkmale «geheim» und «wesentlich» erfüllt.

g)   «Käufer» ist auch ein Unternehmen, das auf der Grundlage einer unter Artikel 81 Absatz 1 des Vertrages fallenden Vereinbarung Waren oder Dienstleistungen für Rechnung eines anderen Unternehmens verkauft.

Artikel 2

(1)   Artikel 81 Absatz 1 des Vertrages wird gemäss Artikel 81 Absatz 3 unter den in dieser Verordnung genannten Voraussetzungen für unanwendbar erklärt auf Vereinbarungen oder aufeinander abgestimmte Verhaltensweisen zwischen zwei oder mehr Unternehmen, von denen jedes zwecks Durchführung der Vereinbarung auf einer unterschiedlichen Produktions- oder Vertriebsstufe tätig ist, und welche die Bedingungen betreffen, zu denen die Parteien bestimmte Waren oder Dienstleistungen beziehen, verkaufen oder weiterverkaufen können (im folgenden «vertikale Vereinbarungen» genannt).

Die Freistellung gilt, soweit diese Vereinbarungen Wettbewerbsbeschränkungen enthalten, die unter Artikel 81 Absatz 1 fallen (im folgenden «vertikale Beschränkungen» genannt).

(2)   Die Freistellung nach Absatz 1 gilt für vertikale Vereinbarungen zwischen einer Unternehmensvereinigung und ihren Mitgliedern oder zwischen einer solchen Vereinigung und ihren Lieferanten nur dann, wenn alle Mitglieder der Vereinigung Wareneinzelhändler sind und wenn keines ihrer einzelnen Mitglieder zusammen mit seinen verbundenen Unternehmen einen jährlichen Gesamtumsatz von mehr als 50 Mio. EUR erzielt; die Freistellung der von solchen Vereinigungen geschlossenen vertikalen Vereinbarungen lässt die Anwendbarkeit von Artikel 81 auf horizontale Vereinbarungen zwischen den Mitgliedern der Vereinigung sowie auf Beschlüsse der Vereinigung unberührt.

(3)   Die Freistellung nach Absatz 1 gilt für vertikale Vereinbarungen, die Bestimmungen enthalten, welche die Übertragung von geistigen Eigentumsrechten auf den Käufer oder die Nutzung solcher Rechte durch den Käufer betreffen, sofern diese Bestimmungen nicht Hauptgegenstand der Vereinbarung sind und sofern sie sich unmittelbar auf die Nutzung, den Verkauf oder den Weiterverkauf von Waren oder Dienstleistungen durch den Käufer oder seine Kunden beziehen. Die Freistellung gilt unter der Voraussetzung, dass diese Bestimmungen in Bezug auf die Vertragswaren oder -dienstleistungen keine Wettbewerbsbeschränkungen mit demselben Zweck oder derselben

Wirkung enthalten wie vertikale Beschränkungen, die durch diese Verordnung nicht freigestellt werden.

(4)   Die Freistellung nach Absatz 1 gilt nicht für vertikale Vereinbarungen zwischen Wettbewerbern; sie findet jedoch Anwendung, wenn Wettbewerber eine nichtwechselseitige vertikale Vereinbarung treffen und

a)   der jährliche Gesamtumsatz des Käufers 100 Mio. EUR nicht überschreitet oder

b)   der Lieferant zugleich Hersteller und Händler von Waren, der Käufer dagegen ein Händler ist, der keine mit den Vertragswaren im Wettbewerb stehenden Waren herstellt, oder

c)   der Lieferant ein auf mehreren Wirtschaftsstufen tätiger Dienstleistungserbringer ist und der Käufer auf der Wirtschaftsstufe, auf der er die Vertragsdienstleistungen bezieht, keine mit diesen im Wettbewerb stehenden Dienstleistungen erbringt.

(5)   Diese Verordnung gilt nicht für vertikale Vereinbarungen, deren Gegenstand in den Geltungsbereich einer anderen Gruppenfreistellungsverordnungen fällt.

Artikel 3

(1)   Unbeschadet des Absatzes 2 dieses Artikels gilt die Freistellung nach Artikel 2 nur, wenn der Anteil des Lieferanten an dem relevanten Markt, auf dem er die Vertragswaren oder -dienstleistungen verkauft, 30% nicht überschreitet.

(2)   Im Fall von vertikalen Vereinbarungen, die Alleinbelieferungsverpflichtungen enthalten, gilt die Freistellung nach Artikel 2 nur, wenn der Anteil des Käufers an dem relevanten Markt, auf dem er die Vertragswaren oder -dienstleistungen einkauft, 30% nicht überschreitet.

Artikel 4

Die Freistellung nach Artikel 2 gilt nicht für vertikale Vereinbarungen, die unmittelbar oder mittelbar, für sich allein oder in Verbindung mit anderen Umständen unter der Kontrolle der Vertragsparteien folgendes bezwecken:

a)   die Beschränkung der Möglichkeiten des Käufers, seinen Verkaufspreis selbst festzusetzen; dies gilt unbeschadet der Möglichkeit des Lieferanten, Hoechstverkaufspreise festzusetzen oder Preisempfehlungen auszusprechen, sofern sich diese nicht infolge der Ausübung von Druck oder

der Gewährung von Anreizen durch eine der Vertragsparteien tatsächlich wie Fest- oder Mindestverkaufspreise auswirken;

b) Beschränkungen des Gebiets oder des Kundenkreises, in das oder an den der Käufer Vertragswaren oder -dienstleistungen verkaufen darf, mit Ausnahme von:

– Beschränkungen des aktiven Verkaufs in Gebiete oder an Gruppen von Kunden, die der Lieferant sich selbst vorbehalten oder ausschliesslich einem anderen Käufer zugewiesen hat, sofern dadurch Verkäufe seitens der Kunden des Käufers nicht begrenzt werden;

– Beschränkungen des Verkaufs an Endbenutzer durch Käufer, die auf der Grosshandelsstufe tätig sind;

– Beschränkungen des Verkaufs an nicht zugelassene Händler, die Mitgliedern eines selektiven Vertriebssystems auferlegt werden;

– Beschränkungen der Möglichkeiten des Käufers, Bestandteile, die zwecks Einfügung in andere Erzeugnisse geliefert werden, an Kunden zu verkaufen, welche diese Bestandteile für die Herstellung derselben Art von Erzeugnissen verwenden würden, wie sie der Lieferant herstellt;

c) Beschränkungen des aktiven oder passiven Verkaufs an Endverbraucher, soweit diese Beschränkungen Mitgliedern eines selektiven Vertriebssystems auferlegt werden, welche auf der Einzelhandelsstufe tätig sind; dies gilt unbeschadet der Möglichkeit, Mitgliedern des Systems zu verbieten, Geschäfte von nicht zugelassenen Niederlassungen aus zu betreiben;

d) die Beschränkung von Querlieferungen zwischen Händlern innerhalb eines selektiven Vertriebssystems, auch wenn diese auf unterschiedlichen Handelsstufen tätig sind;

e) Beschränkungen, die zwischen dem Lieferanten und dem Käufer von Bestandteilen, welche dieser in andere Erzeugnisse einfügt, vereinbart werden und die den Lieferanten hindern, diese Bestandteile als Ersatzteile an Endverbraucher oder an Reparaturwerkstätten oder andere Dienstleistungserbringer zu verkaufen, die der Käufer nicht mit der Reparatur oder Wartung seiner eigenen Erzeugnisse betraut hat.

Artikel 5

Die Freistellung nach Artikel 2 gilt nicht für die folgenden, in vertikalen Vereinbarungen enthaltenen Verpflichtungen:

a) alle unmittelbaren oder mittelbaren Wettbewerbsverbote, welche für eine unbestimmte Dauer oder für eine Dauer von mehr als fünf Jahren vereinbart werden; Wettbewerbsverbote, deren Dauer sich über den Zeitraum von fünf Jahren hinaus stillschweigend verlängert, gelten als für eine unbestimmte Dauer vereinbart; die Begrenzung auf fünf Jahre gilt nicht, wenn die Vertragswaren oder -dienstleistungen vom Käufer in Räumlichkeiten und auf Grundstücken verkauft werden, die Eigentum des Lieferanten oder durch diesen von dritten, nicht mit dem Käufer verbundenen Unternehmen gemietet oder gepachtet worden sind und das Wettbewerbsverbot nicht über den Zeitraum hinausreicht, in welchem der Käufer diese Räumlichkeiten und Grundstücke nutzt,

b) alle unmittelbaren oder mittelbaren Verpflichtungen, die den Käufer veranlassen, Waren oder Dienstleistungen nach Beendigung der Vereinbarung nicht herzustellen bzw. zu erbringen, zu beziehen, zu verkaufen oder weiterzuverkaufen, es sei denn, dass diese Verpflichtungen

    – sich auf Waren oder Dienstleistungen beziehen, die mit den Vertragswaren oder -dienstleistungen im Wettbewerb stehen,

    – sich auf Räumlichkeiten und Grundstücke beschränken, von denen aus der Käufer während der Vertragsdauer seine Geschäfte betrieben hat, sowie

    – unerlässlich sind, um ein dem Käufer vom Lieferanten übertragenes Know-how zu schützen,

    und ein solches Wettbewerbsverbot auf einen Zeitraum von höchstens einem Jahr nach Beendigung der Vereinbarung begrenzt ist; dies gilt unbeschadet der Möglichkeit, Nutzung und Offenlegung von nicht allgemein bekannt gewordenem Know-how zeitlich unbegrenzten Beschränkungen zu unterwerfen;

c) alle unmittelbaren oder mittelbaren Verpflichtungen, welche die Mitglieder eines selektiven Vertriebssystems veranlassen, Marken bestimmter konkurrenter Lieferanten nicht zu verkaufen.

Artikel 6

Gemäss Artikel 7 Absatz 1 der Verordnung Nr. 19/65/EWG kann die Kommission im Einzelfall den Vorteil der Anwendung dieser Verordnung entziehen, wenn eine vertikale Vereinbarung, die unter diese Verordnung fällt, gleichwohl Wirkungen hat, die mit den Voraussetzungen des Artikels 81 Absatz 3 des Vertrages unvereinbar sind, insbesondere wenn der Zugang zu dem be-

troffenen Markt oder der Wettbewerb auf diesem Markt durch die kumulativen Wirkungen nebeneinander bestehender Netze gleichartiger vertikaler
Beschränkungen, die von miteinander im Wettbewerb stehenden Lieferanten
oder Käufern angewandt werden, in erheblichem Masse beschränkt wird.

Artikel 7

Wenn eine unter die Freistellung des Artikels 2 fallende Vereinbarung im
Gebiet eines Mitgliedstaats oder in einem Teil desselben, der alle Merkmale
eines gesonderten räumlichen Marktes aufweist, im Einzelfall Wirkungen
hat, die mit den Voraussetzungen von Artikel 81 Absatz 3 des Vertrages unvereinbar sind, so kann die zuständige Behörde dieses Mitgliedstaates, unter
den gleichen Umständen wie in Artikel 6, den Vorteil der Anwendung dieser
Verordnung mit Wirkung für das betroffene Gebiet entziehen.

Artikel 8

(1)   Gemäss Artikel 1a der Verordnung Nr. 19/65/EWG kann die Kommission durch Verordnung erklären, dass in Fällen, in denen mehr als 50% des
betroffenen Marktes von nebeneinander bestehenden Netzen gleichartiger
vertikaler Beschränkungen erfasst werden, die vorliegende Verordnung auf
vertikale Vereinbarungen, die bestimmte Beschränkungen des Wettbewerbs
auf dem betroffenen Markt enthalten, keine Anwendung findet.

(2)   Eine Verordnung im Sinne von Absatz 1 wird frühestens sechs Monate
nach ihrem Erlass anwendbar.

Artikel 9

(1)   Bei der Ermittlung des Marktanteils von 30% im Sinne von Artikel 3
Absatz 1 wird der Absatzwert der verkauften Vertragswaren oder -dienst-
leistungen sowie der sonstigen von dem Lieferanten verkauften Waren oder
Dienstleistungen zugrunde gelegt, die vom Käufer aufgrund ihrer Eigenschaften, ihrer Preislage und ihres Verwendungszwecks als austauschbar
oder substituierbar angesehen werden. Liegen keine Angaben über den Absatzwert vor, so können zur Ermittlung des Marktanteils Schätzungen vorgenommen werden, die auf anderen verlässlichen Marktdaten unter Einschluss
der Absatzmengen beruhen. Bei der Anwendung von Artikel 3 Absatz 2 ist
der Marktanteil auf der Grundlage des Wertes der auf dem Markt getätigten
Käufe oder anhand von Schätzungen desselben zu ermitteln.

(2)   Für die Anwendung der Marktanteilsschwelle im Sinne des Artikels 3 gelten folgende Regeln:

a)   Der Marktanteil wird anhand der Angaben für das vorhergehende Kalenderjahr ermittelt.

b)   Der Marktanteil schliesst Waren oder Dienstleistungen ein, die zum Zweck des Verkaufs an integrierte Händler geliefert werden.

c)   Beträgt der Marktanteil zunächst nicht mehr als 30% und überschreitet er anschliessend diese Schwelle, übersteigt jedoch nicht 35%, so gilt die Freistellung nach Artikel 2, im Anschluss an das Jahr, in welchem die 30%-Schwelle erstmals überschritten wurde, noch für zwei weitere Kalenderjahre.

d)   Beträgt der Marktanteil zunächst nicht mehr als 30% und überschreitet er anschliessend 35%, so gilt die Freistellung nach Artikel 2 im Anschluss an das Jahr, in welchem die Schwelle von 35% erstmals überschritten wurde, noch für ein weiteres Kalenderjahr.

e)   Die unter den Buchstaben c) und d) genannten Vorteile dürfen nicht in der Weise miteinander verbunden werden, dass ein Zeitraum von zwei Kalenderjahren überschritten wird.

Artikel 10

(1)   Für die Ermittlung des jährlichen Gesamtumsatzes im Sinne von Artikel 2 Absätze 2 und 4 sind die Umsätze zusammenzuzählen, welche die jeweilige an der vertikalen Vereinbarung beteiligte Vertragspartei und die mit ihr verbundenen Unternehmen im letzten Geschäftsjahr mit allen Waren und Dienstleistungen nach Abzug von Steuern und sonstigen Abgaben erzielt haben. Dabei werden Umsätze zwischen der an der Vereinbarung beteiligten Vertragspartei und den mit ihr verbundenen Unternehmen oder zwischen den mit ihr verbundenen Unternehmen nicht mitgezählt.

(2)   Die Freistellung nach Artikel 2 gilt weiter, wenn der jährliche Gesamtumsatz in zwei jeweils aufeinanderfolgenden Geschäftsjahren den in dieser Verordnung genannten Schwellenwert um nicht mehr als ein Zehntel überschreitet.

Artikel 11

(1)   Die Begriffe des «Unternehmens», des «Lieferanten» und des «Käufers» im Sinne dieser Verordnung schliessen die mit diesen jeweils verbundenen Unternehmen ein.

(2)   Verbundene Unternehmen sind:

a)   Unternehmen, in denen ein an der Vereinbarung beteiligtes Unternehmen unmittelbar oder mittelbar

   – über mehr als die Hälfte der Stimmrechte verfügt oder

   – mehr als die Hälfte der Mitglieder des Leitungs- oder Verwaltungsorgans oder der zur gesetzlichen Vertretung berufenen Organe bestellen kann oder

   – das Recht hat, die Geschäfte des Unternehmens zu führen;

b)   Unternehmen, die in einem an der Vereinbarung beteiligten Unternehmen unmittelbar oder mittelbar die unter Buchstabe a) bezeichneten Rechte oder Einflussmöglichkeiten haben;

c)   Unternehmen, in denen ein unter Buchstabe b) genanntes Unternehmen unmittelbar oder mittelbar die unter Buchstabe a) bezeichneten Rechte oder Einflussmöglichkeiten hat;

d)   Unternehmen, in denen eine der Vertragsparteien gemeinsam mit einem oder mehreren der unter den Buchstaben a), b) oder c) genannten Unternehmen oder in denen zwei oder mehr als zwei der zuletzt genannten Unternehmen gemeinsam die in Buchstabe a) bezeichneten Rechte oder Einflussmöglichkeiten haben;

e)   Unternehmen, in denen

   – Vertragsparteien oder mit ihnen jeweils verbundene Unternehmen im Sinne der Buchstaben a) bis d) oder

   – eine oder mehrere der Vertragsparteien oder eines oder mehrere der mit ihnen im Sinne der Buchstaben a) bis d) verbundenen Unternehmen und ein oder mehrere dritte Unternehmen

   gemeinsam die unter Buchstabe a) bezeichneten Rechte oder Einflussmöglichkeiten haben.

(3)   Bei der Anwendung von Artikel 3 wird der Marktanteil der in Absatz 2 Buchstabe e) bezeichneten Unternehmen jedem der Unternehmen, das die in Absatz 2 Buchstabe a) bezeichneten Rechte oder Einflussmöglichkeiten hat, zu gleichen Teilen zugerechnet.

Artikel 12

(1)   Die in den Verordnungen (EWG) Nr. 1983/83[4], (EWG) Nr. 1984/83[5] und (EWG) Nr. 4087/88[6] der Kommission vorgesehenen Freistellungen gelten bis zum 31. Mai 2000 weiter.

(2)   Das in Artikel 81 Absatz 1 des Vertrags geregelte Verbot gilt vom 1. Juni 2000 bis zum 31. Dezember 2001 nicht für Vereinbarungen, die am 31. Mai 2000 bereits in Kraft waren und die die Voraussetzungen für eine Freistellung zwar nach den Verordnungen (EWG) Nr. 1983/83, (EWG) Nr. 1984/83 oder (EWG) Nr. 4087/88, nicht aber nach der vorliegenden Verordnung erfuellen.

Artikel 13

Diese Verordnung tritt am 1. Januar 2000 in Kraft.

Sie ist ab dem 1. Juni 2000 anwendbar mit Ausnahme ihres Artikels 12 Absatz 1, der ab dem 1. Januar 2000 anwendbar ist.

Sie gilt bis zum 31. Mai 2010.

Diese Verordnung ist in allen ihren Teilen verbindlich und gilt unmittelbar in jedem Mitgliedstaat.

Brüssel, den 22. Dezember 1999

Für die Kommission
Mario MONTI
Mitglied der Kommission

---

[4]   ABl. L 173 vom 30.6.1983, S. 1.
[5]   ABl. L 173 vom 30.6.1983, S. 5.
[6]   ABl. L 359 vom 28.12.1988, S. 46.

5. Auszüge aus den Leitlinien der EG Kommission für vertikale Beschränkungen vom 13. Oktober 2000

Mitteilung der Kommission

Leitlinien für vertikaler Beschränkungen

(Text von Bedeutung für den EWR)

INHALT

I. EINLEITUNG

1. Zweck der Leitlinien

(1)   In den Leitlinien werden die Grundsätze für die Beurteilung vertikaler Vereinbarungen nach Maßgabe des Artikels 81 EG-Vertrag dargelegt. Vertikale Vereinbarungen sind in Artikel 2 Absatz 1 der Verordnung (EG) Nr. 2790/1999 der Kommission vom 22. Dezember 1999 über die Anwendung von Artikel 81 Absatz 3 des Vertrags auf Gruppen von vertikalen Vereinbarungen und aufeinander abgestimmten Verhaltensweisen[1] definiert (Randnummern 23 bis 45). Diese Leitlinien gelten unbeschadet der möglichen gleichzeitigen Anwendung des Artikels 82 EG-Vertrag auf vertikale Vereinbarungen. Sie sind wie folgt aufgebaut:

– In Abschnitt II (Randnummern 8 bis 20) werden die vertikalen Vereinbarungen beschrieben, die grundsätzlich nicht unter das Verbot des Artikels 81 Absatz 1 EG-Vertrag fallen.

– In Abschnitt III (Randnummern 21 bis 70) wird die Anwendung der Gruppenfreistellungsverordnung (EG) Nr. 2790/1999 der Kommission erläutert.

– In Abschnitt IV (Randnummern 71 bis 87) werden die Grundsätze für den Entzug des Rechtsvorteils der Gruppenfreistellungsverordnung und die Erklärung der Nichtanwendung der Gruppenfreistellungsverordnung dargelegt.

– In Abschnitt V (Randnummern 88 bis 99) geht es um die Definition des Marktes und die Berechnung der Marktanteile.

---

[1]   Abl. L 336 vom 29.12.1999, S. 21.

– In Abschnitt VI (Randnummern 100 bis 229) schließlich werden die allgemeinen Bewertungsgrundlagen und die Vorgehensweise der Kommission gegenüber vertikalen Vereinbarungen im Einzelfall dargelegt.

(2)   Die Ausführungen in diesen Leitlinien beziehen sich sowohl auf Waren als auch auf Dienstleistungen, wenngleich bestimmte vertikale Wettbewerbsbeschränkungen überwiegend beim Warenvertrieb verwendet werden. Vertikale Vereinbarungen können gleichermaßen in Bezug auf Zwischen- und auf Endprodukte geschlossen werden. Wenn nicht anders angegeben, beziehen sich die Befunde und Argumente in diesem Text auf sämtliche Arten von Waren und Dienstleistungen und alle Stufen des Handels. Der Begriff «Produkte» schließt sowohl Waren als auch Dienstleistungen ein, und die Begriffe «Lieferant» und «Käufer» werden für alle Handelsstufen verwendet.

(3)   Diese Leitlinien sollen es den Unternehmen erleichtern, vertikale Vereinbarungen selbst nach Maßgabe der EG-Wettbewerbsregeln zu beurteilen. Bei der Anwendung der Leitlinien ist auf die Umstände des Einzelfalls abzustellen, was eine mechanische Anwendung ausschließt. Jeder Fall ist nach dem jeweiligen Sachverhalt zu würdigen. Die Kommission wird bei der Anwendung der Leitlinien angemessen und flexibel vorgehen.

(4)   Die Leitlinien berühren die Auslegung nicht, die das Gericht erster Instanz und der Gerichtshof der Europäischen Gemeinschaften zur Anwendung des Artikels 81 auf vertikale Vereinbarungen geben.

2.   Anwendbarkeit von Artikel 81 auf vertikale Vereinbarungen

(5)   Artikel 81 EG-Vertrag findet Anwendung auf vertikale Vereinbarungen, die den Handel zwischen Mitgliedstaaten zu beeinträchtigen geeignet sind und die den Wettbewerb verhindern, einschränken oder verfälschen (nachstehend als «vertikale Beschränkungen» bezeichnet)[2]. Dieser Artikel bietet den geeigneten rechtlichen Rahmen für die Beurteilung vertikaler Beschränkungen, da er sowohl wettbewerbswidrige als auch wettbewerbsfördernde Wirkungen kennt. Während Artikel 81 Absatz 1 EG-Vertrag Vereinbarungen verbietet, die den Wettbewerb spürbar einschränken oder ver-

---

[2]   Siehe u. a. Urteile des Gerichtshofes der Europäischen Gemeinschaften vom 13. Juli 1966 in den verbundenen Rechtssachen 56/64 und 58/64, Consten und Grundig/Kommission, Slg. 1966, 322; vom 30. Juni 1966 in der Rechtssache 56/65, LTM, Slg. 1966, 282; und des Gerichts erster Instanz der Europäischen Gemeinschaften in der Rechtssache T-77/92, Parker Pen/Kommission, Slg. 1994, II-549.

fälschen, können nach Artikel 81 Absatz 3 EG-Vertrag Vereinbarungen, die mehr Effizienzgewinne mit sich bringen als wettbewerbswidrige Wirkungen, von diesem Verbot freigestellt werden.

(6)   Bei den meisten vertikalen Beschränkungen ergeben sich Probleme für den Wettbewerb nur bei unzureichendem Markenwettbewerb, d.h., wenn beim Lieferanten oder beim Käufer oder bei beiden eine gewisse Marktmacht vorhanden ist. In diesem Fall gewinnt der Schutz des Markenwettbewerbs («inter-brand competition») und des markeninternen Wettbewerbs («intra-brand competition») an Bedeutung.

(7)   Der Schutz des Wettbewerbs zum Wohle der Verbraucher und zur effizienten Verteilung der Ressourcen ist das Hauptziel der EG-Wettbewerbspolitik. Bei der Anwendung der EG-Wettbewerbsregeln legt die Kommission wirtschaftliche Erwägungen zugrunde, bei denen die Auswirkungen auf dem betreffenden Markt im Vordergrund stehen; vertikale Vereinbarungen sind in ihrem rechtlichen und wirtschaftlichen Zusammenhang zu beurteilen. Gleichwohl ist die Kommission im Fall von bezweckten Beschränkungen im Sinne von Artikel 4 der Gruppenfreistellungsverordnung nicht verpflichtet, die tatsächlichen Auswirkungen auf dem Markt zu bewerten. Die Integration der Märkte ist ein weiteres Ziel der Wettbewerbspolitik der Gemeinschaft. Marktintegration ermöglicht Wettbewerb in der Gemeinschaft. Es darf den Unternehmen nicht erlaubt sein, neue Schranken zwischen Mitgliedstaaten zu errichten, wo staatliche Barrieren erfolgreich abgebaut worden sind.

II.   GRUNDSÄTZLICH NICHT UNTER ARTIKEL 81 ABSATZ 1 FALLENDE VERTIKALE VEREINBARUNGEN

1.   Vereinbarungen von geringer Bedeutung und Vereinbarungen zwischen KMU

(8)   Vereinbarungen, die nicht geeignet sind, den Handel zwischen Mitgliedstaaten spürbar zu beeinträchtigen, oder die keine spürbare Einschränkung des Wettbewerbs bezwecken oder bewirken, fallen nicht unter Artikel 81 Absatz 1. Die Gruppenfreistellungsverordnung gilt nur für Vereinbarungen, die unter Artikel 81 Absatz 1 fallen. Diese Leitlinien lassen die Anwen-

dung geltender oder künftiger Bekanntmachungen über Vereinbarungen von geringer Bedeutung *(de minimis)*[3] unberührt.

(9)   Vorbehaltlich der Randnummern 11, 18 und 20 der geltenden de minimis-Bekanntmachung über gravierende Wettbewerbsbeschränkungen (sog. Kernbeschränkungen) und die kumulative Wirkung fallen vertikale Vereinbarungen zwischen Unternehmen, deren Anteil an dem relevanten Markt nicht mehr als 10% beträgt, grundsätzlich nicht unter das Verbot des Artikels 81 Absatz 1. Es gibt keine Vermutung, dass vertikale Vereinbarungen von Unternehmen mit einem höheren Marktanteil automatisch gegen das Kartellverbot verstoßen. Es ist durchaus möglich, dass auch Vereinbarungen in Fällen, in denen die Marktanteilsschwelle von 10% überschritten wird, keine spürbaren Folgen für den Handel zwischen Mitgliedstaaten haben oder keine spürbare Wettbewerbsbeschränkung darstellen[4]. Solche Vereinbarungen sind in ihrem rechtlichen und wirtschaftlichen Zusammenhang zu prüfen. Die Kriterien für die Beurteilung individueller Vereinbarungen werden unter den Randnummern 100 bis 229 beschrieben.

(10)   Bei Vorliegen von Kernbeschränkungen im Sinne der de minimis-Bekanntmachung gilt das Verbot des Artikels 81 Absatz 1 gegebenenfalls auch für Vereinbarungen zwischen Unternehmen, deren Marktanteil die 10%-Schwelle nicht erreicht, wenn nämlich der Handel und der Wettbewerb spürbar beeinträchtigt bzw. eingeschränkt werden. Die einschlägige Rechtsprechung des Gerichtshofs und des Gerichts erster Instanz ist insoweit von Bedeutung[5]. Auf die besondere Sachlage bei der Einführung eines neuen Produkts oder beim Eintritt in einen neuen Markt wird in Randnummer 119 Ziffer 10 der Leitlinien eingegangen.

(11)   Ferner geht die Kommission davon aus, dass abgesehen von Fällen, in denen kumulative Wirkungen gegeben sind und Kernbeschrankungen vorliegen, Vereinbarungen zwischen kleinen und mittleren Unternehmen (KMU) nach der Definition im Anhang zur Kommissionsempfehlung 96/280/EG[6]

---

[3]   Siehe Bekanntmachung über Vereinbarungen von geringer Bedeutung vom 9. Dezember 1997, ABl. C 372 vom 9.12.1997, S. 13.

[4]   Urteil des Gerichts erster Instanz vom 8. Juni 1995 in der Rechtssache T-7/93, Langnese-Iglo GmbH/Kommission, Slg. 1995, II-1533, Randnr. 98.

[5]   Urteil des Gerichtshofes vom 9. Juli 1969 in der Rechtssache 5/69, Völk, Slg. 1969, 295; vom 6. Mai 1971 in der Rechtssache 1/71, Cadillon, Slg. 1971, 351; und vom 28. April 1998 in der Rechtssache C-306/96, Javico, Slg. 1998, I-1983, Randnrn. 16f.

[6]   ABl. L 107 vom 30.4.1996, S. 4.

selten geeignet sind, den Handel zwischen Mitgliedstaaten oder den Wettbewerb im Gemeinsamen Markt im Sinne des Artikels 81 Absatz 1 spürbar zu beeinträchtigen bzw. einzuschränken, so dass sie grundsätzlich nicht unter das Kartellverbot fallen. In Fällen, in denen solche Vereinbarungen dennoch den Verbotstatbestand erfüllen, wird die Kommission in der Regel wegen des mangelnden Interesses für die Gemeinschaft kein Prüfverfahren einleiten, es sei denn die betreffenden Unternehmen haben in einem wesentlichen Teil des Gemeinsamen Markts kollektiv oder individuell eine beherrschende Marktstellung inne.

2. Handelsvertreterverträge

(12)   Die Randnummern 12 bis 20 ersetzen die Bekanntmachung über Alleinvertriebsverträge mit Handelsvertretern aus dem Jahre 1962[7]. Bei ihrer Anwendung ist die Richtlinie 86/653/EWG zu berücksichtigen[8].

Bei Vereinbarungen dieser Art erhält eine juristische oder natürliche Person (der Handelsvertreter) die Vollmacht, im Auftrag einer anderen Person (der Auftraggeber) entweder im eigenen Namen oder im Namen des Auftraggebers Verträge auszuhandeln und/oder zu schließen, die folgendes zum Gegenstand haben:

–   den Erwerb von Waren oder Dienstleistungen durch den Auftraggeber oder

–   den Verkauf von Waren oder Dienstleistungen durch den Auftraggeber.

(13)   Bei echten Handelsvertreterverträgen fallen die Verpflichtungen, die dem Vertreter bezüglich der für den Auftraggeber ausgehandelten und/oder geschlossenen Verträge auferlegt werden, nicht unter Artikel 81 Absatz 1. Entscheidend für die Frage, ob Artikel 81 Absatz 1 anwendbar ist, ist das finanzielle oder geschäftliche Risiko, das der Vertreter in Bezug auf die ihm vom Auftraggeber übertragenen Tätigkeiten trägt. Dabei ist es unwesentlich, ob der Vertreter für einen oder für mehrere Auftraggeber handelt. Unechte Handelsvertreterverträge können unter Artikel 81 Absatz 1 fallen; in diesem Fall finden die Gruppenfreistellungsverordnung und die übrigen Abschnitte dieser Leitlinien Anwendung.

---

[7] ABl. 139 vom 24.12.1962, S. 2921.
[8] ABl. L 382 vom 31.12.1986, S. 17.

(14)   Es gibt zwei Arten finanzieller oder geschäftlicher Risiken, die für die Einstufung als echte Handelsvertreterverträge im Hinblick auf die Anwendung des Artikels 81 Absatz 1 wesentlich sind. Erstens gibt es Risiken, die – wie die Finanzierung von Lagerbeständen – unmittelbar mit den Verträgen verbunden sind, welche der Vertreter für den Auftraggeber geschlossen und/oder ausgehandelt hat. Zweitens gibt es Risiken, die geschäftsspezifische Investitionen («market-specific investments») betreffen, d.h. Investitionen, die für die Art der vom Vertreter auszuführenden Tätigkeit erforderlich sind und die dieser benötigt, um den betreffenden Vertrag zu schließen und/oder auszuhandeln. Solche Investitionen stellen normalerweise Sunk Costs (verlorene Aufwendungen) dar, wenn die Sachanlagen nach Aufgabe des betreffenden Geschäftsfelds nicht für andere Geschäfte genutzt oder nur mit erheblichem Verlust veräußert werden können.

(15)   Ein Handelsvertretervertrag ist ein echter Handelsvertretervertrag und fällt nicht unter Artikel 81 Absatz 1, wenn der Vertreter keine oder nur unbedeutende Risiken in Bezug auf die im Auftrag geschlossenen und/oder ausgehandelten Verträge und in Bezug auf die geschäftsspezifischen Investitionen für das betreffende Geschäftsfeld trägt. In einem solchen Fall sind die Verkaufs- und die Kauffunktion Bestandteil der Tätigkeiten des Auftraggebers, obwohl es sich bei dem Vertreter um ein eigenständiges Unternehmen handelt. Dabei trägt der Auftraggeber sämtliche damit verbundenen finanziellen und geschäftlichen Risiken und übt der Vertreter keine unabhängige Wirtschaftstätigkeit in Bezug auf die Aufgaben aus, deren Wahrnehmung ihm vom Auftraggeber übertragen wurde. Im umgekehrten Fall ist ein Handelsvertretervertrag ein unechter Handelsvertretervertrag und fällt möglicherweise unter Artikel 81 Absatz 1. In diesem Fall trägt der Handelsvertreter die genannten Risiken und ist wie ein unabhängiger Vertriebshändler zu behandeln, der bei der Festlegung seiner Marketingstrategie freie Hand haben muss, um seine vertrags- oder geschäftsspezifischen Investitionen zu decken. Risiken, die mit der Erbringung von Handelsvertreterleistungen generell zusammenhängen, wie z.B. die Abhängigkeit des Einkommens des Handelsvertreters von seinem Erfolg als Vertreter oder von allgemeinen Investitionen in Geschäftsräume oder Personal, sind im vorliegenden Zusammenhang irrelevant.

(16)   Die Frage des Risikos muss im Einzelfall beantwortet werden, wobei auf die tatsächlichen wirtschaftlichen Gegebenheiten und nicht auf die Rechtsform abzustellen ist. Die Kommission geht jedoch davon aus, dass Arti-

kel 81 Absatz 1 für Verpflichtungen des Handelsvertreters in Bezug auf die für den Auftraggeber ausgehandelten und/oder geschlossenen Verträge grundsätzlich nicht anwendbar ist, wenn das Eigentum an den gekauften oder verkauften Vertragswaren nicht bei dem Vertreter liegt oder der Vertreter die Vertragsdienstleistungen nicht selbst erbringt und der Vertreter

–   sich nicht an den Kosten einschließlich Transportkosten beteiligt, die mit der Lieferung/Erbringung bzw. dem Erwerb der Vertragswaren oder -dienstleistungen verbunden sind. Dies schließt den Handelsvertreter nicht davon aus, Transportleistungen zu erbringen, sofern die Kosten vom Auftraggeber übernommen werden;

–   weder unmittelbar noch mittelbar verpflichtet ist, in Absatzförderungsmaßnahmen zu investieren und sich z.B. an den Werbeaufwendungen des Auftraggebers zu beteiligen;

–   nicht auf eigene Kosten oder eigenes Risiko Vertragswaren lagert, was die Kosten für die Finanzierung der Lagerbestände und für den Verlust von Lagerbeständen einschließt, und unverkaufte Waren unentgeltlich an den Auftraggeber zurückgeben kann (außer bei Verschulden des Handelsvertreters), (wenn er es z.B. versäumt, zumutbare Sicherheitsmaßnahmen zu treffen, um den Verlust von Lagerbeständen zu vermeiden);

–   nicht eine Kunden-, Reparatur- oder Garantiedienstleistungsbetrieb einrichtet und/oder solche Dienstleistungen erbringt, es sei denn, er wird hierfür vom Auftraggeber vollständig vergütet;

–   nicht in geschäftsspezifische Ausrüstungen, Räumlichkeiten oder Mitarbeiterschulungen investiert, wie z.B. einen Kraftstofftank im Fall des Kraftstoffeinzelhandels oder spezielle Software für den Verkauf von Policen im Fall von Versicherungsvermittlern;

–   gegenüber Dritten keine Haftung für Schäden übernimmt, die durch das verkaufte Produkt verursacht wurden (Produkthaftung), es sei denn die Schuld liegt bei ihm als Handelsvertreter;

–   keine Haftung dafür übernimmt, dass Kunden ihre Vertragspflichten erfuellen, mit Ausnahme des Verlustes der Provision des Handelsvertreters, sofern die Schuld nicht bei diesem liegt (wenn er es z.B. versäumt, zumutbare Sicherheitsmaßnahmen oder Diebstahlsicherungen vorzusehen oder zumutbare Maßnahmen zu treffen, um Diebstähle dem Auftraggeber oder der Polizei zu melden oder es unterlässt, dem Lieferanten alle, ihm bekannten Informationen hinsichtlich der Zahlungsverlässlichkeit seiner Kunden, zu übermitteln).

(17)   Diese Aufstellung ist nicht erschöpfend. Trägt der Handelsvertreter eines oder mehrere der genannten Risiken oder einen Teil oder mehrere der genannten Kosten, so ist Artikel 81 Absatz 1 wie bei jeder anderen vertikalen Vereinbarung möglicherweise anwendbar.

(18)   Bei Handelsvertreterverträgen, welche nicht unter Artikel 81 Absatz 1 fallen, fallen auch sämtliche Verpflichtungen, die dem Vertreter bezüglich der für den Auftraggeber geschlossenen und/oder ausgehandelten Verträge auferlegt werden, nicht unter diese Bestimmung. Folgende Verpflichtungen auf Seiten des Handelsvertreters werden grundsätzlich als Bestandteil eines Handelsvertretervertrags angesehen, da jede für sich die Befugnis des Auftraggebers betrifft, die Tätigkeiten des Vertreters in Bezug auf die Vertragswaren bzw. Vertragsdienstleistungen festzulegen, was unerlässlich ist, wenn der Auftraggeber die Risiken übernehmen und in der Lage sein soll, die Geschäftsstrategie festzulegen:

–   Beschränkungen hinsichtlich des Gebiets, in dem der Vertreter die fraglichen Waren oder Dienstleistungen verkaufen darf;

–   Beschränkungen hinsichtlich der Kunden, an die der Vertreter die fraglichen Waren oder Dienstleistungen verkaufen darf;

–   die Preise und die Bedingungen, zu denen der Vertreter die fraglichen Waren oder Dienstleistungen verkaufen oder beziehen darf.

(19)   Handelsvertreterverträge regeln nicht nur die Voraussetzungen, unter denen der Vertreter die Vertragswaren oder -dienstleistungen für den Auftraggeber verkauft oder kauft, sondern enthalten oftmals auch Bestimmungen, die das Verhältnis zwischen dem Vertreter und dem Auftraggeber betreffen. Dies gilt insbesondere für Klauseln, die den Auftraggeber daran hindern, andere Vertreter für eine bestimmte Art von Geschäft, Kunden oder Gebiet zu ernennen (Alleinvertreterklauseln) und/oder Bestimmungen, die den Vertreter daran hindern, als Vertreter oder Vertriebshändler für Unternehmen tätig zu werden, die mit dem Auftraggeber in Wettbewerb stehen (Wettbewerbsverbote). Alleinvertreterklauseln betreffen lediglich den markeninternen Wettbewerb und dürften in der Regel keine wettbewerbswidrigen Wirkungen entfalten. Wettbewerbsverbote, einschließlich derjenigen für die Zeit nach Vertragsablauf, betreffen dagegen den Wettbewerb zwischen verschiedenen Marken und können unter Artikel 81 Absatz 1 fallen, wenn

sie zur Abschottung des relevanten Markts führen, in dem die Vertragswaren oder -dienstleistungen verkauft oder gekauft werden (Randnummern 138 bis 160).

(20)   Ein Handelsvertretervertrag kann aber auch in Fällen, in denen der Auftraggeber alle damit verbundenen finanziellen und geschäftlichen Risiken übernimmt, unter Artikel 81 Absatz 1 fallen, wenn er abgestimmte Verhaltensweisen (Kollusion) fördert. Dies dürfte u. a. dann der Fall sein, wenn mehrere Auftraggeber die Dienste derselben Handelsvertreter in Anspruch nehmen und gemeinsam andere davon abhalten, diese ebenfalls in Anspruch zu nehmen, oder wenn sie die Handelsvertreter bei der Marketingstrategie zur Kollusion oder zum Austausch vertraulicher Marktdaten untereinander benutzen.

III.   ANWENDUNG DER GRUPPENFREISTELLUNGSVERORDNUNG

1.   Durch die Gruppenfreistellungsverordnung geschaffener «geschützter Bereich»

(21)   *Die Gruppenfreistellungsverordnung begründet für vertikale Vereinbarungen eine Vermutung der Rechtmäßigkeit, die sich nach dem Marktanteil des Lieferanten oder des Käufers richtet.* Nach Artikel 3 Gruppenfreistellungsverordnung wird bei der Klärung der Frage, ob eine Vereinbarung aufgrund der Verordnung vom Kartellverbot freigestellt ist, in der *Regel der Anteil des Lieferanten* an dem Markt zugrunde gelegt, auf dem er die betreffende Vertragsware oder -dienstleistung verkauft. Die Freistellung gilt danach nur, wenn die *Marktanteilsschwelle von 30% nicht überschritten* wird. Lediglich bei Vereinbarungen mit Alleinbelieferungsverpflichtungen im Sinne des Artikels 1 Buchstabe c) Gruppenfreistellungsverordnung wird der Anteil des Käufers herangezogen, und zwar an dem Markt, auf dem er die Vertragsware oder -dienstleistung einkauft; auch hier liegt die Obergrenze für die Gruppenfreistellung vom Kartellverbot bei 30%. Zu den Marktanteilen siehe Abschnitt V (Randnummern 88 bis 99).

(22)   Wirtschaftlich gesehen kann sich eine vertikale Vereinbarung nicht nur auf dem Markt auswirken, auf dem sich Lieferant und Käufer begegnen (Lieferanten-/Käufermarkt), sondern auch auf den dem Käufermarkt nachgelagerten Märkten. Der Grund für den vereinfachten Ansatz der Gruppenfreistellungsverordnung, lediglich den Anteil des Lieferanten bzw. gegebenenfalls des Käufers an dem Lieferanten-/Käufermarkt zugrunde zu legen,

liegt in der Tatsache, dass sich die Auswirkungen bei einem Marktanteil von weniger als 30% auf den nachgelagerten Märkten generell in Grenzen halten dürften. Der Umstand, dass nur der Lieferanten-/Käufermarkt in Betracht gezogen wird, erleichtert ferner die Anwendung der Gruppenfreistellungsverordnung und erhöht die Rechtssicherheit, während etwaige Probleme auf benachbarten Märkten gegebenenfalls durch Entzug des Rechtsvorteils der Freistellung (Randnummern 71 bis 87) gelöst werden können.

2. Anwendungsbereich der Gruppenfreistellungsverordnung

i) *Definition vertikaler Vereinbarungen*

(23)   Vertikale Vereinbarungen werden in Artikel 2 Absatz 1 Gruppenfreistellungsverordnung definiert als «Vereinbarungen oder aufeinander abgestimmte Verhaltensweisen zwischen zwei oder mehr Unternehmen, von denen jedes zwecks Durchführung der Vereinbarung auf einer unterschiedlichen Produktions- oder Vertriebsstufe tätig ist, und welche die Bedingungen betreffen, zu denen die Parteien bestimmte Waren oder Dienstleistungen beziehen, verkaufen oder weiterverkaufen können».

(24)   Diese Definition hat drei zentrale Elemente:

–   Die Vereinbarung oder abgestimmte Verhaltensweise besteht zwischen – zwei oder mehr – Unternehmen. Vertikale Vereinbarungen mit Endverbrauchern, die nicht als Unternehmen tätig sind, sind ausgenommen. Vereinbarungen mit Endverbrauchern fallen in der Regel nicht unter Artikel 81 Absatz 1, da dieser nur für Vereinbarungen zwischen Unternehmen, für Beschlüsse von Unternehmensvereinigungen und für aufeinander abgestimmte Verhaltensweisen gilt. Dies gilt unbeschadet der möglichen gleichzeitigen Anwendung des Artikels 82.

–   Die Vereinbarung oder abgestimmte Verhaltensweise besteht zwischen Unternehmen, die zwecks Durchführung der Vereinbarung auf unterschiedlichen Stufen der Produktions- oder Vertriebskette tätig sind. Dies bedeutet z.B., dass ein Unternehmen einen Rohstoff herstellt, den ein anderes als Einsatzgut verwendet, oder dass es sich bei dem ersten Unternehmen um einen Hersteller, dem zweiten um einen Großhändler und dem dritten um einen Einzelhändler handelt. Dabei ist nicht ausgeschlossen, dass ein Unternehmen auf mehr als einer Stufe der Produktions- oder Vertriebskette tätig ist.

– Die Vereinbarungen oder abgestimmten Verhaltensweisen regeln die Voraussetzungen, unter denen die Vertragsparteien – der Lieferant und der Käufer – «bestimmte Waren oder Dienstleistungen beziehen, verkaufen oder weiterverkaufen können». Hierin spiegelt sich der Zweck der Gruppenfreistellungsverordnung wider, nämlich Bezugs- und Vertriebsvereinbarungen zu erfassen. Derartige Vereinbarungen regeln die Voraussetzungen für den Bezug, Verkauf oder Weiterverkauf der vom Lieferanten bereitgestellten Waren oder Dienstleistungen und/oder die Voraussetzungen für den Verkauf von Waren oder Dienstleistungen, die diese Waren oder Dienstleistungen enthalten, durch den Käufer. Zum Zwecke der Anwendung der Gruppenfreistellungsverordnung werden sowohl die vom Lieferanten bereitgestellten Waren oder Dienstleistungen als auch die daraus resultierenden Waren oder Dienstleistungen als Vertragswaren bzw. -dienstleistungen angesehen. Damit sind alle vertikalen Vereinbarungen erfasst, die sich auf sämtliche Waren und Dienstleistungen, einschließlich Zwischen- und Endprodukte, beziehen. Die einzige Ausnahme bildet die Kfz-Industrie, solange für diesen Wirtschaftszweig eine eigene Gruppenfreistellungsverordnung – wie die Verordnung (EG) Nr. 1475/95 der Kommission – gilt[9]. Die vom Lieferanten bereitgestellten Waren oder Dienstleistungen können vom Käufer weiterverkauft oder zur Herstellung von dessen eigenen Waren oder Dienstleistungen eingesetzt werden.

(25)   Die Gruppenfreistellungsverordnung gilt auch für Waren, die zum Zwecke der Vermietung an Dritte verkauft und gekauft werden. Miet- und Pachtvereinbarungen als solche fallen jedoch nicht unter die Verordnung, da der Lieferant keine Waren oder Dienstleistungen an den Käufer verkauft. Generell erfasst die Gruppenfreistellungsverordnung keine Beschränkungen oder Verpflichtungen, die nicht die Voraussetzungen für den Bezug, Verkauf oder Weiterverkauf betreffen und welche die Parteien gegebenenfalls in eine ansonsten vertikale Vereinbarung aufgenommen haben, wie z.B. die Einschränkung des Rechts von Vertragsparteien, eigenständige Forschungs- und Entwicklungsarbeiten durchzuführen. Nach Artikel 2 Absätze 2 bis 5 Gruppenfreistellungsverordnung sind bestimmte andere vertikale Vereinbarungen direkt oder indirekt von der Gruppenfreistellung nach der Verordnung ausgenommen.

---

[9]   ABl. L 145 vom 29.6.1995, S. 25.

ii)   *Vertikale Vereinbarungen zwischen Wettbewerbern*

(26)   *Vertikale Vereinbarungen «zwischen Wettbewerbern» sind nach Artikel 2 Absatz 4 Gruppenfreistellungsverordnung ausdrücklich von der Freistellung ausgeschlossen.* Sie sind, was mögliche Kollusionswirkungen betrifft, Gegenstand der demnächst erscheinenden Leitlinien zur Anwendbarkeit des Artikels 81 auf Vereinbarungen über die horizontale Zusammenarbeit[10]. Die vertikalen Elemente solcher Vereinbarungen sind jedoch nach den vorliegenden Leitlinien zu beurteilen. Wettbewerber sind laut der Definition in Artikel 1 Buchstabe a) der Verordnung «tatsächliche oder potentielle Anbieter im selben Produktmarkt», und zwar unabhängig davon, ob sie im selben geographischen Markt miteinander konkurrieren. Wettbewerber sind tatsächliche oder potentielle Lieferanten von Vertragswaren oder -dienstleistungen oder von Substituten der Vertragswaren bzw. -dienstleistungen. Ein potentieller Lieferant ist ein Unternehmen, das nicht tatsächlich ein konkurrierendes Produkt herstellt, aber als Reaktion auf eine geringfügige, dauernde Erhöhung der relativen Preise die Produktion aufnehmen könnte und aller Wahrscheinlichkeit nach auch aufnehmen würde, wenn keine Vereinbarung existiert. Dies bedeutet, dass das betreffende Unternehmen in der Lage ist, die erforderlichen zusätzlichen Investitionen zu tätigen und den Markt innerhalb eines Jahres zu bedienen, und dies wahrscheinlich auch tut. Dieser Befund muss auf realistischen Annahmen beruhen; die rein theoretische Möglichkeit eines Marktzutritts reicht nicht aus[11].

(27)   Der grundsätzliche Ausschluss vertikaler Vereinbarungen zwischen Wettbewerbern von der Anwendung der Gruppenfreistellungsverordnung gilt nicht in den drei in Artikel 2 Absatz 4 genannten Fällen, wenn es sich um nichtwechselseitige Vereinbarungen handelt. Letztere liegen etwa vor, wenn ein Hersteller den Vertrieb der Produkte eines anderen Herstellers übernimmt, dieser aber nicht den Vertrieb von Produkten des erstgenannten Herstellers. Auf solche Vereinbarungen zwischen Wettbewerbern findet die Freistellung nach der Verordnung Anwendung, wenn 1. der jährliche Gesamtumsatz des Käufers nicht mehr als 100 Mio. EUR beträgt, oder 2. der Lieferant zugleich Hersteller und Händler von Waren, der Käufer dagegen

---

[10]   Entwurf von Leitlinien, ABl. C 118 vom 27.4.2000, S. 14.

[11]   Siehe Bekanntmachung der Kommission über die Definition des relevanten Marktes im Sinne des Wettbewerbsrechts der Gemeinschaft, ABl. C 372 vom 9.12.1997, S. 5, Randnummern 20 bis 24; Dreizehnter Bericht der Kommission über die Wettbewerbspolitik, Ziffer 55, und Entscheidung 90/410/EWG der Kommission in der Sache Elopak/Metal Box – Odin (IV 32.009), ABl. L 209 vom 8.8.1990, S. 15.

nur ein Händler ist, der keine konkurrierenden Waren herstellt, oder 3. der Lieferant ein auf mehreren Handelsstufen tätiger Dienstleistungserbringer ist und der Käufer auf der Handelsstufe, auf der er die Vertragsdienstleistungen bezieht, keine konkurrierenden Dienstleistungen erbringt. Die zweite Bestimmung erfasst somit auch den zweigleisigen Vertrieb («dual distribution»), d.h. Fälle, in denen der Hersteller seine Waren im Wettbewerb mit unabhängigen Vertriebshändlern auch selbst vertreibt. Ein Vertriebshändler, der einem Hersteller Spezifikationen nennt, damit dieser bestimmte Artikel unter dem Markennamen des Händlers herstellt, ist nicht als Hersteller dieser Eigenmarkenartikel anzusehen. Die dritte Bestimmung gilt für dem zweigleisigen Vertrieb vergleichbare Fälle, wenn ein Lieferant zugleich als Dienstleister auf der Ebene des Käufers tätig ist.

iii)   *Vereinigungen von Einzelhändlern*

(28)   Nach Artikel 2 Absatz 2 Gruppenfreistellungsverordnung gilt die Freistellung auch für vertikale Vereinbarungen von Unternehmensvereinigungen, die bestimmte Voraussetzungen erfüllen, womit Vereinbarungen von Unternehmensvereinigungen, die diese Voraussetzungen nicht erfüllen, vom Anwendungsbereich der Verordnung ausgeschlossen sind. Vertikale Vereinbarungen zwischen einer Unternehmensvereinigung und ihren Mitgliedern oder zwischen einer solchen Vereinigung und ihren Lieferanten fallen nur dann unter die Verordnung, wenn alle Mitglieder der Vereinigung Einzelhändler (für Waren, nicht für Dienstleistungen) sind und kein Mitglied mehr als 50 Mio. EUR Umsatz erzielt. Einzelhändler sind Vertriebshändler, die Waren an den Endverbraucher weiterverkaufen. Die kartellrechtliche Würdigung dürfte in der Regel auch nicht anders ausfallen, wenn der Umsatz einiger Mitglieder einer solchen Unternehmensvereinigung unwesentlich über der genannten Umsatzschwelle liegt.

(29)   Unternehmensvereinigungen können sowohl horizontale als auch vertikale Vereinbarungen schließen. Horizontale Vereinbarungen sind nach den Grundsätzen der demnächst erscheinenden Leitlinien zur Anwendbarkeit von Artikel 81 auf Vereinbarungen über horizontale Zusammenarbeit zu beurteilen. Ergibt diese Prüfung, dass eine Zusammenarbeit zwischen Unternehmen beim Bezug oder beim Vertrieb zulässig ist, dann sind weiterhin die vertikalen Vereinbarungen zu untersuchen, die die Vereinigung mit ihren Lieferanten oder mit ihren Mitgliedern geschlossen hat. Die letztgenannte Prüfung geschieht nach Maßgabe der Gruppenfreistellungsverordnung und der vorliegenden Leitlinien. So sind horizontale Vereinbarungen, die zwi-

schen den Mitgliedern einer Vereinigung geschlossen worden oder Entscheidungen der Vereinigung, wie z.B. jene, die Mitglieder zum Einkauf bei der Vereinigung verpflichtet oder Beschlüsse, mit denen den Mitgliedern Gebiete mit Ausschließlichkeitsbindung zugewiesen werden, zunächst als horizontale Vereinbarungen zu prüfen. Nur wenn diese Prüfung positiv ausfällt, ist es von Belang, auch die vertikalen Vereinbarungen zwischen der Vereinigung und den einzelnen Mitgliedern oder zwischen der Vereinigung und ihren Lieferanten zu untersuchen.

iv)   Vertikale Vereinbarungen mit Bestimmungen zum Schutz geistigen Eigentums

(30)   *Die Gruppenfreistellungsverordnung gilt gemäß ihrem Artikel 2 Absatz 3 auch für vertikale Vereinbarungen, die Bestimmungen über die Übertragung oder die Nutzung von Rechten an geistigem Eigentum auf bzw. durch den Käufer enthalten*, womit alle sonstigen vertikalen Vereinbarungen mit Bestimmungen über solche Rechte nicht unter die Verordnung fallen. Die Freistellung gilt für vertikale Vereinbarungen mit Bestimmungen über geistige Eigentumsrechte nur dann, wenn die folgenden fünf Voraussetzungen erfüllt sind, d.h. wenn diese Bestimmungen

– Bestandteil einer vertikalen Vereinbarung sind, die die Voraussetzungen, unter denen die Vertragsparteien bestimmte Waren oder Dienstleistungen beziehen, verkaufen oder weiterverkaufen dürfen, enthält;

– die Übertragung solcher Rechte auf den Käufer oder deren Nutzung durch den Käufer betreffen;

– nicht den Hauptgegenstand der Vereinbarung bilden;

– unmittelbar mit der Nutzung, dem Verkauf oder dem Weiterverkauf von Waren oder Dienstleistungen durch den Käufer oder dessen Kunden zusammenhängen (bei Franchiseverträgen, bei denen der Zweck der Nutzung der Eigentumsrechte in der Vermarktung liegt, werden die Waren oder Dienstleistungen vom Hauptfranchisenehmer bzw. von den Franchisenehmern vertrieben);

– im Verhältnis zu den Vertragswaren oder -dienstleistungen, keine Wettbewerbsbeschränkung enthalten, die denselben Zweck oder dieselbe Wirkung wie vertikale Beschränkungen haben, die nicht von der Gruppenfreistellungsverordnung freigestellt sind.

(31)   Damit ist sichergestellt, dass die Freistellung nach der Gruppenfreistellungsverordnung nur für vertikale Vereinbarungen gilt, mit denen sich

die Nutzung, der Verkauf oder der Weiterverkauf von Waren oder Dienstleistungen durch die Übertragung von Rechten an geistigem Eigentum auf den Käufer effizienter gestalten lässt. Mit anderen Worten: *Beschränkungen hinsichtlich der Übertragung oder Nutzung von Rechten an geistigem Eigentum können freigestellt sein, wenn die betreffende Vereinbarung den Bezug oder den Vertrieb von Waren oder Dienstleistungen zum Hauptgegenstand hat.*

(32)   Die erste Voraussetzung stellt klar, dass die fraglichen Eigentumsrechte im Rahmen einer Vereinbarung über den Bezug oder Vertrieb von Waren bzw. über die Inanspruchnahme oder Erbringung von Dienstleistungen gewährt werden müssen, nicht jedoch im Rahmen einer Vereinbarung über die Übertragung von oder Lizenzvergabe an Rechten an geistigem Eigentum für die Herstellung von Waren und auch nicht im Rahmen reiner Lizenzvereinbarungen. Die Freistellung nach der Gruppenfreistellungsverordnung gilt somit u. a. nicht für

– Vereinbarungen, in denen eine Vertragspartei einer anderen ein Rezept überlässt und eine Lizenz für die Herstellung eines Getränks anhand dieses Rezepts erteilt;

– Vereinbarungen, in denen eine Vertragspartei einer anderen eine Schablone oder eine Mutterkopie überlässt und eine Lizenz zur Herstellung und Verteilung von Kopien erteilt;

– reine Lizenzverträge für die Nutzung eines Waren- oder sonstigen Zeichens zu Merchandising-Zwecken;

– Sponsorenverträge über das Recht, sich selbst als offiziellen Sponsor einer Veranstaltung anzupreisen;

– Urheberlizenzvereinbarungen im Rundfunkbereich über das Recht, Veranstaltungen aufzunehmen und/oder zu übertragen.

(33)   Die zweite Voraussetzung stellt klar, dass die Freistellung nicht gilt, wenn der Käufer dem Lieferanten geistige Eigentumsrechte überlässt, und zwar unabhängig davon, ob die Rechte die Art der Herstellung oder des Vertriebs betreffen. Vereinbarungen über die Übertragung von Rechten an geistigem Eigentum auf den Lieferanten, die gegebenenfalls Einschränkungen im Hinblick auf den Absatz des Lieferanten enthalten, fallen nicht unter die Gruppenfreistellungsverordnung. Insbesondere Geschäftsverhältnisse, die

den Transfer von Know-how auf einen Zulieferer beinhalten[12], fallen nicht unter die Gruppenfreistellungsverordnung. Vertikale Vereinbarungen dagegen, mit denen der Käufer dem Lieferanten lediglich Spezifikationen zur Verfügung stellt, mit denen die zu liefernden Waren oder Dienstleistungen beschrieben werden, sind nach der Verordnung vom Kartellverbot freigestellt.

(34)   Die dritte Voraussetzung legt fest, dass die Freistellung nach der Gruppenfreistellungsverordnung nur für Vereinbarungen gilt, die die Übertragung oder Lizenzvergabe von Rechten an geistigem Eigentum nicht zum Hauptgegenstand haben. Eigentlicher Vertragsgegenstand muss der Bezug oder der Vertrieb von Waren oder Dienstleistungen sein, und etwaige Bestimmungen über Rechte an geistigem Eigentum dürfen nur der Durchführung der vertikalen Vereinbarung dienen.

(35)   Die vierte Voraussetzung erfordert, dass die Lizenzbestimmungen die Nutzung, bzw. den Verkauf oder Wiederverkauf von Waren oder Dienstleistungen für den Käufer oder dessen Kunden erleichtern. Die Waren oder Dienstleistungen für die Nutzung oder den Wiederverkauf werden gewöhnlicherweise vom Lizenzgeber geliefert, können aber auch vom Lizenznehmer bei einem dritten Lieferanten gekauft worden sein. Die Lizenzbestimmungen betreffen üblicherweise die Vermarktung von Waren oder Dienstleistungen. Das ist beispielsweise der Fall bei Franchisevereinbarungen, bei denen der Franchisegeber dem Franchisenehmer Waren zum Weiterverkauf verkauft und darüber hinaus für die Vermarktung der Waren eine Lizenz zur Nutzung seines Warenzeichens und Know-hows erteilt. Auch erfasst ist der Fall, in dem der Lieferant eines Konzentrats dem Käufer eine Lizenz zur Verdünnung des Konzentrats und Abfüllung der daraus hergestellten Flüssigkeit zum Weiterverkauf als Getränk erteilt.

(36)   Die fünfte Voraussetzung verdeutlicht insbesondere, dass die Lizenzbestimmungen nicht denselben Zweck oder dieselbe Wirkung haben sollen, wie die Kernbeschränkungen, die in Artikel 4 Gruppenfreistellungsverordnung aufgeführt sind bzw. Beschränkungen, die nicht von der Geltung des Artikel 5 Gruppenfreistellungsverordnung umfasst sind (Randnummern 46 bis 61).

---

[12]   Siehe Bekanntmachung über die Beurteilung von Zulieferverträgen, ABl. C 1 vom 3.1.1979, S. 2.

(37)   Rechte an geistigem Eigentum, bei denen anzunehmen ist, dass sie der Durchführung vertikaler Vereinbarungen im Sinne des Artikels 2 Absatz 3 Gruppenfreistellungsverordnung dienen, betreffen hauptsächlich drei Bereiche: Warenzeichen, Urheberrechte und Know-how.

Warenzeichen

(38)   Warenzeichenlizenzen werden Vertriebshändlern u. a. für den Vertrieb von Produkten des Lizenzgebers in einem bestimmten Gebiet erteilt. Handelt es sich um eine ausschließliche Lizenz, stellt der betreffende Vertrag eine Alleinvertriebsvereinbarung dar.

Urheberrechte

(39)   Wiederverkäufer von Waren, für die ein Urheberrecht besteht (Bücher, Software usw.), können vom Inhaber des Rechts dazu verpflichtet werden, nur unter der Voraussetzung weiterzuverkaufen, dass der Käufer – sei es ein anderer Wiederverkäufer oder der Endbenutzer – das Urheberrecht nicht verletzt. Soweit derartige Verpflichtungen für den Weiterverkäufer überhaupt unter Artikel 81 Absatz 1 fallen, sind sie nach der Gruppenfreistellungsverordnung davon freigestellt.

(40)   Vereinbarungen über die Lieferung von Kopien einer Software auf einem materiellen Träger («hard copy») zum Zwecke des Weiterverkaufs, mit denen der Wiederverkäufer keine Lizenz für irgendwelche Rechte an der Software selbst erwirbt, sondern lediglich das Recht, die Kopien weiterzuverkaufen, sind im Hinblick auf die Anwendung der Gruppenfreistellungsverordnung als Vereinbarungen über die Lieferung von Waren zum Weiterverkauf anzusehen. Bei dieser Form des Vertriebs besteht das Lizenzverhältnis nur zwischen dem Inhaber der Urheberrechte und dem Nutzer der Software, der gegebenenfalls mit Öffnen der Verpackung des Softwareprodukts gezwungen wird, eine Reihe von Bedingungen zu akzeptieren.

(41)   Käufer von Hardware, die mit urheberrechtlich geschützter Software geliefert wird, können vom Rechtsinhaber dazu verpflichtet werden, nicht gegen das Urheberrecht zu verstoßen, indem sie z.B. die Software kopieren und weiterverkaufen bzw. in Verbindung mit einer anderen Hardware verwenden. Derartige Beschränkungen sind, soweit sie unter Artikel 81 Absatz 1 fallen, nach der Gruppenfreistellungsverordnung freigestellt.

Know-how

(42)   Franchisevereinbarungen sind mit Ausnahme von Herstellungsfranchisen das deutlichste Beispiel für die Weitergabe von Know-how an den Käufer für Marketingzwecke. Sie enthalten Lizenzen zur Nutzung von Rechten an geistigem Eigentum an Waren- oder sonstigen Zeichen und von Know-how zum Zwecke der Nutzung und des Vertriebs von Waren bzw. der Erbringung von Dienstleistungen. Neben der Lizenz für die Nutzung dieser Eigentumsrechte gewährt der Franchisegeber dem Franchisenehmer während der Laufzeit der Vereinbarung fortlaufend kommerzielle oder technische Unterstützung in Form von Beschaffungsleistungen, Schulungsmaßnahmen, Immobilienberatung, Finanzplanung usw. Die Lizenz und die Unterstützung sind Bestandteile der Geschäftsmethode, für die die Franchise erteilt wird.

(43)   Lizenzbestimmungen in Franchisevereinbarungen fallen unter die Gruppenfreistellungsverordnung, wenn alle fünf Voraussetzungen der Randnummer 30 erfüllt sind. Dies trifft auf die meisten Franchisevereinbarungen (einschließlich Verträge mit Hauptfranchisenehmern) zu, da der Franchisegeber dem Franchisenehmer Waren und/oder Dienstleistungen bereitstellt und insbesondere kommerzielle und technische Unterstützung gewährt. Die überlassenen Rechte an geistigem Eigentum helfen dem Franchisenehmer, die Produkte, die ihm entweder der Franchisegeber selbst oder ein von diesem beauftragtes Unternehmen liefert, weiterzuverkaufen oder zu nutzen und die daraus resultierenden Waren oder Dienstleistungen weiterzuverkaufen. Franchisevereinbarungen, bei denen es ausschließlich oder in erster Linie um die Vergabe von Lizenzen für die Nutzung von Rechten an geistigem Eigentum geht, fallen nicht unter die Gruppenfreistellungsverordnung, werden aber ähnlich wie die unter die Verordnung fallenden Franchisevereinbarungen behandelt.

(44)   Die folgenden Verpflichtungen des Franchisenehmers in Bezug auf Rechte an geistigem Eigentum werden grundsätzlich als zum Schutz des geistigen Eigentums des Franchisegebers notwendig angesehen und sind durch die Gruppenfreistellungsverordnung freigestellt, soweit sie unter Artikel 81 Absatz 1 fallen:

a)   die Verpflichtung, weder unmittelbar noch mittelbar in einem ähnlichen Geschäftsbereich tätig zu werden;

b)   die Verpflichtung, keine Anteile am Kapital eines konkurrierenden Unternehmens zu erwerben, sofern dies dem Franchisenehmer ermöglichen würde, das geschäftliche Verhalten des Unternehmens zu beeinflussen;

c) die Verpflichtung, das vom Franchisegeber mitgeteilte Know-how nicht an Dritte weiterzugeben, solange dieses Know-how kein Gemeingut ist;

d) die Verpflichtung, dem Franchisegeber alle bei der Nutzung der Franchise gewonnenen Erfahrungen mitzuteilen und ihm sowie anderen Franchisenehmern die nichtausschließliche Nutzung des auf diesen Erfahrungen beruhenden Know-hows zu gestatten;

e) die Verpflichtung, dem Franchisegeber Verletzungen seiner Rechte an geistigem Eigentum mitzuteilen, für die er Lizenzen gewährt hat, gegen Rechtsverletzer selbst Klage zu erheben oder den Franchisegeber in einem Rechtsstreit gegen Verletzter zu unterstützen;

f) die Verpflichtung, das vom Franchisegeber mitgeteilte Know-how nicht für andere Zwecke als die Nutzung der Franchise zu verwenden;

g) die Verpflichtung, Rechte und Pflichten aus der Franchisevereinbarung nur mit Erlaubnis des Franchisegebers auf Dritte zu übertragen.

v)   *Verhältnis zu anderen Gruppenfreistellungsverordnungen*

(45)   Nach Artikel 2 Absatz 5 gilt die Gruppenfreistellungsverordnung «nicht für vertikale Vereinbarungen, deren Gegenstand in den Geltungsbereich einer anderen Gruppenfreistellungsverordnung fällt». Die Verordnung gilt somit nicht für vertikale Vereinbarungen, die unter die Verordnung (EG) Nr. 240/96 der Kommission[13] betreffend Technologietransfer-Vereinbarungen, die Verordnung (EG) Nr. 1475/95 der Kommission[14] betreffend Vereinbarungen über den Kfz-Vertrieb oder die Verordnungen (EWG) Nr. 417/85 der Kommission[15] und (EWG) Nr. 418/95 der Kommission[16], zuletzt geändert durch die Verordnung (EG) Nr. 2236/97[17], zur Freistellung vertikaler Vereinbarungen, die in Verbindung mit horizontalen Vereinbarungen geschlossen werden, oder sonstige Gruppenfreistellungsverordnungen fallen, die künftig erlassen werden.

---

[13] ABl. L 31 vom 9.2.1996, S. 2.
[14] ABl. L 145 vom 29.6.1995, S. 25.
[15] ABl. L 53 vom 22.2.1985, S. 1.
[16] ABl. L 53 vom 22.2.1985, S. 5.
[17] ABl. L 306 vom 11.11.1997, S. 12.

3. Kernbeschränkungen im Sinne der Gruppenfreistellungs- verordnung

(46)   In Artikel 4 Gruppenfreistellungsverordnung sind Kernbeschrän- kungen aufgeführt, welche bewirken, dass jede vertikale Vereinbarung, die solche Bestimmungen enthält, als Ganzes vom Anwendungsbereich der Ver- ordnung ausgeschlossen ist. Diese Liste von Kernbeschränkungen gilt für ver- tikale Vereinbarungen, die Handelsgeschäfte in der Gemeinschaft betreffen; zu vertikalen Vereinbarungen in Bezug auf Handelsgeschäfte, die über die Gemeinschaft hinausgehen, siehe Javico/Yves Saint Laurent. Eine indivi- duelle Freistellung solcher Vereinbarungen vom Kartellverbot ist unwahr- scheinlich.

(47)   Die in Artikel 4 Buchstabe a) Gruppenfreistellungsverordnung be- schriebene Kernbeschränkung betrifft die Preisbindung der zweiten Hand bzw. vertikale Preisbindung, d.h. Vereinbarungen oder abgestimmte Verhal- tensweisen, die *unmittelbar oder mittelbar die Festsetzung eines vom Käufer zu befolgenden Fest- oder Mindestpreises bzw. eines Fest- oder Mindestpreisniveaus für den Weiterverkauf* bezweckt. Diese Beschränkung ist eindeutig, wenn der Wiederverkaufspreis durch Vertragsbestimmungen oder abgestimmte Ver- haltensweisen direkt festgesetzt wird. Eine vertikale Preisbindung kann je- doch auch auf indirektem Wege durchgesetzt werden. Beispiele hierfür sind Abmachungen über Absatzspannen oder über Nachlässe, die der Vertriebs- händler auf ein vorgegebenes Preisniveau höchstens gewähren darf, Bestim- mungen, denen zufolge die Gewährung von Nachlässen oder die Erstattung von Werbeaufwendungen von der Einhaltung eines vorgegebenen Preisni- veaus abhängig gemacht wird oder der vorgeschriebene Wiederverkaufs- preis an die Preise von Wettbewerbern gebunden wird, sowie Drohungen, Einschüchterung, Warnungen, Strafen, Verzögerung oder Aussetzung von Lieferungen und Vertragskündigung bei Nichteinhaltung eines bestimmten Preisniveaus. Direkte oder indirekte Maßnahmen zur Preisfestsetzung sind noch wirksamer, wenn sie mit Maßnahmen zur Ermittlung von Vertriebs- händlern kombiniert werden, die die Preise unterbieten, wie z.B. Preisüber- wachungssysteme oder die Verpflichtung für Einzelhändler, andere Mitglie- der des Vertriebsnetzes zu melden, die vom Standardpreisniveau abweichen. Ähnlich lässt sich die unmittelbare oder mittelbare Festsetzung von Preisen in Verbindung mit Maßnahmen effektiver gestalten, die dem Käufer weniger Anreiz zur Senkung des Wiederverkaufspreises geben, wenn also z.B. der Lie- ferant auf das Produkt einen empfohlenen Abgabepreis aufdruckt oder den Käufer zur Anwendung einer Meistbegünstigungsklausel gegenüber Kunden

verpflichtet. Die gleichen indirekten «unterstützenden» Maßnahmen können so angewandt werden, dass auch die Vorgabe von Preisobergrenzen oder das Aussprechen von Preisempfehlungen auf eine vertikale Preisbindung hinausläuft. Allerdings wird der Umstand, dass der Lieferant dem Käufer eine Liste mit Preisempfehlungen oder Preisobergrenzen übergibt, für sich genommen nicht als Tatbestand gesehen, der eine vertikale Preisbindung bewirkt.

(48)   *Bei Handelsvertreterverträgen legt üblicherweise der Auftraggeber den Verkaufspreis fest, weil die Ware nicht in das Eigentum des Handelsvertreters übergeht.* Dagegen ist eine Bestimmung, die dem Vertreter untersagt oder nur mit Einschränkungen gestattet, seine – feste oder veränderliche – Provision mit dem Kunden zu teilen, in einem Handelsvertretervertrag, welcher unter das Verbot des Artikels 81 Absatz 1 fällt (Randnummern 12 bis 20), als Kernbeschränkung im Sinne des Artikels 4 Buchstabe a) Gruppenfreistellungsverordnung anzusehen. Der Handelsvertreter sollte also die Freiheit haben, den vom Kunden tatsächlich zu zahlenden Preis zu senken, ohne dass dadurch das Einkommen des Auftraggebers geschmälert wird[18].

(49)   Die in Artikel 4 Buchstabe b) Gruppenfreistellungsverordnung beschriebene Kernbeschränkung betrifft Vereinbarungen und abgestimmte Verhaltensweisen, die *unmittelbar oder mittelbar eine Einschränkung des Verkaufs durch den Käufer bezwecken, indem das Gebiet oder der Kundenkreis beschränkt wird, in das oder an den der Käufer die Vertragswaren oder -dienstleistungen verkaufen darf.* Hier geht es um die Aufteilung von Märkten nach Gebieten oder Kundengruppen. Eine solche Marktaufteilung kann durch direkte Verpflichtungen bewirkt werden, wie z.B. die Verpflichtung, nicht an bestimmte Kundengruppen oder Kunden in bestimmten Gebieten zu verkaufen, oder die Verpflichtung, Bestellungen solcher Kunden an andere Vertriebshändler weiterzuleiten. Sie lässt sich aber auch durch indirekte Maßnahmen erreichen, mit denen der Vertriebshändler dazu gebracht werden soll, nicht an die betreffenden Kunden zu verkaufen, wie z.B. durch Verweigerung oder Reduzierung von Prämien oder Nachlässen, Verweigerung der Lieferung oder Verringerung der Liefermenge, Beschränkung der Liefermenge auf die Nachfrage im zugeteilten Gebiet bzw. Kundenkreis, Androhung der Vertragskündigung oder Gewinnausgleichsverpflichtungen. Ähnliches wird auch bewirkt, wenn der Lieferant keine gemeinschaftsweiten Garantieleistungen vorsieht, zu denen alle Vertriebshändler – auch bei Produkten, die bei an-

---

[18]   Siehe z.B. Entscheidung 91/562/EWG der Kommission in der Sache Nr. IV/32.737 – Eirpage, ABl. L 306 vom 7.11.1991, S. 22, insbesondere Randnummer 6.

deren Händlern in ihrem Gebiet erstanden wurden – verpflichtet sind und wofür sie vom Lieferanten eine Vergütung bekommen. Diese Praktiken werden um so eher als Verkaufsbeschränkung für den Käufer einzustufen sein, wenn gleichzeitig der Lieferant ein Überwachungssystem – z.B. durch Verwendung unterschiedlicher Etikette oder von Seriennummern – handhabt, mit dem der tatsächliche Bestimmungsort der gelieferten Waren überprüft werden soll. Ein an alle Vertriebshändler gerichtetes Verbot des Verkaufs an bestimmte Endbenutzer ist dagegen nicht als Kernbeschränkung einzustufen, wenn es in Bezug auf das Produkt sachlich begründet ist; dies gilt z.B. für das grundsätzliche Verbot, gefährliche Stoffe aus Sicherheits- oder Gesundheitsgründen nicht an bestimmte Kunden abzugeben. Ein derartiges Verbot bedeutet nämlich, dass auch der Lieferant nicht an solche Kunden verkauft. Auch eine Verpflichtung des Wiederverkäufers in Bezug auf die Anzeige des Markennamens des Lieferanten ist nicht als Kernbeschränkung zu betrachten.

(50)   In Artikel 4 Buchstabe b) Gruppenfreistellungsverordnung sind vier *Ausnahmen* geregelt: Die erste lässt zu, dass der Lieferant den *aktiven Verkauf durch seine direkten Abnehmer in Gebieten oder an Kundengruppen einschränken darf, die er ausschließlich einem anderen Käufer zugewiesen oder sich selbst vorbehalten hat.* Ein Gebiet oder eine Kundengruppe ist ausschließlich zugeordnet, wenn der Lieferant damit einverstanden ist, sein Produkt an lediglich einen Vertriebshändler zum Vertrieb in einem bestimmten Gebiet oder an eine bestimmte Kundengruppe zu verkaufen und der ausschließliche Vertriebshändler gegen aktiven Verkauf in seinem Gebiet oder an seine Kundengruppe durch den Lieferanten und alle anderen Käufer des Lieferanten innerhalb der Gemeinschaft geschützt wird. Der Lieferant darf die mit einem Ausschließlichkeitsrecht verbundene Zuweisung eines Gebiets und einer Kundengruppe beispielsweise dadurch miteinander verknüpfen, dass er einem Händler den Alleinvertrieb an eine bestimmte Kundengruppe in einem bestimmten Gebiet zugesteht. *Der Schutz des Alleinvertriebs in zugewiesenen Gebieten oder an zugewiesene Kundengruppen darf passive Verkäufe in diesen Gebieten oder an diese Kunden allerdings nicht verhindern.* Zum Zwecke der Anwendung des Artikels 4 Buchstabe b) Gruppenfreistellungsverordnung definiert die Kommission «aktive» und «passive» Verkäufe wie folgt:

–   «Aktiver» Verkauf bedeutet die aktive Ansprache individueller Kunden in einem Gebiet oder individueller Mitglieder einer Kundengruppe, das bzw. die ausschließlich einem anderen Vertriebshändler zugewiesen wurde, z.B. mittels Direktversand von Briefen oder persönlichen Be-

suchs; oder die aktive Ansprache einer bestimmten Kundengruppe oder
von Kunden in einem bestimmten Gebiet, die bzw. das ausschließlich
einem anderen Vertriebshändler zugewiesen wurde, mittels Werbung in
den Medien oder anderer Verkaufsförderungsmaßnahmen, welche sich
speziell an die fragliche Kundengruppe oder speziell an die Kunden in
dem fraglichen Gebiet richten; oder die Errichtung eines Lagers oder
einer Vertriebsstätte in einem Gebiet, das ausschließlich einem anderen
Vertriebshändler zugewiesen wurde.

- «Passiver» Verkauf bedeutet die Erfüllung unaufgeforderter Bestellungen
  individueller Kunden, d.h. das Liefern von Waren an bzw. das Erbringen
  von Dienstleistungen für solche Kunden. Allgemeine Werbe- oder Verkaufsförderungsmaßnahmen in den Medien oder im Internet, die Kunden oder Kundengruppen in Gebieten erreichen, die einem anderen Vertriebshändler ausschließlich zugewiesen sind, die aber eine vernünftige
  Alternative zur Ansprache von Kunden- oder Kundengruppen, z.B. im
  eigenen Gebiet oder in Gebieten, die keinem Vertriebshändler zugewiesen sind, darstellen, sind «passive» Verkäufe.

(51) *Jeder Vertriebshändler muss die Freiheit haben, im Internet für Produkte
zu werben und auf diesem Wege Produkte zu verkaufen.* Bestimmungen, die
Vertriebshändlern in Bezug auf die Nutzung des Internets Beschränkungen
auferlegen, können nur dann als mit der Gruppenfreistellungsverordnung
vereinbar angesehen werden, wenn die Werbung im Internet oder der Verkauf über das Internet aktive Verkäufe in Gebieten oder an Kundengruppen
zur Folge hat, die ausschließlich anderen Händlern zugewiesen wurden. Der
Rückgriff auf das Internet wird grundsätzlich nicht als eine Form des aktiven Verkaufs in solchen Gebieten oder an solche Kundengruppen angesehen, da er eine vertretbare Alternative ist, um jeden Kunden zu erreichen.
Der Umstand, dass damit gegebenenfalls auch über das eigene Gebiet oder
die eigene Kundengruppe hinaus etwas bewirkt wird, ist eine Folge der technischen Entwicklung, d.h. der einfache Internet-Zugang von jedem belie-
bigen Ort aus. Das Aufsuchen der Website eines Vertriebshändlers und die
Kontaktaufnahme mit diesem durch einen Kunden, aus der sich der Verkauf
einschließlich Lieferung eines Produkts ergibt, gilt als passiver Verkauf. Die
auf der Website oder in der Korrespondenz verwendete Sprache spielt dabei
in der Regel keine Rolle. Die Nutzung einer Website, die nicht speziell dazu
bestimmt ist, hauptsächlich Kunden innerhalb des Gebiets oder der Kundengruppe zu erreichen, die ausschließlich einem anderen Vertriebshändler zugewiesen wurde, z.B. durch Verwendung sog. Banner oder Links auf speziell

diesen Kunden zugänglichen Anbieterseiten wird nicht als Form des aktiven Verkaufs angesehen. Dagegen werden E-Mails, die unaufgefordert an individuelle Kunden oder spezielle Kundengruppen gerichtet werden, sehr wohl als Form des aktiven Verkaufs eingestuft. Dieselben Erwägungen treffen auf den Versandhandel zu. Ungeachtet der vorstehenden Ausführungen kann der Lieferant in Bezug auf die Verwendung der Website zum Weiterverkauf seiner Waren wie bei herkömmlichen Verkaufsstellen oder Werbe- und Verkaufsförderungsmaßnahmen generell Qualitätsanforderungen stellen. Dies kann insbesondere für den selektiven Vertrieb von Bedeutung sein. Ein völliges Verbot des Verkaufs über das Internet oder per Katalog ist nur zulässig, wenn sachlich gerechtfertigte Gründe vorliegen. Der Lieferant kann sich jedenfalls nicht das Recht des Verkaufs über das Internet und/oder der Werbung im Internet selbst vorbehalten

(52)   Die *restlichen drei Ausnahmen* des Artikels 4 Buchstabe b) Gruppenfreistellungsverordnung lassen die Beschränkung des aktiven wie des passiven Verkaufs zu. Danach dürfen die Möglichkeit für einen Großhändler, an Endbenutzer zu verkaufen, die Möglichkeit für einen zugelassenen Händler in einem selektiven Vertriebssystem, auf allen Stufen des Handels an nicht zugelassene Händler zu verkaufen in Märkten, in denen ein solches System durchgeführt wird, und die Möglichkeit für einen Käufer, die ihm zur Einfügung in ein Produkt gelieferten Bestandteile an Wettbewerber des Lieferanten weiterzuverkaufen, eingeschränkt werden. Der Begriff «Bestandteile» schließt alle Zwischenprodukte ein; der Begriff «Einfügung» bezieht sich auf alle Güter, die zur Herstellung von Waren eingesetzt werden.

(53)   Die unter Artikel 4 Buchstabe c) Gruppenfreistellungsverordnung aufgeführte Kernbeschränkung betrifft die Beschränkung des aktiven und passiven Verkaufs an – gewerbliche oder sonstige – Endbenutzer oder Endverbraucher durch Mitglieder eines selektiven Vertriebsnetzes. Dies bedeutet, dass Vertragshändlern in einem selektiven Vertriebssystem im Sinne des Artikels 1 Buchstabe d) Gruppenfreistellungsverordnung keine Beschränkungen auferlegt werden dürfen in Bezug auf den Verkauf an die Nutzer bzw. an die Vermittler, die in deren Auftrag kaufen. So muss auch beim selektiven Vertrieb der Händler die Freiheit haben, im Internet zu werben und über das Internet zu verkaufen. Selektiver Vertrieb kann mit Alleinvertrieb verknüpft werden, sofern der aktive und der passive Verkauf nirgendwo eingeschränkt werden. Der Lieferant kann sich somit dazu verpflichten, nur einen Händler

oder eine begrenzte Zahl von Händlern in einem bestimmten Gebiet zu beliefern.

(54)   Des weiteren kann beim selektiven Vertrieb die Freiheit der Vertragshändler bei der Wahl des Standorts für ihr Geschäftslokal eingeschränkt werden. Die Vertragshändler können daran gehindert werden, ihre Geschäftstätigkeiten in unterschiedlichen Geschäftsräumen auszuüben oder eine neue Verkaufsstelle an einem anderen Standort zu eröffnen. Handelt es sich um eine mobile Verkaufsstelle («Laden auf Rädern»), kann ein Gebiet festgelegt werden, außerhalb dessen die mobile Verkaufsstelle nicht betrieben werden darf.

(55)   Bei der in Artikel 4 Buchstabe d) Gruppenfreistellungsverordnung beschriebenen Kernbeschränkung geht es um die Beschränkung von Querlieferungen zwischen Vertragshändlern in einem selektiven Vertriebssystem. Dies bedeutet, dass eine Vereinbarung oder abgestimmte Verhaltensweise weder unmittelbar noch mittelbar die Verhinderung oder Beschränkung des aktiven oder passiven Verkaufs von Vertragsprodukten unter den Vertragshändlern bezwecken darf. Es muss den ausgewählten Händlern freistehen, die Vertragsprodukte von anderen Vertragshändlern zu beziehen, die auf derselben oder einer anderen Handelsstufe tätig sind. Dies bedeutet, dass der Selektivvertrieb nicht mit vertikalen Beschränkungen einhergehen darf, mit denen die Händler wie etwa beim Alleinbezug gezwungen werden sollen, die Vertragsprodukte ausschließlich aus einer bestimmten Lieferquelle zu beziehen. Es bedeutet auch, dass zugelassene Großhändler in einem selektiven Vertriebssystem nicht in Bezug auf den Verkauf des Produkts an zugelassene Einzelhändler eingeschränkt werden dürfen.

(56)   Die in Artikel 4 Buchstabe e) Gruppenfreistellungsverordnung beschriebene Kernbeschränkung betrifft Vereinbarungen, die es Endbenutzern, unabhängigen Reparaturbetrieben und Dienstleistungserbringern untersagen oder nur mit Einschränkungen gestatten, Ersatzteile unmittelbar vom Hersteller zu beziehen. Eine Vereinbarung zwischen einem Ersatzteilhersteller und einem Käufer, der die Teile in seine eigenen Produkte einbaut (Erstausrüster), darf den Verkauf dieser Ersatzteile durch den Hersteller an Endbenutzer, unabhängige Reparaturbetriebe oder Dienstleister weder unmittelbar noch mittelbar verhindern oder einschränken. Indirekte Beschränkungen können insbesondere dann vorliegen, wenn der Lieferant der Ersatzteile in seiner Freiheit eingeschränkt wird, technische Angaben und Spezialausrüstungen bereitzustellen, die für die Verwendung von Ersatztei-

len durch Endbenutzer, unabhängige Reparaturbetriebe oder Dienstleister notwendig sind. Die Vereinbarung darf jedoch bezüglich der Lieferung der Ersatzteile an Reparaturbetriebe und Dienstleister, die der Erstausrüster mit der Reparatur oder Wartung seiner Produkte beauftragt hat, Beschränkungen enthalten. Das heißt, dass ein Erstausrüster von den Mitgliedern seines eigenen Reparatur- und Kundendienstnetzes verlangen kann, die Ersatzteile von ihm zu beziehen.

…

2.2. Alleinvertrieb

(161) *Bei einer Alleinvertriebsvereinbarung verpflichtet sich der Lieferant, seine Produkte zum Zwecke des Weiterverkaufs in einem bestimmten Gebiet nur an einen Vertriebshändler zu verkaufen. Gleichzeitig schränkt die Vereinbarung üblicherweise die Möglichkeiten für den Vertriebshändler ein, die Produkte aktiv in anderen Gebieten zu verkaufen, für die Ausschließlichkeitsbindungen bestehen.* Die Gefahren für den Wettbewerb liegen hauptsächlich darin, dass der markeninterne Wettbewerb verringert und der Markt aufgeteilt wird, was vor allem der Preisdiskriminierung Vorschub leisten kann. Verfahren die meisten oder alle Lieferanten nach dem Prinzip des Alleinvertriebs, kann es leichter zu Kollusion kommen, und zwar sowohl zwischen Lieferanten als auch zwischen Händlern.

(162) *Alleinvertriebsvereinbarungen sind nach der Gruppenfreistellungsverordnung vom Kartellverbot freigestellt, wenn der Lieferant in seinem Markt nicht mehr als 30% Marktanteil hält; dies gilt selbst dann, wenn eine Vereinbarung noch andere vertikale Beschränkungen – mit Ausnahme von Kernbeschränkungen – wie ein auf fünf Jahre befristetes Wettbewerbsverbot, Mengenvorgaben oder Alleinbezugsverpflichtungen enthält.* Für Vereinbarungen, in denen Alleinvertrieb mit selektivem Vertrieb verknüpft wird, gilt die Freistellung nach der Gruppenfreistellungsverordnung nur, wenn der aktive Verkauf in anderen Gebieten keinen Beschränkungen unterliegt. Für die Beurteilung von Alleinvertriebsverträgen in *individuellen Fällen, in denen die Marktanteilsschwelle der Gruppenfreistellungsverordnung (30%) überschritten wird*, werden im Folgenden einige *Anhaltspunkte* gegeben.

(163) Von größter Bedeutung ist die Marktstellung des Lieferanten und seiner Wettbewerber, da ein Verlust an markeninternem Wettbewerb nur dann problematisch sein kann, wenn der Markenwettbewerb eingeschränkt wird. Je stärker die «Marktstellung des Lieferanten» ist, desto gravierender wiegt der Verlust an markeninternem Wettbewerb. Wird die 30%-Schwelle überschritten, droht möglicherweise eine erhebliche Verringerung des markeninternen Wettbewerbs. Eine Einschränkung des markeninternen Wettbewerbs kann nur freigestellt werden, wenn dem echte Effizienzgewinne gegenüberstehen.

(164) Die Marktposition der Wettbewerber kann in zweifacher Hinsicht von Belang sein. Eine starke Konkurrenz bedeutet grundsätzlich, dass die Einschränkung des markeninternen Wettbewerbs durch ausreichenden Markenwettbewerb kompensiert wird. Sind im Markt jedoch nur wenige Wettbewerber vorhanden, die auch noch eine ähnliche Position – gemessen an den Faktoren Marktanteil, Kapazität und Vertriebsnetz – haben, besteht die Gefahr der Kollusion. Diese Gefahr kann durch den Verlust an markeninternem Wettbewerb noch größer werden, und zwar insbesondere, wenn mehrere Lieferanten gleichartige Vertriebssysteme betreiben. Alleinvertrieb mehrerer Marken – verschiedene Lieferanten überlassen ein und demselben Händler den Alleinvertrieb in einem bestimmten Gebiet – kann die Kollusionsgefahr weiter erhöhen. Erhält ein Händler das ausschließliche Recht zum Vertrieb von zwei oder mehr konkurrierenden Produkten von Gewicht im selben Gebiet, ist davon auszugehen, dass der Wettbewerb zwischen den betreffenden Marken erheblich eingeschränkt wird. Je größer der kumulative Marktanteil der Marken, die von ein und demselben Alleinvertriebshändler vertrieben werden, desto größer die Gefahr der Kollusion und desto stärker die Einschränkung des Markenwettbewerbs. Eine kumulative Wirkung wie in den beschriebenen Fällen kann ein Grund für den Entzug des Rechtsvorteils der Gruppenfreistellungsverordnung sein, auch wenn der Marktanteil der Lieferanten unter dem einschlägigen Schwellenwert der Verordnung liegt.

(165) «Marktzutrittsschranken», die Lieferanten unter Umständen daran hindern, neue Vertriebseinheiten zu gründen oder alternative Vertriebshändler einzuschalten, sind für die Beurteilung möglicher wettbewerbswidriger Wirkungen von Alleinvertriebsvereinbarungen weniger wichtig. Ein Ausschluss anderer Lieferanten vom Markt ist nicht gegeben, solange der Alleinvertrieb nicht mit einem Markenzwang verknüpft wird.

(166)   Der Ausschluss anderer Vertriebshändler ist unproblematisch, wenn der das Alleinvertriebssystem betreibende Lieferant in ein und demselben Markt viele Alleinvertriebshändler einschaltet und diesen keine Beschränkungen im Hinblick auf den Verkauf an andere, nicht zugelassene, Wiederverkäufer auferlegt. Der Ausschluss anderer Händler kann jedoch zum Problem werden, wenn die Abnehmer auf dem nachgelagerten Markt «Nachfragemacht» und Marktmacht haben, wie dies insbesondere bei sehr großen Gebieten der Fall ist, in denen der Alleinvertriebshändler der einzige Käufer auf dem gesamten Markt ist. Ein Beispiel hierfür wäre eine Supermarktkette, die im Lebensmitteleinzelhandel eines Landes als einziger Händler für einen führenden Markt übrig bleibt. Der Ausschluss anderer Vertriebshändler vom Markt kann im Falle des Alleinvertriebs mehrerer Marken verschärft werden. Dies kann selbst dann, wenn die Gruppenfreistellungsverordnung greift, weil der Marktanteil der Lieferanten jeweils weniger als 30% beträgt, ein Grund für den Entzug der Freistellung sein.

(167)   «Nachfragemacht» kann auch die Gefahr einer Kollusion unter den Käufern erhöhen, wenn nämlich wichtige Käufer, die gegebenenfalls in verschiedenen Gebieten operieren, einem oder mehreren Lieferanten Alleinvertriebsklauseln aufdrängen.

(168)   Die «Reife des Marktes» ist von Belang, denn ein Verlust an markeninternem Wettbewerb und Preisdiskriminierung können auf einem reifen Markt ein schwerwiegendes Problem sein, während sie sich in einem Markt mit wachsender Nachfrage, immer neuen Techniken und schwankenden Marktanteilen der Unternehmen weniger stark auswirken.

(169)   Die «Handelsstufe» ist bedeutsam, da es bei den möglichen negativen Wirkungen Unterschiede zwischen der Großhandels- und der Einzelhandelsstufe geben kann. Alleinvertrieb wird hauptsächlich beim Absatz von Endprodukten (Waren und Dienstleistungen) angewandt. Ein Verlust an markeninternem Wettbewerb ist im Einzelhandel besonders wahrscheinlich, wenn es um große Gebiete geht, da die Endverbraucher dann kaum die Möglichkeit haben dürften, beim Erwerb des Produkts einer namhaften Marke zwischen einem Händler, der zu hohem Preis hochwertigen Service bietet, und einem Händler, der bei einem niedrigen Preis wenig Service bietet, zu wählen.

(170)   Ein Hersteller, der einem Großhändler den Alleinvertrieb überlässt, wird dies normalerweise für ein größeres Gebiet tun, wie z.B. einen ganzen Mitgliedstaat. Solange der Großhändler das Produkt ohne Einschränkungen

an Einzelhändler auf dem nachgelagerten Markt verkaufen darf, sind keine spürbaren wettbewerbswidrigen Wirkungen zu erwarten, es sei denn der Hersteller hat eine marktbeherrschende Stellung inne. Etwaige Verluste an markeninternem Wettbewerb auf der Großhandelsstufe können leicht durch Effizienzgewinne bei Logistik, Verkaufsförderung usw. wettgemacht werden, vor allem wenn der Hersteller aus dem Ausland stammt. Ein Marktausschluss anderer, im selben Gebiet tätiger, Großhändler ist unwahrscheinlich, da ein Lieferant mit einem Marktanteil von mehr als 30% gewöhnlich über genug Verhandlungsmacht verfügt, um weniger leistungsfähige Großhändler unberücksichtigt zu lassen. Die Gefahren des gleichzeitigen Alleinvertriebs mehrerer Marken für den Markenwettbewerb sind jedoch auf der Großhandelsstufe größer als auf der Einzelhandelsstufe.

(171)   Alleinvertrieb in Verbindung mit Markenzwang kann zusätzlich das Problem des Ausschlusses anderer Lieferanten vom Markt mit sich bringen, und zwar vor allem bei einem dichten Netz von Alleinvertriebshändlern, die jeweils nur ein kleines Gebiet abdecken, oder im Falle einer Kumulativwirkung. Dies kann dazu führen, dass die oben niedergelegten Grundsätze über Markenzwang angewandt werden müssen. Hat die Kombination aus Alleinvertrieb und Markenzwang dagegen keinen nennenswerten Ausschlusseffekt, kann sie sogar wettbewerbsfördernd wirken, weil der Anreiz für den Alleinvertriebshändler, seine Bemühungen auf die betreffende Marke zu konzentrieren, größer wird. Ist ein solcher Ausschlusseffekt nicht gegeben, kann die Kombination aus Alleinvertrieb und Wettbewerbsverbot demnach für die gesamte Laufzeit der betreffenden Vereinbarung vom Kartellverbot freigestellt werden; dies gilt insbesondere für die Großhandelsstufe.

(172)   Eine Verknüpfung von Alleinvertrieb und Alleinbezug erhöht die Gefahr des Verlusts an markeninternem Wettbewerb und der Aufteilung von Märkten, was insbesondere der Preiskriminierung Vorschub leisten kann. Alleinvertrieb als solcher engt schon die Wahlmöglichkeiten der Kunden ein, weil er die Zahl der Vertriebshändler begrenzt und gewöhnlich auch deren Freiheit in Bezug auf aktive Verkäufe einschränkt. Der Alleinbezug wiederum, der die Händler zwingt, die Produkte der betreffenden Marke direkt beim Hersteller zu beziehen, nimmt darüber hinaus den Alleinvertriebshändlern etwaige Wahlmöglichkeiten, da er sie am Bezug der Produkte bei anderen dem System angeschlossenen Händlern hindert. Damit erhält der Lieferant mehr Möglichkeiten, den markeninternen Wettbewerb zu begrenzen und gleichzeitig unterschiedliche Verkaufsbedingungen anzuwenden. Außer in

Fällen, in denen klare und erhebliche Effizienzgewinne niedrigere Preise für alle Endverbraucher nach sich ziehen, ist es daher unwahrscheinlich, dass die Kombination aus Alleinvertrieb und Alleinbezug im Fall von Lieferanten mit mehr als 30% Marktanteil freigestellt ist. Sind solche Effizienzgewinne nicht gegeben, kann auch für Vereinbarungen von Lieferanten mit einem Marktanteil von weniger als 30% die Gruppenfreistellung entzogen werden.

(173) Für die Bewertung etwaiger wettbewerbswidriger Wirkungen von Alleinvertriebsvereinbarungen ist die «Beschaffenheit des Produktes» nicht besonders relevant. Sie ist jedoch von Bedeutung, wenn es um die Beurteilung möglicher Effizienzgewinne geht, nachdem eine spürbare wettbewerbswidrige Wirkung festgestellt wurde.

(174) Alleinvertrieb kann vor allem dann mit Effizienzgewinnen einhergehen, wenn von den Händlern Investitionen zum Schutz oder Aufbau des Markenimages verlangt werden. Im Allgemeinen fallen Effizienzgewinne am ehesten an bei neuen und bei komplexen Produkten sowie bei Produkten, deren Qualitätseigenschaften vor dem Verbrauch (sogenannte Erfahrungsgüter) oder sogar nach dem Verbrauch (sogenannte Vertrauensgüter) schwierig zu beurteilen sind. Der Alleinvertrieb kann außerdem Einsparungen bei den Logistikkosten mit sich bringen, da bei Transport und Vertrieb Größenvorteile genutzt werden können.

(175) Beispiel für die Wirkung des Alleinvertriebs auf der Großhandelsstufe

Auf dem Markt für ein dauerhaftes Konsumgut ist Unternehmen A Marktführer. A verkauft sein Produkt über Großhändler mit Ausschließlichkeitsbindung. Deren Gebiete entsprechen dem gesamten Staatsgebiet kleinerer Mitgliedstaaten und einer Region in größeren Mitgliedstaaten. Diese Alleinvertriebshändler verkaufen an alle Einzelhändler in ihrem jeweiligen Gebiet, nicht aber an den Endverbraucher. Sie sind für die Verkaufsförderung in ihren jeweiligen Märkten zuständig. Dazu gehören neben dem Sponsoring von örtlichen Veranstaltungen auch Maßnahmen, mit denen die neuen Produkte den Einzelhändlern in den jeweiligen Gebieten erläutert und deren Erwerb nahegelegt werden. Auf dem betreffenden Markt entwickeln sich Technologie, Produktion und Innovation relativ rasch; ferner spielt die Betreuung von Einzelhändlern und Endverbrauchern vor dem Verkauf eine wichtige Rolle. Die Großhändler sind nicht gezwungen, ihren gesamten Bedarf an Produkten der Marke von Lieferant A beim Hersteller selbst zu beziehen; Groß- wie Einzelhändler haben die Wahl bei der Kaufentscheidung, da die Beförderungskosten im Verhältnis zum Wert des Produkts verhältnismäßig gering sind. Die Großhändler unterliegen keinem Wettbewerbsverbot. Die Einzelhändler verkaufen zugleich Produkte von Marken konkurrierender Lieferanten, und auf der Einzelhandelsstufe bestehen keine Allein- oder Selektivvertriebsvereinbarungen. Unternehmen A deckt europaweit rund 50% aller Verkäufe an Großhändler ab. Im Einzelhandel der einzelnen Länder kommt es auf Marktanteile zwischen 40 und 60%. A hat auf jedem nationalen Markt sechs bis zehn Wettbewerber; die größten von ihnen – Anbieter B, C und D – sind, mit Marktanteilen zwischen 20 und 5%, ebenfalls in jedem Mitgliedstaat vertreten. Die restlichen Anbieter sind jeweils inländische Hersteller mit kleineren Marktanteilen. Während B, C und D ein ähnliches Vertriebssystem haben wie A, verkaufen die kleinen inländischen Hersteller ihre Produkte in der Regel direkt an die Einzelhändler.

Im beschriebenen Großhandel ist die Gefahr eines Verlusts an markeninternem Wettbewerb und der Preisdiskriminierung gering. Die Wahlmöglichkeiten werden nicht eingeschränkt, und das Fehlen markeninternen Wettbewerbs ist auf der Großhandelsstufe nicht sehr bedeutsam. Auf der Einzelhandelsstufe wird weder der Wettbewerb innerhalb einer Marke noch der zwischen Marken behindert. Auch bleibt der Markenwettbewerb durch die Ausschließlichkeitsbindungen im Großhandel weitgehend unberührt. Sofern überhaupt wettbewerbswidrige Wirkungen auftreten, ist es in diesem Fall daher wahrscheinlich, dass die Voraussetzungen für eine Freistellung vom Kartellverbot erfüllt sind.

(176) Beispiel für die Wirkung des Alleinvertriebs mehrerer Marken in einem oligopolistischen Markt

Auf einem nationalen Markt für ein Endprodukt gibt es vier Marktführer mit einem Marktanteil von jeweils rund 20%. Alle vier verkaufen ihr Produkt über Alleinvertriebshändler auf der Einzelhandelsstufe. Die Einzelhändler erhalten für die Stadt (bzw. den Stadtteil im Fall großer Städte), in der ihre Verkaufsstätte liegt, Gebietsschutz. In den meisten Gebieten überlassen die vier Marktführer ein und demselben Einzelhändler den Alleinvertrieb (Alleinvertrieb mehrerer Marken), der sich auf das Produkt spezialisiert hat und dessen Geschäftsräume häufig zentral gelegen sind. Die restlichen 20% des nationalen Marktes entfallen auf kleine inländische Hersteller, von denen der größte landesweit auf einem Marktanteil von 5% kommt. Diese inländischen Produzenten setzen ihre Produkte in der Regel über andere Einzelhändler ab, weil die Alleinvertriebshändler der vier großen Lieferanten im allgemeinen kaum Interesse daran zeigen, billigere Produkte weniger bekannter Marken zu vertreiben. Auf dem Markt besteht eine starke Marken- und Produktdifferenzierung. Die vier Marktführer veranstalten große landesweite Werbekampagnen und verfügen jeweils über ein solides Markenimage, während die kleineren Hersteller für ihre Produkte nicht landesweit werben. Der Markt ist ziemlich reif und durch eine stabile Nachfrage sowie keine nennenswerte Produktinnovation und technische Entwicklung gekennzeichnet. Das Produkt ist verhältnismäßig einfach.

Auf einem solchen oligopolistischen Markt besteht die Gefahr der Kollusion unter den vier Marktführern, die durch den Alleinvertrieb mehrerer Marken erhöht wird. Der markeninterne Wettbewerb ist durch den Gebietsschutz begrenzt. Wettbewerb zwischen den vier führenden Marken findet auf der Einzelhandelsstufe nur in begrenztem Umfang statt, da in jedem Gebiet nur ein Einzelhändler den Preis für alle vier Marken festlegt. Der Alleinvertrieb mehrerer Marken bringt es mit sich, dass der Einzelhändler nicht darauf aus sein wird, Preissenkungen, die ein Hersteller bei seinem Markenprodukt vornimmt, an den Endverbraucher weiterzugeben, da dies seinen Absatz und Gewinn in Bezug auf die übrigen Markenprodukte schmälern würde. Den Herstellern ist somit wenig an einem Preiswettbewerb untereinander gelegen. Preiswettbewerb zwischen Marken gibt es im Wesentlichen nur bei den Produkten der unbedeutenderen Hersteller, die kein so ausgeprägtes Markenimage haben. Die potentiellen Effizienzgewinne eines (gemeinsamen) Alleinvertriebs halten sich in Grenzen, da das Produkt relativ einfach ist, der Weiterverkauf keine besonderen Investitionen oder Schulungsmaßnahmen erfordert und Werbung in erster Linie auf der Herstellerebene getrieben wird.

Obwohl der Marktanteil von jedem der Marktführer unter dem zulässigen Wert liegt, ist eine Freistellung nach Artikel 81 Absatz 3 möglicherweise nicht gerechtfertigt, weshalb gegebenenfalls der Rechtsvorteil der Gruppenfreistellungsverordnung entzogen werden muss.

(177) Beispiel für die Wirkung einer Kombination aus Alleinvertrieb und Alleinbezug

Hersteller A ist europäischer Marktführer bei einem sperrigen dauerhaften Konsumgut; im Einzelhandel der meisten Mitgliedstaaten hält er einen Marktanteil zwischen 40 und 60%. In jedem Mitgliedstaat hat er etwa sieben Wettbewerber, die alle auf einen viel niedrigeren Marktanteil – im Hoechstfall 10% – kommen. Die Konkurrenten sind jeweils nur auf einem oder zwei nationalen Märkten vertreten. A verkauft sein Produkt über nationale Tochtergesellschaften an Alleinvertriebshändler auf der Einzelhandelsstufe, die keine Befugnis haben, aktiv auf dem Gebiet des jeweils anderen Vertriebshändlers zu verkaufen. Die Einzelhändler sind verpflichtet, die Produkte von Hersteller A ausschließlich bei dessen jeweiliger nationaler Tochtergesellschaft, die sich im Land der Einzelhändler befindet, zu beziehen. Sie sind die wichtigsten Wiederverkäufer des fraglichen Produktes von Hersteller A in ihrem jeweiligen Gebiet. Sie führen konkurrierende Marken, aber mit unterschiedlich großem Einsatz und wechselndem Erfolg. A handhabt Preisdifferenzen von 10 bis 15% zwischen den Märkten und kleinere Differenzen innerhalb der einzelnen Märkte. Diese Differenzen schlagen sich in kleinen Preisunterschieden im Einzelhandel nieder. Der Markt ist nachfrage- wie angebotsseitig relativ stabil, und es gibt keine nennenswerten technischen Weiterentwicklungen.

Der Gebietsschutz auf der Einzelhandelsebene führt in den beschriebenen Märkten zu einem Verlust an markeninternem Wettbewerb, der durch die den Einzelhändlern auferlegte Alleinbezugsverpflichtung noch verschärft wird. Diese Verpflichtung trägt auch dazu bei, Märkte und Gebiete voneinander abzuschotten, weil sie den Alleinvertriebshändlern des Einzelhandels keine Wahlmöglichkeiten lässt. Die Einzelhändler können auch nicht aktiv auf dem Gebiet des jeweils anderen Vertriebshändlers verkaufen und neigen dazu, nicht in andere Gebiete zu liefern. Hier ist die Gefahr der Preisdiskriminierung gegeben. Die Wahlmöglichkeiten von Verbrauchern oder unabhängigen Händlern sind beschränkt, weil das Produkt sperrig ist.

Die potentiellen Effizienzgewinne des hier beschriebenen Systems in Bezug auf Größenvorteile beim Transport und Anstrengungen zur Verkaufsförderung auf der Ebene der Einzelhändler dürften kaum geeignet sein, die negative Wirkung der Preisdiskriminierung und des Verlusts an markeninternem Wettbewerb zu kompensieren. Es ist daher unwahrscheinlich, dass die Voraussetzungen für eine Freistellung vom Kartellverbot erfüllt sind.

2.3. Kundenbeschränkung

(178) *Bei Ausschließlichkeitsvereinbarungen, in denen der Kundenkreis durch Kundenbeschränkungsklauseln eingegrenzt wird, verpflichtet sich der Lieferant, seine Produkte zum Zwecke des Weiterverkaufs an eine bestimmte Gruppe von Kunden nur einem Vertriebshändler anzubieten. Gleichzeitig schränkt die Vereinbarung in der Regel die Möglichkeiten für den Vertriebshändler ein, die Produkte aktiv an andere Kundengruppen, für die Ausschließlichkeitsbindungen bestehen, zu verkaufen. Die Gefahren für den Wettbewerb liegen hauptsäch-*

lich darin, dass der markeninterne Wettbewerb verringert und der Markt aufgeteilt wird, was vor allem der Preisdiskriminierung Vorschub leisten kann. Wenden die meisten oder alle Lieferanten solche Kundenbeschränkungsklauseln an, kann es leichter zur Kollusion kommen, und zwar sowohl unter Lieferanten als auch unter Händlern.

(179) *Vereinbarungen mit Kundenbeschränkungsklauseln sind nach der Gruppenfreistellungsverordnung vom Kartellverbot freigestellt, wenn der Lieferant in seinem Markt nicht mehr als 30% Marktanteil hält; dies gilt selbst dann, wenn die Vereinbarung noch andere vertikale Beschränkungen – mit Ausnahme von Kernbeschränkungen – wie Wettbewerbsverbot, Mengenvorgaben oder Alleinbezugsverpflichtungen enthält.* Eine Kombination aus Kundenbeschränkung und selektivem Vertrieb stellt in der Regel eine Kernbeschränkung dar, da der aktive Verkauf an Endverbraucher durch die zugelassenen Vertriebshändler normalerweise nicht erlaubt wird. Für die Einschätzung von Kundenbeschränkungsklauseln in Fällen, in denen die Marktanteilsschwelle von 30% überschritten wird, gelten die Orientierungshilfen für die Beurteilung von Alleinvertriebsvereinbarungen (Randnummern 161 bis 177), vorbehaltlich der folgenden Ausführungen, entsprechend.

(180) Kundenbeschränkungsklauseln engen in der Regel die Wahlmöglichkeiten der Kunden ein. Da jeder zugelassene Händler nur eine bestimmte Kundengruppe bedient, können nicht zugelassene Händler, die nicht zu dieser Gruppe gehören, bei der Beschaffung des Produkts auf Schwierigkeiten stoßen. Dies reduziert die potentiellen Wahlmöglichkeiten nicht zugelassener Händler. *Wird die 30% Schwelle überschritten, ist eine Freistellung der Kundenbeschränkung vom Kartellverbot nach der Gruppenfreistellungsverordnung daher unwahrscheinlich, es sei denn es liegen klare und erhebliche Effizienzgewinne vor.*

(181) Die Kundenbeschränkung wird hauptsächlich bei Zwischenprodukten und – im Falle von Endprodukten – auf der Großhandelsstufe praktiziert, wo sich Kundengruppen unterscheiden lassen, die jeweils andere Anforderungen an das Produkt haben.

(182) Durch die Beschränkung des Kundenkreises können vor allem dann Effizienzgewinne erzielt werden, wenn die Händler verpflichtet werden, z.B. in besondere Ausrüstungen oder Fertigkeiten oder in spezielles Know-how zu investieren, um den Anforderungen ihres Kundenstammes gerecht zu werden. Die Abschreibungsdauer bei solchen Investitionen bietet einen Hinweis

darauf, für welchen Zeitraum eine Kundenbeschränkung gerechtfertigt ist. Die Kundenbeschränkung ist grundsätzlich am ehesten dort angebracht, wo es sich um neue oder komplexe Produkte oder um Produkte handelt, die an die Bedürfnisse des einzelnen Kunden angepasst werden müssen. Identifizierbare unterschiedliche Bedürfnisse sind bei Zwischenprodukten wahrscheinlicher, das heißt bei Produkten, die an verschiedene Arten von gewerblichen Kunden verkauft werden. Die Zuweisung einer bestimmten Gruppe von Endverbrauchern dürfte kaum zu Effizienzgewinnen führen, so dass hier eine Freistellung unwahrscheinlich ist.

(183) Beispiel für die Wirkung von Kundenbeschränkungsklauseln

Ein Unternehmen hat eine hochmoderne Sprinkleranlage entwickelt. Zur Zeit hat die Firma auf dem Markt für Sprinkleranlagen einen Anteil von 40%. Als sie mit dem Verkauf der neuen Anlage begann, hielt sie mit einem älteren Produkt einen Marktanteil von 20%. Die Installation des neuen Anlagetyps hängt von der Art und dem Verwendungszweck des Gebäudes (Bürogebäude, Chemiefabrik, Krankenhaus usw.) ab. Die Firma ließ eine Anzahl von Händlern zum Verkauf und zur Installation der Sprinkleranlage zu. Jeder Händler musste seine Beschäftigten im Hinblick auf die allgemeinen und besonderen Anforderungen an den Einbau der Sprinkleranlage in den Gebäuden einer bestimmten Gruppe von Kunden schulen. Um die Spezialisierung der Händler sicherzustellen, wies die Firma jedem Händler eine bestimmte Kundengruppe zu und untersagte ihm aktive Verkäufe an anderen Händlern zugewiesene Kundengruppen. Nach fünf Jahren schließlich dürfen die Alleinvertriebshändler aktiv an sämtliche Kundengruppen verkaufen, d.h., die Kundenbeschränkung fällt weg. Der Lieferant darf dann seinerseits auch an neue Händler verkaufen. Der Markt ist recht dynamisch: Zwei Unternehmen sind erst kürzlich in den Markt eingetreten, und es gibt verschiedene Entwicklungen auf technischem Gebiet. Auch die Wettbewerber – mit Marktanteilen zwischen 25% und 5% – modernisieren ihre Produkte.

Da der Alleinvertrieb von begrenzter Dauer ist und den Händlern hilft, ihre Investitionen zu amortisieren und ihre Verkaufsbemühungen zunächst – um das Geschäft kennenzulernen – auf eine bestimmte Kundengruppe zu konzentrieren, und da mögliche wettbewerbswidrige Wirkungen wegen der Dynamik des Marktes offensichtlich geringfügig sind, dürften die Voraussetzungen für eine Freistellung vom Kartellverbot in diesem Fall erfüllt sein.

2.4.   Selektiver Vertrieb

(184)   Durch Selektivvertriebsvereinbarungen werden, wie bei Alleinvertriebs-vereinbarungen, einerseits die Anzahl der anerkannten Händler (Vertragshänd-ler) und andererseits die Weiterverkaufsmöglichkeiten beschränkt. Der Unter-schied zum Alleinvertrieb besteht darin, dass die Beschränkung der Händlerzahl nicht von der Anzahl der Gebiete abhängt, sondern von Auswahlkriterien, die in erster Linie mit der Beschaffenheit des Produktes zusammenhängen. Anders als beim Alleinvertrieb schränkt die Weiterverkaufsbeschränkung nicht den aktiven Verkauf in einem bestimmten Gebiet ein, sondern jeglichen Verkauf an nicht zu-gelassene Händler, so dass nur anerkannte Händler sowie Endverbraucher als Kunden in Frage kommen. Selektiver Vertrieb kommt praktisch nur beim Absatz von Markenendprodukten zum Tragen.

(185)   Die Gefahren für den Wettbewerb bestehen in einem Verlust an mar-keninternem Wettbewerb und – vor allem bei Vorliegen einer kumulativen Wirkung – im Ausschluss einer bestimmten Kategorie bzw. bestimmter Ka-tegorien von Händlern sowie der Erleichterung der Kollusion unter Liefe-ranten oder Käufern. Um feststellen zu können, ob selektiver Vertrieb wett-bewerbswidrige Wirkungen entfaltet, die unter Artikel 81 Absatz 1 fallen, muss unterschieden werden zwischen rein qualitativem Selektivvertrieb und quantitativem Selektivvertrieb. Bei rein qualitativem Selektivvertrieb werden die Händler ausschließlich nach objektiven qualitativen Kriterien ausgewählt, die sich nach den Anforderungen des betreffenden Produkts – z.B. in bezug auf die Verkäuferschulung, den in der Verkaufstätte gebotenen Service oder ein bestimmtes Spektrum der angebotenen Produkte – richten[19]. Durch die Anwendung solcher Zulassungskriterien wird die Zahl der Händ-ler nicht unmittelbar begrenzt. Vereinbarungen, die einen rein qualitativen Selektivvertrieb zum Gegenstand haben, fallen mangels wettbewerbswidri-ger Wirkungen grundsätzlich nicht unter das Verbot des Artikels 81 Absatz 1, sofern sie drei Voraussetzungen erfüllen. Erstens muss die Beschaffenheit des fraglichen Produkts einen selektiven Vertrieb bedingen, d.h., ein solches Ver-triebssystem muss ein rechtmäßiges Erfordernis zur Wahrung der Qualität und zur Gewährleistung des richtigen Gebrauchs des betreffenden Produkts sein. Zweitens müssen die Wiederverkäufer aufgrund objektiver Kriterien qualitativer Art ausgewählt werden, die einheitlich festzulegen und unter-schiedslos anzuwenden sind. Drittens dürfen die aufgestellten Kriterien

---

[19]   Siehe Urteil des Gerichts erster Instanz vom 12. Dezember 1996 in der Rechtssache T-88/92, Leclerc/Kommission, Slg. 1996, II-1961.

nicht über das hinausgehen, was erforderlich ist[20]. Beim quantitativen Selektivvertrieb kommen noch Zulassungskriterien hinzu, die die Anzahl der in Frage kommenden Händler unmittelbarer beschränken, weil beispielsweise ein Mindest- oder Hoechstumsatz vorgeschrieben oder die Händlerzahl ausdrücklich begrenzt wird.

(186) *Vereinbarungen über qualitativen wie quantitativen Selektivvertrieb sind nach der Gruppenfreistellungsverordnung freigestellt, wenn die Marktanteilsschwelle von 30% nicht überschritten wird; dies gilt auch dann, wenn sie mit anderen vertikalen Beschränkungen – mit Ausnahme von Kernbeschränkungen – einhergehen, wie z.B. Wettbewerbsverboten oder Alleinvertriebsverpflichtungen, sofern die Möglichkeiten für die Vertragshändler, aktiv an andere Vertragshändler oder an Endverbraucher zu verkaufen, nicht eingeschränkt werden.* Die Freistellung solcher Vereinbarungen nach der Gruppenfreistellungsverordnung gilt unabhängig von der Art des Produkts. Erfordert das betreffende Produkt aufgrund seiner Beschaffenheit aber keinen selektiven Vertrieb, so hat ein solches Vertriebssystem in der Regel keine effizienzsteigernde Wirkung, die ausreichen würde, um einen erheblichen Verlust an markeninternem Wettbewerb aufzuwiegen. Zeitigt es sogar spürbare wettbewerbswidrige Wirkungen, dürfte der Rechtsvorteil der Gruppenfreistellungsverordnung entzogen werden. Im folgenden werden Anhaltspunkte dafür gegeben, wie selektive Vertriebsbindungen in Fällen zu beurteilen sind, in denen die Gruppenfreistellungsverordnung nicht greift oder mehrere, gleichzeitig angewandte, Systeme des selektiven Vertriebs eine kumulative Wirkung entfalten.

(187) Die «Marktstellung des Lieferanten und seiner Konkurrenten» ist für die Beurteilung möglicher wettbewerbswidriger Wirkungen von größter Bedeutung, da der Verlust an markeninternem Wettbewerb nur dann zu einem Problem wird, wenn der Markenwettbewerb begrenzt ist. Je stärker die Marktstellung des Lieferanten, desto problematischer der Verlust an markeninternem Wettbewerb. Ein weiterer wichtiger Faktor ist die Anzahl der selektiven Vertriebssysteme, die in ein und demselben Markt gehandhabt werden. Bedient sich nur ein – den Markt nicht beherrschender – Lieferant ei-

---

[20] Siehe Urteile des Gerichtshofes vom 11. Dezember 1980 in der Rechtssache 31/80, L›Oréal, Slg. 1980, 3775, Randnrn. 15f; vom 25. Oktober 1977 in der Rechtssache 26/76, Metro/Kommission (Metro I), Slg. 1977, 1875, Randnrn. 20f; vom 25. Oktober 1983 in der Rechtssache 107/82, AEG/Kommission, Slg. 1983, 3151, Randnr. 35; und Urteil des Gerichts erster Instanz vom 27. Februar 1992 in der Rechtssache T-19/91, Vichy/Kommission, Slg. 1992, II-415, Randnr. 65.

nes solchen Systems, hat der quantitative Selektivvertrieb gewöhnlich keine effektive Negativwirkung, sofern die Vertragswaren aufgrund ihrer Beschaffenheit den selektiven Vertrieb erfordern und die angewandten Auswahlkriterien notwendig sind, um den wirksamen Vertrieb der fraglichen Waren zu gewährleisten. In der Praxis wird diese Vertriebsmethode allerdings häufig gleichzeitig von mehreren Lieferanten in ein und demselben Markt angewandt.

(188) Die Marktposition der Wettbewerber kann in zweifacher Hinsicht von Belang sein und spielt vor allem dann eine Rolle, wenn es zu einer kumulativen Wirkung kommt. Eine starke Konkurrenz bedeutet grundsätzlich, dass die Einschränkung des markeninternen Wettbewerbs durch ausreichenden Markenwettbewerb problemlos kompensiert wird. Wenn jedoch die meisten großen Lieferanten ihre Produkte selektiv vertreiben, sind ein erheblicher Verlust an markeninternem Wettbewerb, der mögliche Ausschluss bestimmter Kategorien von Händlern vom Markt und ein erhöhtes Risiko der Kollusion zwischen jenen Lieferanten die Folge. Die Gefahr, dass leistungsfähigere Händler vom Markt ausgeschlossen werden, ist beim selektiven Vertrieb seit jeher größer als beim Alleinvertrieb, da bei ersterem der Verkauf an nicht zugelassene Händler Beschränkungen unterliegt. Damit soll ein geschlossenes Vertriebssystem geschaffen werden, das Lieferungen an nicht zugelassene Händler unmöglich macht. Deshalb ist der selektive Vertrieb ein besonders geeignetes Mittel, um dem Wettbewerbsdruck zu entgehen, den Discountbetriebe auf die Gewinnspannen des Herstellers und der Vertragshändler ausüben.

(189) Ergeben sich aus selektiven Vertriebssystemen, die jeder für sich genommen nach der Gruppenfreistellungsverordnung freigestellt sind, kumulative Wirkungen, so kann der Entzug der Freistellung oder eine Erklärung der Nichtanwendung der Verordnung erwogen werden. Ein kumulativer Effekt ist jedoch unwahrscheinlich, wenn solche Systeme weniger als 50% eines Markts abdecken. Doch selbst wenn diese Marktabdeckungsquote überschritten wird, dürften keine Probleme auftreten, solange die Summe der Marktanteile der fünf größten Lieferanten (CR 5) einen Wert von weniger als 50% ergibt. Werden beide Schwellen – 50% Marktabdeckung und 50% Marktanteil – überschritten, richtet sich die Bewertung danach, ob alle fünf Lieferanten selektiven Vertrieb handhaben. Je stärker die Konkurrenten sind, die sich nicht des selektiven Vertriebs bedienen, desto unwahrscheinlicher ist der Ausschluss anderer Vertriebshändler vom Markt. Setzen alle fünf Liefe-

ranten auf selektiven Vertrieb, können insbesondere Vereinbarungen, bei denen quantitative Zulassungskriterien zum Tragen kommen und die die Zahl
der Vertragshändler unmittelbar begrenzen, Probleme für den Wettbewerb
bereiten. Die Voraussetzungen für eine Freistellung nach Artikel 81 Absatz 3
gelten in der Regel als nicht erfüllt, wenn die fraglichen Selektivvertriebssysteme den Zugang neuer Vertriebshändler (insbesondere Discounter), die die
fraglichen Produkte angemessen zu verkaufen in der Lage sind, zum Markt
verwehren und dadurch den Vertrieb zugunsten bestimmter bestehender Ka-
näle und zum Schaden der Endverbraucher einschränken. Indirektere Formen
des quantitativen Selektivvertriebs, die sich z.B. aus der Verknüpfung rein
qualitativer Zulassungskriterien mit der Vorgabe eines Mindestwerts für das
jährliche Einkaufsvolumen der Händler ergeben, dürften weniger effektive
Negativwirkungen zeigen, wenn der vorgegebene Wert keinen erheblichen
Teil des vom Händler erzielten Umsatzes aus dem Verkauf des betreffenden
Produkt ausmacht und nicht über das hinausgeht, was für den Lieferanten
notwendig ist, um seine vertragsspezifischen Investitionen zu amortisieren
und/oder Größenvorteile im Vertrieb zu erzielen. Bei Lieferanten mit einem
Marktanteil von weniger als 5% wird grundsätzlich davon ausgegangen, dass
sie keinen erheblichen Beitrag zu einer Kumulativwirkung leisten.

(190) «Marktzutrittsschranken» sind hauptsächlich beim Marktausschluss
nicht zugelassener Händler von Interesse. Sie dürften in der Regel hoch sein,
da selektiver Vertrieb üblicherweise von Markenproduktherstellern praktiziert wird. Es erfordert im allgemeinen viel Zeit und erhebliche Investitionen
seitens der ausgeschlossenen Händler, eigene Marken auf den Markt zu bringen oder ihren Bedarf bei alternativen Quellen zu decken.

(191) «Nachfragemacht» kann die Gefahr der Kollusion unter Händlern erhöhen, was bei der Beurteilung möglicher wettbewerbswidriger Wirkungen
selektiver Vertriebsbindungen stark ins Gewicht fallen kann. Zu einem Ausschluss leistungsfähigerer Einzelhändler vom Markt kann es insbesondere
dann kommen, wenn eine mächtige Händlerorganisation dem Lieferanten
Zulasssungskriterien aufdrängt, um den Vertrieb zum Vorteil ihrer Mitglieder einzuschränken.

(192) Nach Artikel 5 Buchstabe c) Gruppenfreistellungsverordnung darf
der Lieferant den Vertragshändlern weder unmittelbar noch mittelbar untersagen, die Marken bestimmter konkurrierender Lieferanten zu verkaufen. Mit dieser Bestimmung soll insbesondere eine Kollusion auf horizontaler Ebene verhindert werden, die bewirkt, dass führende Lieferanten durch

Schaffung eines exclusiven Clubs von Marken bestimmte Marken vom Markt ausschließen. Es ist unwahrscheinlich, dass eine solche Verpflichtung vom Kartellverbot freigestellt werden kann, wenn der Marktanteil der fünf größten Lieferanten 50% oder mehr beträgt, es sei denn keiner der Lieferanten, die eine Verpflichtung dieser Art vorsehen, gehört zu den fünf größten.

(193) Ein Ausschluss anderer Lieferanten ist normalerweise unproblematisch, solange diese auf dieselben Händler zurückgreifen können, d.h., solange das Selektivvertriebssystem nicht mit Markenzwang einhergeht. Bei einem dichten Vertragshändlernetz oder im Falle einer Kumulativwirkung kann eine Kombination aus selektivem Vertrieb und Wettbewerbsverbot den Ausschluss anderer Lieferanten vom Markt bewirken. In diesem Fall finden die in Bezug auf den Markenzwang dargelegten Grundsätze Anwendung (s. o.). Doch selbst wenn die Selektivvertriebsvereinbarung nicht mit einem Wettbewerbsverbot verknüpft ist, kann der Ausschluss konkurrierender Lieferanten vom Markt noch ein Problem verursachen, wenn nämlich die größten Lieferanten nicht nur rein qualitative Auswahlkriterien verwenden, sondern den Händlern bestimmte zusätzliche Verpflichtungen – z.B. ihren Produkten ein Minimum an Regalfläche vorzuhalten oder zu gewährleisten, dass ein bestimmter Anteil am Gesamtumsatz des Händlers auf den Absatz ihrer Produkte entfällt – auferlegen. Das Problem dürfte sich nicht stellen, wenn weniger als 50% des Marktes durch selektive Vertriebssysteme abgedeckt sind oder – ist die Abdeckungsquote höher – die Summe der Marktanteile der fünf größten Lieferanten weniger als 50% beträgt.

(194) Die Reife des Marktes ist von Belang, denn ein Verlust an markeninternem Wettbewerb und ein möglicher Ausschluss von Lieferanten oder Händlern können in einem reifen Markt ein schwerwiegendes Problem sein, während sie sich in einem Markt mit wachsender Nachfrage, immer neuen Techniken und schwankenden Marktanteilen der Unternehmen weniger stark auswirken.

(195) Selektiver Vertrieb kann rationell sein, wenn aufgrund von Größenvorteilen beim Transport Logistikkosten eingespart werden können, und zwar unabhängig von der Beschaffenheit des Produkts (Effizienzgewinn nach Randnummer 116 Nummer 6). Dies stellt normalerweise jedoch nur einen geringfügigen Effizienzgewinn von Selektivvertriebssystemen dar. Von großer Bedeutung ist die Beschaffenheit des Produkts, wenn es darum geht, das Trittbrettfahrerproblem zwischen Händlern zu lösen (Effizienzgewinn nach Randnummer 116 Nummer 1) oder ein Markenimage zu kreieren (Ef-

fizienzgewinn nach Randnummer 116 Nummer 8). Effizienzgewinne fallen hier generell am ehesten an bei neuen und bei komplexen Produkten sowie bei Produkten, deren Qualitätseigenschaften vor oder auch nach dem Verbrauch schwierig zu beurteilen sind (Erfahrungs- bzw. Vertrauensgüter). Eine Verknüpfung von selektivem Vertrieb und Alleinvertrieb dürfte unter das Verbot des Artikels 81 Absatz 1 fallen, wenn sie von einem Lieferanten mit einem Marktanteil von über 30% praktiziert wird oder wenn kumulative Wirkungen vorliegen; dies gilt auch für die Fälle, in denen aktive Verkäufe zwischen Gebieten gestattet sind. Die genannte Kombination kann jedoch ausnahmsweise die Voraussetzungen für eine Freistellung nach Artikel 81 Absatz 3 erfüllen, wenn sie zum Schutz umfangreicher vertragsspezifischer Investitionen der Vertragshändler erforderlich ist (Effizienzgewinn nach Randnummer 116 Nummer 4).

(196) Damit jeweils die Beschränkung gewählt wird, die den Wettbewerb am wenigsten beeinträchtigt, ist zu überlegen, ob sich dieselben Effizienzgewinne bei vergleichbarem Kostenaufwand nicht auch auf andere Weise – beispielsweise durch lediglich Service-Anforderungen – erzielen lassen.

(197) Beispiel:
Auf einem Markt für dauerhafte Konsumgüter verkauft der Marktführer – Marktanteil: 35% – sein Produkt (Marke A) über ein System selektiver Vertriebsbindungen an die Endverbraucher. Die Vertragshändler müssen mehrere Zulassungskriterien erfüllen: Sie müssen geschultes Personal beschäftigen und Kundenbetreuung vor dem Verkauf bieten; in den Geschäftsräumen muss es einen besonderen Bereich für den Verkauf des Produkts und ähnlicher Spitzentechnologieprodukte geben, und es muss im Geschäft eine breite Palette von Modellen des Lieferanten angeboten und auf ansprechende Weise aufgestellt werden. Die Anzahl der Händler, die zu dem Vertriebsnetz zugelassen werden können, ist insofern direkt beschränkt, als eine Hoechstzahl von Vertriebshändlern je Einwohnerzahl eines Bezirks oder eines Stadtgebiets festgelegt wurde. Hersteller A hat sechs Wettbewerber auf dem Markt. Die größten – die Hersteller B, C und D – haben einen Marktanteil von 25, 15 bzw. 10%. A ist der einzige Hersteller, der sich des selektiven Vertriebs bedient. Die Vertragshändler für Marke A bieten stets auch einige konkurrierende Marken an. Diese werden aber auch in sehr vielen Geschäften verkauft, die nicht dem Vertriebsnetz von A angeschlossen sind. Die Vertriebswege sind dabei unterschiedlich: Die Marken B und C werden beispielsweise hauptsächlich in den von A zugelassenen Läden verkauft, aber auch in

anderen Geschäften, die hochwertigen Service bieten, sowie in Verbraucher-großmärkten. Marke D wird hauptsächlich in Geschäften mit hochwertigem Service verkauft. Die Technologie entwickelt sich auf diesem Markt recht schnell, und die großen Lieferanten sichern ihren Produkten durch Werbung ein wirksames Qualitätsimage.

Das selektive Vertriebssystem deckt hier 35% des Markts ab. Der Markenwettbewerb wird durch das Vertriebssystem von A nicht unmittelbar beeinträchtigt. Der markeninterne Wettbewerb in Bezug auf Marke A ist möglicherweise reduziert; die Verbraucher haben aber Zugang zu Einzelhändlern mit wenig Service und niedrigen Preisen, die die Marken B und C anbieten, deren Qualitätsimage mit dem von Marke A vergleichbar ist. Auch ist anderen Marken der Zugang zu Einzelhändlern mit hoher Serviceleistung nicht verschlossen, da die Möglichkeiten für zugelassene Vertriebshändler, konkurrierende Marken anzubieten, nicht eingeschränkt sind und die aufgrund quantitativer Kriterien vorgenommene Begrenzung der Anzahl der Einzelhändler für Marke A dazu führt, dass für konkurrierende Marken andere Einzelhändler mit hochwertigem Service zur Verfügung stehen. In Anbetracht der Service-Anforderungen und der Effizienzgewinne, die diese bieten dürften, sowie der begrenzten Auswirkungen auf den markeninternen Wettbewerb sind die Voraussetzungen für eine Freistellung des selektiven Vertriebssystems des Herstellers A vom Kartellverbot wahrscheinlich erfüllt.

(198) Beispiel:

Auf einem Markt für einen bestimmten Sportartikel gibt es sieben Hersteller mit einem Marktanteil von 25%, 20%, 15%, 10%, 8% bzw. 7%. Während die ersten fünf Anbieter ihre Produkte im Wege des quantitativen Selektivvertriebs absetzen, bedienen sich die beiden letzten anderer Vertriebsformen; damit sind 85% des Markts durch selektive Vertriebsbindungen abgedeckt. Die Kriterien für die Zulassung zu den Selektivvertriebssystemen der einzelnen Hersteller sind bemerkenswert einheitlich: Die Geschäfte müssen geschultes Personal beschäftigen und Kundenbetreuung vor dem Verkauf bieten, und es muss im Geschäft einen besonderen Bereich für den Verkauf des betreffenden Artikels geben, der eine bestimmte Mindestgröße haben muss; in dem Laden muss eine breite Palette von Produkten der fraglichen Marke angeboten und der Artikel auf ansprechende Weise aufgestellt werden, das Geschäft muss in einer Geschäftsstrasse liegen, und der Artikel muss mindestens 30% des Gesamtumsatzes des Geschäftes ausmachen. Im allgemeinen ist ein und derselbe Händler für den selektiven Vertrieb aller fünf Marken zugelassen. Die Marken der beiden Hersteller, die ohne Selektivvertrieb arbeiten, werden in der Regel von weniger spezialisierten Einzelhändlern mit wenig Service verkauft. Der Markt ist stabil, und zwar sowohl angebots- als auch nachfrageseitig; Markenimage und Produktdifferenzierung sind sehr ausgeprägt. Während die fünf Marktführer über ein gutes Markenimage verfügen, das durch Werbung und Sponsoring aufgebaut wurde, zielt die Absatzstrategie der beiden kleinen Hersteller auf billigere Produkte ohne besonderes Markenimage ab.

Auf diesem Markt ist allgemeinen Discountern der Zugang zu den fünf führenden Marken verwehrt. Die Vorgabe, dass dieser Typ Artikel mit mindestens 30% zum Umsatz der Händler beiträgt, und die Kriterien in Bezug auf Präsentation und verkaufsfördernden Kundendienst schließen nämlich die meisten Discounter vom Vertragshändlernetz aus. Die Verbraucher haben infolgedessen nur die Wahl, die fünf führenden Marken in Läden mit hoher Serviceleistung und hohen Preisen zu kaufen. Dies hat einen Verlust an Wettbewerb zwischen den fünf führenden Marken zur Folge. Der Umstand, dass die Marken der zwei kleinsten Hersteller in Läden mit wenig Service und niedrigen Preisen gekauft werden können, macht den Verlust nicht wett, weil die Marken der fünf Marktführer ein viel besseres Image haben. Der Markenwettbewerb wird auch dadurch eingeschränkt, dass ein und derselbe Händler gleichzeitig mehrere Marken vertreibt. Obwohl markeninterner Wettbewerb bis zu einem gewissen Grad vorhanden und die Anzahl der Einzelhändler nicht direkt begrenzt ist, sind die Zulassungskriterien doch so streng, dass für den Vertrieb der fünf führenden Marken in jedem Gebiet nur eine kleine Anzahl von Einzelhändlern zur Verfügung steht.

Die mit diesen quantitativen Selektivvertriebssystemen verbundenen Effizienzgewinne sind gering: Das Produkt ist nicht sehr komplex und rechtfertigt keinen besonders hochwertigen Service. Sofern die Hersteller nicht nachweisen können, dass ihre Selektivvertriebssysteme mit eindeutigen Effizienzgewinnen einhergehen, ist es wahrscheinlich, dass in dem hier beschriebenen Fall der Rechtsvorteil der Gruppenfreistellungsverordnung entzogen werden muss, da die kumulativen Wirkungen geringere Wahlmöglichkeiten und höhere Preise für die Verbraucher nach sich ziehen.

2.5. Franchising

(199) *Franchisevereinbarungen beinhalten Lizenzen für Rechte an geistigem Eigentum – insbesondere an Waren- oder sonstigen Zeichen und Know-how – zum Zwecke der Nutzung und des Vertriebs von Waren oder Dienstleistungen. Üblicherweise gewährt der Franchisegeber dem Franchisenehmer neben der*

Lizenz für Rechte an geistigem Eigentum auch kommerzielle und technische Unterstützung für die Vertragslaufzeit. Die Lizenzgabe und Gewährung kommerzieller bzw. technischer Unterstützung bilden integrale Bestandteile des Geschäftskonzepts Franchising. *Der Franchisegeber erhält in der Regel eine Franchisegebühr vom Franchisenehmer für die Nutzung eines bestimmten Geschäftskonzepts.* Franchisevereinbarungen können es dem Franchisegeber ermöglichen, mit einem begrenzten Investitionsaufwand ein einheitliches Netz für den Vertrieb seiner Produkte aufzubauen. Neben den Bestimmungen zum Geschäftskonzept *enthalten Franchisevereinbarungen i.d.R. eine Kombination unterschiedlicher vertikaler Beschränkungen hinsichtlich der Produkte, die vertrieben werden, insbesondere Selektivvertrieb und/oder Wettbewerbsverbot und/oder Alleinvertrieb oder aus schwächeren Formen hiervon.*

(200) In *Franchisevereinbarungen* enthaltene Lizenzbestimmungen in Bezug auf Rechte an geistigem Eigentum sind, wie in den Randnummer 23 bis 45 beschrieben, von der Gruppenfreistellungsverordnung gedeckt. Genau wie bei den einzelnen vertikalen Beschränkungen des Bezugs, Verkaufs und Weiterverkaufs von Waren und Dienstleistungen, die in einer Franchisevereinbarung enthalten sein können (d.h. Selektivvertrieb, Wettbewerbsverbot oder Alleinvertrieb), *gilt die Freistellung vom Kartellverbot nach der Gruppenfreistellungsverordnung nur, wenn der Marktanteil des Franchisegebers oder des von diesem benannten Lieferanten nicht mehr als 30% beträgt*[21]. Die Hinweise, die bereits früher im Hinblick auf diese Art von Beschränkungen gegeben wurden, gelten auch für Franchisevereinbarungen mit folgenden *Besonderheiten*:

1. Entsprechend der allgemeinen Regel 8 (Randnummer 119) *erfüllen die vertikalen Beschränkungen umso eher die Freistellungsvoraussetzungen, je mehr Know-how weitergegeben wird.*

2. *Ein Wettbewerbsverbot in Bezug auf die vom Franchisenehmer erworbenen Waren oder Dienstleistungen fällt nicht unter das Verbot des Artikels 81 Absatz 1, wenn diese Verpflichtung notwendig ist, um die Einheitlichkeit und den Ruf des Franchisesystems zu erhalten.* In solchen Fällen ist auch die Dauer des Wettbewerbsverbots im Hinblick auf das Verbot des Artikels 81 Absatz 1 irrelevant, solange sie nicht über die Laufzeit der Franchisevereinbarung selbst hinausgeht.

---

[21] siehe auch Randnummern 89 bis 95, insbesondere Randnummer 95.

(201) Beispiel für Franchisevereinbarungen

Ein Hersteller hat eine neue Form des Bonbonverkaufs in sogenannten «Fun
Shops» entwickelt, in denen die Bonbons so gefärbt werden, wie es der Verbraucher wünscht. Der Bonbonhersteller hat auch Maschinen zum Bonbon-
färben entwickelt und stellt selbst die nötigen Farbflüssigkeiten her, deren
Qualität und Frische für die Produktion guter Bonbons von entscheidender
Bedeutung sind. Der Hersteller hat seine Bonbons erfolgreich vermarktet,
indem er sie über eine Reihe von eigenen Einzelhandelsgeschäften absetzte,
die alle unter demselben Handelsnamen firmierten und ein einheitliches
«fun»-Image verbreiteten (Design der Läden, gemeinsame Werbung usw.).
Zur Umsatzsteigerung lancierte der Hersteller ein Franchisesystem. Die Franchisenehmer sind verpflichtet, Bonbons, Farbfluessigkeiten und Färbeanlage
vom Hersteller zu kaufen, ihre Geschäfte mit identischer Aufmachung und
unter demselben Handelsnamen zu betreiben, eine Franchisegebühr zu ent-
richten, zur gemeinsamen Werbung beizutragen und die Vertraulichkeit der
vom Franchisegeber erstellten Betriebsanleitung zu gewährleisten. Außerdem
dürfen sie nur in den anerkannten Räumlichkeiten und nur an Endverbraucher oder andere Franchisenehmer verkaufen; der Verkauf fremder Bonbons
ist ihnen untersagt. Der Franchisegeber darf seinerseits in einem bestimmten Vertragsgebiet keine anderen Franchisenehmer zulassen oder selbst ein
Einzelhandelsgeschäft betreiben. Er ist ferner verpflichtet, seine Produkte,
die Geschäftsperspektiven und die Betriebsanleitung zu aktualisieren bzw.
weiterzuentwickeln und diese Verbesserungen allen Franchisenehmern im
Einzelhandel zur Verfügung zu stellen. Die Franchisevereinbarungen werden
für zehn Jahre abgeschlossen.

Bonbon-Einzelhändler kaufen ihre Ware im Inland ein, und zwar entweder
von inländischen Herstellern, die sich auf die Geschmackspräferenzen der
Verbraucher des betreffenden Landes eingestellt haben, oder von Großhänd-
lern, die ihre Ware auch von ausländischen Produzenten beziehen. Auf diesem Markt konkurrieren die Erzeugnisse des Franchisegebers mit anderen
Bonbonmarken. Auf den Franchisegeber entfallen 30% aller Bonbons, die an
Einzelhändler verkauft werden. Konkurrenzdruck entsteht durch eine Reihe
nationaler und internationaler Marken, die teilweise von großen diversifi-
zierten Nahrungsmittelkonzernen hergestellt werden. Es bestehen viele
potentielle Bonbonverkaufsstellen in Form von Tabakläden, Lebensmittellä-
den, Cafeterias und Bonbonfachgeschäften. Bei Maschinen zum Einfärben
von Lebensmitteln hält der Franchisegeber einen Marktanteil von weniger
als 10%.

Bei den meisten der in den Franchisevereinbarungen enthaltenen Verpflichtungen kann darauf geschlossen werden, dass sie notwendig sind, um geistiges Eigentum zu schützen bzw. die Einheitlichkeit und den Ruf des Franchisenetzes zu erhalten, so dass sie nicht unter das Verbot des Artikels 81 Absatz 1 fallen. Die Beschränkungen in Bezug auf den Verkauf (Gebietsschutz und selektiver Vertrieb) sind ein Anreiz für die Franchisenehmer, in die Färbemaschine und das Franchisekonzept zu investieren, und tragen zumindest – auch wenn sie zu diesem Zweck nicht unbedingt erforderlich sind – dazu bei, die Einheitlichkeit des Netzes zu bewahren und damit den Verlust an markeninternem Wettbewerb auszugleichen. Das Wettbewerbsverbot, durch das anderen Bonbonmarken der Zugang zu den Geschäften für die gesamte Vertragsdauer verwehrt wird, ermöglicht es dem Franchisegeber, die Läden einheitlich zu gestalten und zu verhüten, dass Wettbewerber von seinem Handelsnamen profitieren. Es hat keinen gravierenden Marktausschluss zur Folge, da andere Bonbonhersteller auf eine sehr große Zahl potentieller Verkaufsstätten zurückgreifen können. Soweit die in den Franchisevereinbarungen dieses Franchisegebers enthaltenen Verpflichtungen unter das Verbot des Artikels 81 Absatz 1 fallen, dürften sie die Voraussetzungen für eine Freistellung nach Artikel 81 Absatz 3 erfüllen.

2.6.   Alleinbelieferung

(202) Alleinbelieferung im Sinne des Artikels 1 Buchstabe c) Gruppenfreistellungsverordnung ist insofern die extremste Form der Vertriebsbeschränkung, als die Zahl der Käufer begrenzt wird: Laut einer solchen Vereinbarung darf der Lieferant ein bestimmtes Endprodukt nur an einen Käufer in der Gemeinschaft abgeben. Bei Zwischenprodukten bedeutet Alleinbelieferung, dass es nur einen einzigen Käufer in der Gemeinschaft gibt oder dass es in der Gemeinschaft nur einen einzigen Abnehmer für einen bestimmten Verwendungszweck gibt. Die Lieferung von Zwischenprodukten mit Ausschließlichkeitsbindung wird häufig auch als «industrial supply» bezeichnet.

(203) *Alleinbelieferung im genannten Sinn ist nach der Gruppenfreistellungsverordnung vom Kartellverbot freigestellt, wenn der Marktanteil des Käufers nicht mehr als 30% beträgt; dies gilt auch dann, wenn die betreffende Vereinbarung noch andere vertikale Beschränkungen – mit Ausnahme von Kernbeschränkungen – wie z.B. ein Wettbewerbsverbot enthält.* Im folgenden werden Anhaltspunkten gegeben für die Bewertung von Alleinbelieferungsverpflichtungen in Fällen, in denen die zitierte Marktanteilsschwelle überschritten wird.

(204) Die größte Gefahr für den Wettbewerb besteht bei der Alleinbelieferung im Ausschluss anderer Käufer vom Markt. Es liegt auf der Hand, dass
der Marktanteil des Käufers im vorgelagerten Beschaffungsmarkt wichtig ist
für die Einschätzung von dessen Fähigkeit, Alleinbelieferungsverpflichtungen durchzusetzen, die anderen Käufern den Zugang zu einer bestimmten
Lieferquelle verbauen. Doch ausschlaggebend für die Verursachung eines
möglichen Wettbewerbsproblems ist die Stellung des Käufers auf dem nachgelagerten Markt. Hat der Käufer dort keine Marktmacht, so ist nicht mit
spürbaren negativen Folgen für die Verbraucher zu rechnen. Negative Auswirkungen sind jedoch zu erwarten, wenn der Marktanteil des Käufers auf
dem vorgelagerten Beschaffungs- oder nachgelagerten Vertriebsmarkt über
30% liegt. Doch auch wenn der Marktanteil des Käufers die 30%-Schwelle
im vorgelagerten Markt nicht übersteigt, können vor allem in Fällen, in denen diese Schwelle im nachgelagerten Markt überschritten wird, erhebliche
Abschottungseffekte auftreten. Dann muss gegebenenfalls der Rechtsvorteil
der Gruppenfreistellungsverordnung entzogen werden. Verpflichtungen,
Produkte ausschließlich oder überwiegend an einen Käufer zu liefern, der im
nachgelagerten Markt eine beherrschende Stellung innehat, können leicht
erhebliche wettbewerbswidrige Wirkungen zur Folge haben.

(205) Neben der «Stellung des Käufers» im vor- und im nachgelagerten
Markt spielt aber auch die Frage eine Rolle, in welchem Umfang und wie
lange der Käufer eine Alleinbelieferungsklausel anwendet. Je mehr Lieferungen gebunden sind und je länger die Bindung dauert, desto ausgeprägter
dürfte der Abschottungseffekt sein. Bei Alleinbelieferungsvereinbarungen
mit einer Dauer von weniger als fünf Jahren, die den Markt nicht beherrschende Unternehmen anwenden, ist gewöhnlich eine sorgfältige Gegen-
überstellung der wettbewerbsfördernden und -schädigenden Wirkungen
erforderlich. Beträgt die Dauer mehr als fünf Jahre, ist davon auszugehen,
dass die Vereinbarungen bei den meisten Investitionsarten nicht als für die
Erzielung der behaupteten Effizienzgewinne erforderlich betrachtet werden
bzw. dass diese Gewinne nicht ausreichen, um den Abschottungseffekt zu
kompensieren.

(206) Die «Stellung der konkurrierenden Käufer im vorgelagerten Markt»
ist von Bedeutung, da es nur wahrscheinlich ist, dass diese aus wettbe-
werbsfeindlichen Motiven (Kostentreiberei) aus dem Markt ausgeschlossen
werden, wenn sie erheblich kleiner sind als der den Ausschluss bewirkende
Käufer. Ein Marktausschluss konkurrierender Käufer ist dagegen nicht sehr
wahrscheinlich, wenn die Wettbewerber über vergleichbare Nachfragemacht

verfügen und den Lieferanten ähnliche Absatzmöglichkeiten bieten können. In einem solchen Fall wären gegebenenfalls nur potentielle neue Anbieter vom Markt ausgeschlossen, denen es nicht gelingt, sich Lieferquellen zu sichern, weil mehrere große Käufer Alleinbelieferungsverträge mit den meisten Lieferanten in dem betreffenden Markt geschlossen haben. Eine solche Kumulativwirkung kann den Entzug des Rechtsvorteils der Gruppenfreistellungsverordnung nach sich ziehen.

(207) «Marktzutrittschranken» auf der Ebene der Lieferanten sind ein wichtiger Aspekt für die Klärung der Frage, ob es tatsächlich zu einer Marktabschottung kommt. Ist es für konkurrierende Käufer rational, die Ware oder Dienstleistung selbst im Wege der vertikalen Integration über ein verbundenes Unternehmen im vorgelagerten Markt selbst zu beschaffen, dürfte der Ausschluss kein wirkliches Problem darstellen. Häufig aber bestehen beträchtliche Marktzutrittsschranken.

(208) «Gegenmacht von Lieferanten» ist von Bedeutung, da wichtige Lieferanten sich nicht leicht von alternativen Käufern abschneiden lassen. Die Gefahr des Marktausschlusses besteht daher hauptsächlich dann, wenn die Lieferanten schwach und die Käufer stark sind. Bei starken Lieferanten kann Alleinbelieferung in Verbindung mit Wettbewerbsverboten auftreten. Bei dieser Kombination kommen die Regeln zum Tragen, die in bezug auf den Markenzwang formuliert wurden. Haben beide Seiten vertragsspezifische Investitionen vornehmen müssen («Hold-up»-Problem), ist eine Verbindung aus Alleinbelieferungspflicht und Wettbewerbsverbot (d.h. gegenseitige ausschließliche Bindung in Alleinbelieferungsvereinbarungen) in der Regel nur gerechtfertigt, solange keine Marktbeherrschung vorliegt.

(209) Schließlich sind auch die «Handelsstufe» und die «Beschaffenheit des Produktes» wichtige Marktausschlussfaktoren. Eine Abschottung des Marktes ist weniger wahrscheinlich bei Zwischenprodukten oder bei homogenen Produkten. Im erstgenannten Fall kann ein vom Markt ausgeschlossener Hersteller, der ein bestimmtes Einsatzgut benötigt, in der Regel flexibler auf die Nachfrage seiner Kunden reagieren als der Groß- oder Einzelhändler, der die Nachfrage des Endverbrauchers zu befriedigen hat, für den Marken unter Umständen sehr wichtig sind. Bei homogenen Produkten ist der Verlust einer möglichen Lieferquelle für die ausgeschlossenen Käufer weniger bedeutsam als bei heterogenen Produkten, die unterschiedliche Merkmale und Qualitätseigenschaften aufweisen.

(210) Bei homogenen Zwischenprodukten dürfte die Freistellung von Beschränkungen mit wettbewerbswidrigen Wirkungen vom Kartellverbot greifen, solange keine Marktbeherrschung vorliegt. Bei Marken-Endprodukten oder differenzierten Zwischenprodukten in Märkten mit Zutrittsschranken können Alleinbelieferungsverpflichtungen spürbare wettbewerbswidrige Wirkungen zeitigen, wenn die Wettbewerber des Käufers im Vergleich zu diesem klein sind; dies gilt selbst dann, wenn der Käufer im nachgelagerten Markt keine beherrschende Stellung einnimmt.

(211) Werden spürbare wettbewerbswidrige Wirkungen festgestellt, ist eine Freistellung nach Artikel 81 Absatz 3 möglich, sofern das betreffende Unternehmen keine beherrschende Marktstellung hat. Effizienzgewinne sind bei «Hold-up»-Problemen (Randnummer 116 Nummern 4 und 5) zu erwarten, und zwar mit größerer Wahrscheinlichkeit bei Zwischen- als bei Endprodukten. Effizienzgewinne anderer Art sind weniger wahrscheinlich. Etwaige Größenvorteile beim Vertrieb (Randnummer 116 Nummer 6) dürften keine Rechtfertigung für Alleinbelieferungsverpflichtungen bieten.

(212) Zur Lösung von «Hold-up»-Problemen und mehr noch zur Erzielung von Größenvorteilen im Vertrieb gibt es durchaus Alternativen zur Alleinbelieferung, die den Wettbewerb weniger stark einschränken, wie Mengenvorgaben für den Lieferanten (Mindestliefermengen usw.).

(213) Beispiel für Alleinbelieferung

Auf einem Markt für einen bestimmten Komponententyp (Zwischenprodukte) kommt Lieferant A mit Käufer B überein, mit eigenem Know-how und erheblichen Investitionen in neue Maschinen sowie mit Hilfe der von Käufer B vorgegebenen Spezifikationen einen neuen Typ von Bauteilen zu entwickeln. B muss erhebliche Investitionen tätigen, um die neue Komponente in sein Produkt einzubauen. Es wird vereinbart, dass A das neue Produkt ab dessen Markteinführung fünf Jahre lang ausschließlich an B verkauft. B darf das Produkt während desselben Zeitraums nur von A beziehen. Frühere Generationen des Produkts dürfen A und B jedoch weiterhin an andere Kunden verkaufen bzw. bei anderen Lieferanten beziehen. Der Marktanteil von Käufer B auf dem vorgelagerten Komponentenmarkt und auf dem nachgelagerten Endproduktmarkt beträgt jeweils 40%. Der Komponentenlieferant hat einen Marktanteil von 35%. Zwei weitere Komponentenlieferanten halten rund 20 bis 25% Marktanteil; daneben gibt es noch eine Reihe kleinerer Anbieter.

Wegen der erheblichen Investitionen dürfte die Vereinbarung in Anbetracht der Effizienzgewinne und des geringen Marktausschlusseffekts die Voraussetzungen für eine Freistellung erfuellen. Andere Käufer werden nur von dem Markt für eine bestimmte Version des Produkts eines Lieferanten ausgeschlossen, der einen Marktanteil von 35% hat; außerdem gibt es noch andere Bauteilelieferanten, die ähnliche neue Produkte entwickeln könnten. Desgleichen beschränkt sich der Ausschluss anderer Lieferanten nur auf den Teil des Beschaffungsmarkts, den Käufer B besetzt, d.h. höchstens 40%.

(214)   Alleinbelieferung basiert auf einer indirekten oder direkten Verpflichtung, nach der der Lieferant nur an einen bestimmten Käufer verkaufen kann. Dem Lieferanten auferlegte Mengenvorgaben beruhen auf Anreizen, die dieser mit einem Käufer vereinbart hat, um seine Verkäufe hauptsächlich auf den einen Abnehmer zu konzentrieren. Mengenvorgaben für den Lieferanten haben im Allgemeinen ähnliche, wenngleich schwächere, Wirkungen als eine Alleinbelieferungspflicht. Die wettbewerbsrechtliche Beurteilung von Mengenvorgaben hängt davon ab, in welchem Maße andere Käufer vom vorgelagerten Markt ausgeschlossen werden.

...

6. EG Richtlinie 86/653 betreffend Handelsvertreter vom 18. Dezember 1986

RICHTLINIE DES RATES vom 18. Dezember 1986 zur Koordinierung der Rechtsvorschriften der Mitgliedstaaten betreffend die selbständigen Handelsvertreter (86/653/EWG)

DER RAT DER EUROPÄISCHEN GEMEINSCHAFTEN -

gestützt auf den Vertrag zur Gründung der Europäischen Wirtschaftsgemeinschaft, insbesondere auf Artikel 57 Absatz 2 und Artikel 100,

auf Vorschlag der Kommission (1),

(1) ABl. Nr. C 13 vom 18.1.1977, S. 2 und ABl. Nr. C 56 vom 2.3.1979, S. 5.
    nach Stellungnahme des Europäischen Parlaments (2),

(2) ABl. Nr. C 239 vom 9.10.1978, S. 17.
    nach Stellungnahme des Wirtschafts- und Sozialausschusses (3),

(3) ABl. Nr. C 59 vom 8.3.1978, S. 31.
    in Erwägung nachstehender Gründe:

Die Beschränkungen der Niederlassungsfreiheit und des freien Dienstleistungsverkehrs für die Vermittlertätigkeiten in Handel, Industrie und Handwerk sind durch die Richtlinie 64/224/EWG (4) aufgehoben worden.

(4) ABl. Nr. 56 vom 4.4.1964, S. 869/64.

Die Unterschiede zwischen den einzelstaatlichen Rechtsvorschriften auf dem Gebiet der Handelsvertretungen beeinflussen die Wettbewerbsbedingungen und die Berufsausübung innerhalb der Gemeinschaft spürbar und beeinträchtigen den Umfang des Schutzes der Handelsvertreter in ihren Beziehungen zu ihren Unternehmen sowie die Sicherheit im Handelsverkehr. Diese Unterschiede erschweren im übrigen auch erheblich den Abschluss und die Durchführung von Handelsvertreterverträgen zwischen einem Unternehmer und einem Handelsvertreter, die in verschiedenen Mitgliedstaaten niedergelassen sind.

Der Warenaustausch zwischen den Mitgliedstaaten muss unter Bedingungen erfolgen, die denen eines Binnenmarktes entsprechen, weswegen die Rechtordnungen der Mitgliedstaaten in dem zum guten Funktionieren des Gemeinsamen Marktes erforderlichen Umfang angeglichen werden müssen. Selbst vereinheitlichte Kollisionsnormen auf dem Gebiet der Handelsvertretung können die erwähnten Nachteile nicht beseitigen und lassen daher einen Verzicht auf die vorgeschlagene Harmonisierung nicht zu.

Die Rechtsbeziehungen zwischen Handelsvertreter und Unternehmer sind in diesem Zusammenhang mit Vorrang zu behandeln.

Die in den Mitgliedstaaten für Handelsvertreter geltenden Vorschriften sind in Anlehnung an die Grundsätze von Artikel 117 des Vertrages auf dem Wege des Fortschritts zu harmonisieren.

Einigen Mitgliedstaaten müssen zusätzliche Übergangsfristen eingeräumt werden, da sie besondere Anstrengungen zu unternehmen haben, um ihre Regelungen den Anforderungen dieser Richtlinie anzupassen; es handelt sich insbesondere um den Ausgleich nach Beendigung des Vertragsverhältnisses zwischen dem Unternehmer und dem Handelsvertreter –

HAT FOLGENDE RICHTLINIE ERLASSEN:

KAPITEL I

Anwendungsbereich

Artikel 1

(1)   Die durch diese Richtlinie vorgeschriebenen Harmonisierungsmassnahmen gelten für die Rechts- und Verwaltungsvorschriften der Mitgliedstaaten, die die Rechtsbeziehungen zwischen Handelsvertretern und ihren Unternehmern regeln.

(2)   Handelsvertreter im Sinne dieser Richtlinie ist, wer als selbständiger Gewerbetreibender ständig damit betraut ist, für eine andere Person (im folgenden Unternehmer genannt) den Verkauf oder den Ankauf von Waren zu vermitteln oder diese Geschäfte im Namen und für Rechnung des Unternehmers abzuschliessen.

(3)   Handelsvertreter im Sinne dieser Richtlinie ist insbesondere nicht

– eine Person, die als Organ befugt ist, für eine Gesellschaft oder Vereinigung verbindlich zu handeln;

– ein Gesellschafter, der rechtlich befugt ist, für die anderen Gesellschafter verbindlich zu handeln;

– ein Zwangsverwalter (receiver), ein gerichtlich bestellter Vermögensverwalter (receiver and manager), ein Liquidator (liquidator) oder ein Konkursverwalter (trustee in bankruptcy).

Artikel 2

(1)   Diese Richtlinie ist nicht anzuwenden

– auf Handelsvertreter, die für ihre Tätigkeit kein Entgelt erhalten;

– auf Handelsvertreter, soweit sie an Handelsbörsen oder auf Rohstoff-
märkten tätig sind;

– auf die unter der Bezeichnung «Crown Agents for Overseas Governments
and Administrations» bekannte Körperschaft, wie sie im Vereinigten Königreich nach dem Gesetz von 1979 über die «Crown Agents» eingeführt
worden ist, oder deren Tochterunternehmen.

(2)   Jeder Mitgliedstaat kann vorsehen, dass die Richtlinie nicht auf Personen anwendbar ist, die Handelsvertretertätigkeiten ausüben, welche nach
dem Recht dieses Mitgliedstaates als nebenberufliche Tätigkeiten angesehen
werden.

KAPITEL II

Rechte und Pflichten

Artikel 3

(1)   Bei der Ausübung seiner Tätigkeit hat der Handelsvertreter die Interessen des Unternehmers wahrzunehmen und sich nach den Geboten von
Treu und Glauben zu verhalten

(2)   Im besonderen muss der Handelsvertreter

a)   sich in angemessener Weise für die Vermittlung und gegebenenfalls den
Abschluss der ihm anvertrauten Geschäfte einsetzen;

b)   dem Unternehmer die erforderlichen ihm zur Verfügung stehenden Informationen übermitteln;

c)   den vom Unternehmer erteilten angemessenen Weisungen nachkom-
men.

Artikel 4

(1)   Der Unternehmer hat sich gegenüber dem Handelsvertreter nach den
Geboten von Treu und Glauben zu verhalten.

(2)   Insbesondere hat der Unternehmer dem Handelsvertreter

a) die erforderlichen Unterlagen zur Verfügung zu stellen, die sich auf die betreffenden Waren beziehen;

b) die für die Ausführung des Handelsvertretervertrages erforderlichen Informationen zu geben und ihn insbesondere binnen angemessener Frist zu benachrichtigen, sobald er absieht, dass der Umfang der Geschäfte erheblich geringer sein wird, als der Handelsvertreter normalerweise hätte erwarten können.

(3) Im übrigen muss der Unternehmer dem Handelsvertreter binnen angemessener Frist von der Annahme oder Ablehnung und der Nichtausführung der vom Handelsvertreter vermittelten Geschäfte Kenntnis geben.

Artikel 5

Die Parteien dürfen keine Vereinbarungen treffen, die von den Artikeln 3 und 4 abweichen.

KAPITEL III

Vergütung

Artikel 6

(1) Bei Fehlen einer diesbezüglichen Vereinbarung zwischen den Parteien und unbeschadet der Anwendung der verbindlichen Vorschriften der Mitgliedstaaten über die Höhe der Vergütungen hat der Handelsvertreter Anspruch auf eine Vergütung, die an dem Ort, an dem er seine Tätigkeit ausübt, für die Vertretung von Waren, die den Gegenstand des Handelsvertretervertrags bilden, üblich ist. Mangels einer solchen Üblichkeit hat der Handelsvertreter Anspruch auf eine angemessene Vergütung, bei der alle mit dem Geschäft zusammenhängenden Faktoren berücksichtigt sind.

(2) Jeder Teil der Vergütung, der je nach Zahl oder Wert der Geschäfte schwankt, gilt als Provision im Sinne dieser Richtlinie.

(3) Die Artikel 7 bis 12 gelten nicht, soweit der Handelsvertreter nicht ganz oder teilweise in Form einer Provision vergütet wird.

Artikel 7

(1) Für ein während des Vertragsverhältnisses abgeschlossenes Geschäft hat der Handelsvertreter Anspruch auf die Provision,

a) wenn der Geschäftsabschluss auf seine Tätigkeit zurückzuführen ist oder

b) wenn das Geschäft mit einem Dritten abgeschlossen wurde, den er bereits vorher für Geschäfte gleicher Art als Kunden geworben hatte.

(2)   Für ein während der Vertragsverhältnisse abgeschlossenes Geschäft hat der Handelsvertreter ebenfalls Anspruch auf die Provision,

– wenn ihm ein bestimmter Bezirk oder Kundenkreis zugewiesen ist oder

– wenn er die Alleinvertretung für einen bestimmten Bezirk oder Kundenkreis hat

und sofern das Geschäft mit einem Kunden abgeschlossen worden ist, der diesem Bezirk oder dieser Gruppe angehört.

Die Mitgliedstaaten müssen in ihr Recht die eine oder die andere der unter den beiden obigen Gedankenstrichen enthaltenen Alternativen aufnehmen.

Artikel 8

Für ein erst nach Beendigung des Vertragsverhältnisses geschlossenes Geschäft hat der Handelsvertreter Anspruch auf Provision:

a) wenn der Geschäftsabschluss überwiegend auf die Tätigkeit zurückzuführen ist, die er während des Vertragsverhältnisses ausgeübt hat, und innerhalb einer angemessenen Frist nach dessen Beendigung erfolgt oder

b) wenn die Bestellung des Dritten gemäss Artikel 7 vor Beendigung des Handelsvertreterverhältnisses beim Unternehmer oder beim Handelsvertreter eingegangen ist.

Artikel 9

Der Handelsvertreter hat keinen Anspruch auf die Provision nach Artikel 7, wenn diese gemäss Artikel 8 dem Vorgänger zusteht, es sei denn, dass die Umstände eine Teilung der Provision zwischen den Handelsvertretern rechtfertigen.

Artikel 10

(1)   Der Anspruch auf Provision besteht, sobald und soweit eines der folgenden Ereignisse eintritt:

a)   der Unternehmer hat das Geschäft ausgeführt;

b)   der Unternehmer hätte nach dem Vertrag mit dem Dritten das Geschäft ausführen sollen;

c)   der Dritte hat das Geschäft ausgeführt.

(2)   Der Anspruch auf Provision besteht spätestens, wenn der Dritte seinen Teil des Geschäfts ausgeführt hat oder ausgeführt haben müsste, falls der Unternehmer seinen Teil des Geschäfts ausgeführt hätte.

(3)   Die Provision ist spätestens am letzten Tag des Monats zu zahlen, der auf das Quartal folgt, in welchem der Anspruch des Handelsvertreters auf Provision erworben worden ist.

(4)   Von den Absätzen 2 und 3 darf nicht durch Vereinbarung zum Nachteil des Handelsvertreters abgewichen werden.

Artikel 11

(1)   Der Anspruch auf Provision erlischt nur, wenn und soweit

–   feststeht, dass der Vertrag zwischen dem Dritten und dem Unternehmer nicht ausgeführt wird, und

–   die Nichtausführung nicht auf Umständen beruht, die vom Unternehmer zu vertreten sind.

(2)   Vom Handelsvertreter bereits empfangene Provisionen sind zurückzuzahlen, falls der Anspruch darauf erloschen ist.

(3)   Vom Absatz 1 darf nicht durch Vereinbarungen zum Nachteil des Handelsvertreters abgewichen werden.

Artikel 12

(1)   Der Unternehmer hat dem Handelsvertreter eine Abrechnung über die geschuldeten Provisionen zu geben, und zwar spätestens am letzten Tag des Monats, der auf das Quartal folgt, in dem der Provisionsanspruch erworben worden ist. Diese Abrechnung muss alle für die Berechnung der Provision wesentlichen Angaben enthalten.

(2)   Der Handelsvertreter kann verlangen, dass ihm alle Auskünfte, insbesondere ein Auszug aus den Büchern, gegeben werden, über die der Unternehmer verfügt und die der Handelsvertreter zur Nachprüfung des Betrags der ihm zustehenden Provisionen benötigt.

(3) Von den Absätzen 1 und 2 darf nicht durch Vereinbarungen zum Nachteil des Handelsvertreters abgewichen werden.

(4) Diese Richtlinie berührt nicht die einzelstaatlichen Bestimmungen, nach denen der Handelsvertreter ein Recht auf Einsicht in die Bücher des Unternehmers hat.

KAPITEL IV

Abschluss und Beendigung des Handelsvertretervertrages

Artikel 13

(1) Jede Partei kann von der anderen Partei eine von dieser unterzeichnete Urkunde verlangen, die den Inhalt des Vertrages einschliesslich der Änderungen oder Ergänzungen wiedergibt. Dieser Anspruch kann nicht ausgeschlossen werden.

(2) Absatz 1 hindert einen Mitgliedstaat nicht daran vorzuschreiben, dass ein Vertretungsvertrag nur in schriftlicher Form gültig ist.

Artikel 14

Ein auf bestimmte Zeit geschlossener Vertrag, der nach Ende seiner Laufzeit von beiden Parteien fortgesetzt wird, gilt als in einen auf unbestimmte Zeit geschlossenen Vertrag umgewandelt.

Artikel 15

(1) Ist der Vertrag auf unbestimmte Zeit geschlossen, so kann er von jeder Partei unter Einhaltung einer Frist gekündigt werden.

(2) Die Kündigungsfrist beträgt für das erste Vertragsjahr einen Monat, für das angefangene zweite Vertragsjahr zwei Monate, für das angefangene dritte und die folgenden Vertragsjahre drei Monate. Kürzere Fristen dürfen die Parteien nicht vereinbaren.

(3) Die Mitgliedstaaten können die Kündigungsfrist für das vierte Vertragsjahr auf vier Monate, für das fünfte Vertragsjahr auf fünf Monate und für das sechste und die folgenden Vertragsjahre auf sechs Monate festsetzen. Sie können bestimmen, dass die Parteien kürzere Fristen nicht vereinbaren dürfen.

(4)   Vereinbaren die Parteien längere Fristen als die der Absätze 2 und 3, so darf die vom Unternehmer einzuhaltende Frist nicht kürzer sein als die vom Handelsvertreter einzuhaltende Frist.

(5)   Sofern die Parteien nicht etwas anderes vereinbart haben, ist die Kündigung nur zum Ende eines Kalendermonats zulässig.

(6)   Dieser Artikel gilt auch für einen auf bestimmte Zeit geschlossenen Vertrag, der nach Artikel 14 in einen auf unbestimmte Zeit geschlossenen Vertrag umgewandelt wird, mit der Massgabe, dass bei der Berechnung der Dauer der Kündigungsfrist die vorher geltende feste Laufzeit zu berücksichtigen ist.

Artikel 16

Diese Richtlinie berührt nicht die Anwendung der Rechtsvorschriften der Mitgliedstaaten, wenn diese Rechtsvorschriften die fristlose Beendigung des Vertragsverhältnisses für den Fall vorsehen, dass

a)   eine der Parteien ihren Pflichten insgesamt oder teilweise nicht nachgekommen ist;

b)   aussergewöhnliche Umstände eintreten.

Artikel 17

(1)   Die Mitgliedstaaten treffen die erforderlichen Massnahmen dafür, dass der Handelsvertreter nach Beendigung des Vertragsverhältnisses Anspruch auf Ausgleich nach Absatz 2 oder Schadensersatz nach Absatz 3 hat.

(2) a) Der Handelsvertreter hat Anspruch auf einen Ausgleich, wenn und soweit

– er für den Unternehmer neue Kunden geworben oder die Geschäftsverbindungen mit vorhandenen Kunden wesentlich erweitert hat und der Unternehmer aus den Geschäften mit diesen Kunden noch erhebliche Vorteile zieht und

– die Zahlung eines solchen Ausgleichs unter Berücksichtigung aller Umstände, insbesondere der dem Handelsvertreter aus Geschäften mit diesen Kunden entgehenden Provisionen, der Billigkeit entspricht. Die Mitgliedstaaten können vorsehen, dass zu diesen Umständen auch die Anwendung oder Nichtanwendung einer Wettbewerbsabrede im Sinne des Artikels 20 gehört.

b) Der Ausgleich darf einen Betrag nicht überschreiten, der einem jährlichen Ausgleich entspricht, der aus dem Jahresdurchschnittsbetrag der Vergütungen, die der Handelsvertreter während der letzten fünf Jahre erhalten hat, errechnet wird; ist der Vertrag vor weniger als fünf Jahren geschlossen worden, wird der Ausgleich nach dem Durchschnittsbetrag des entsprechenden Zeitraums ermittelt.

c) Die Gewährung dieses Ausgleichs schliesst nicht das Recht des Handelsvertreters aus, Schadensersatzansprüche geltend zu machen.

(3) Der Handelsvertreter hat Anspruch auf Ersatz des ihm durch die Beendigung des Vertragsverhältnisses mit dem Unternehmer entstandenen Schadens.

Dieser Schaden umfasst insbesondere

– den Verlust von Ansprüchen auf Provision, die dem Handelsvertreter bei normaler Fortsetzung des Vertrages zugestanden hätten und deren Nichtzahlung dem Unternehmer einen wesentlichen Vorteil aus der Tätigkeit des Handelsvertreters verschaffen würde, und/oder

– Nachteile, die sich aus der nicht erfolgten Amortisation von Kosten und Aufwendungen ergeben, die der Handelsvertreter in Ausführung des Vertrages auf Empfehlung des Unternehmers gemacht hatte.

(4) Der Anspruch auf Ausgleich nach Absatz 2 oder Schadensersatz nach Absatz 3 entsteht auch dann, wenn das Vertragsverhältnis durch Tod des Handelsvertreters endet.

(5) Der Handelsvertreter verliert den Anspruch auf Ausgleich nach Absatz 2 oder Schadensersatz nach Absatz 3, wenn er dem Unternehmer nicht innerhalb eines Jahres nach Beendigung des Vertragsverhältnisses mitgeteilt hat, dass er seine Rechte geltend macht.

(6) Die Kommission legt dem Rat innerhalb von acht Jahren nach Bekanntgabe dieser Richtlinie einen Bericht über die Durchführung dieses Artikels vor und unterbreitet ihm gegebenenfalls Änderungsvorschläge.

Artikel 18

Der Anspruch auf Ausgleich oder Schadensersatz nach Artikel 17 besteht nicht,

a) wenn der Unternehmer den Vertrag wegen eines schuldhaften Verhaltens des Handelsvertreters beendet hat, das aufgrund der einzelstaatlichen Rechtsvorschriften eine fristlose Beendigung des Vertrages rechtfertigt;

b)   wenn der Handelsvertreter das Vertragsverhältnis beendet hat, es sei denn, diese Beendigung ist aus Umständen, die dem Unternehmer zuzurechnen sind, oder durch Alter, Gebrechen oder Krankheit des Handelsvertreters, derentwegen ihm eine Fortsetzung seiner Tätigkeit billigerweise nicht zugemutet werden kann, gerechtfertigt;

c)   wenn der Handelsvertreter gemäss einer Vereinbarung mit dem Unternehmer die Rechte und Pflichten, die er nach dem Vertrag besitzt, an einen Dritten abtritt.

Artikel 19

Die Parteien können vor Ablauf des Vertrages keine Vereinbarungen treffen, die von Artikel 17 und 18 zum Nachteil des Handelsvertreters abweichen.

Artikel 20

(1)   Eine Vereinbarung, die den Handelsvertreter nach Beendigung des Vertrages in einer gewerblichen Tätigkeit einschränkt, wird in dieser Richtlinie als Wettbewerbsabrede bezeichnet.

(2)   Eine Wettbewerbsabrede ist nur gültig, wenn und soweit sie

a)   schriftlich getroffen worden ist und

b)   sich auf den dem Handelsvertreter zugewiesenen Bezirk oder Kundenkreis sowie auf Warengattungen erstreckt, die gemäss dem Vertrag Gegenstand seiner Vertretung sind.

(3)   Eine Wettbewerbsabrede ist längstens zwei Jahre nach Beendigung des Vertragsverhältnisses wirksam.

(4)   Dieser Artikel berührt nicht die einzelstaatlichen Rechtsvorschriften, die weitere Beschränkungen der Wirksamkeit oder Anwendbarkeit der Wettbewerbsabreden vorsehen oder nach denen die Gerichte die Verpflichtungen der Parteien aus einer solchen Vereinbarung mindern können.

KAPITEL V

Allgemeine und Schlussbestimmungen

Artikel 21

Diese Richtlinie verpflichtet keinen Mitgliedstaat die Offenlegung von Informationen vorzuschreiben, wenn eine solche Offenlegung mit einer öffentlichen Ordnung unvereinbar wäre.

Artikel 22

(1)   Die Mitgliedstaaten erlassen die erforderlichen Vorschriften, um dieser Richtlinie vor dem 1. Januar 1990 nachzukommen. Sie setzen die Kommission unverzüglich davon in Kenntnis. Die genannten Bestimmungen finden zumindest auf die nach ihrem Inkrafttreten geschlossenen Verträge Anwendung. Sie finden auf laufende Verträge spätestens am 1. Januar 1994 Anwendung.

(2)   Vom Zeitpunkt der Bekanntgabe dieser Richtlinie an teilen die Mitgliedstaaten der Kommission den Wortlaut der wesentlichen Rechts- oder Verwaltungsvorschriften mit, die sie auf dem unter diese Richtlinie fallenden Gebiet erlassen.

(3)   Jedoch gilt bezüglich Irlands und des Vereinigten Königreichs anstelle des Datums 1. Januar 1990 in Absatz 1 der 1. Januar 1994.
Bezüglich Italiens gilt hinsichtlich der sich aus Artikel 17 ergebenden Verpflichtungen anstelle des genannten Datums der 1. Januar 1993.

Artikel 23

Diese Richtlinie ist an die Mitgliedstaaten gerichtet.
Geschehen zu Brüssel am 18. Dezember 1986.

Im Namen des Rates
Der Präsident
M. JOPLING

7.   EWR-Abkommen vom 2. Mai 1992: Artikel 53–60

TEIL IV WETTBEWERBS- UND SONSTIGE GEMEINSAME REGELN

KAPITEL 1 VORSCHRIFTEN FÜR UNTERNEHMEN

Artikel 53

(1)   Mit diesem Abkommen unvereinbar und verboten sind alle Vereinbarungen zwischen Unternehmen, Beschlüsse von Unternehmensvereinigungen und aufeinander abgestimmte Verhaltensweisen, welche den Handel zwischen den Vertragsparteien zu beeinträchtigen geeignet sind und eine Verhinderung, Einschränkung oder Verfälschung des Wettbewerbs im räumlichen Geltungsbereich dieses Abkommens bezwecken oder bewirken, insbesondere

a)   die unmittelbare oder mittelbare Festsetzung der An- oder Verkaufspreise oder sonstiger Geschäftsbedingungen;

b)   die Einschränkung oder Kontrolle der Erzeugung, des Absatzes, der technischen Entwicklung oder der Investitionen;

c)   die Aufteilung der Märkte oder Versorgungsquellen;

d)   die Anwendung unterschiedlicher Bedingungen bei gleichwertigen Leistungen gegenüber Handelspartnern, wodurch diese im Wettbewerb benachteiligt werden;

e)   die an den Abschluss von Verträgen geknüpfte Bedingung, dass die Vertragsparteien zusätzliche Leistungen annehmen, die weder sachlich noch nach Handelsbrauch in Beziehung zum Vertragsgegenstand stehen.

(2)   Die nach diesem Artikel verbotenen Vereinbarungen oder Beschlüsse sind nichtig.

(3)   Die Bestimmungen des Absatzes 1 können für nicht anwendbar erklärt werden auf

–   Vereinbarungen oder Gruppen von Vereinbarungen zwischen Unternehmen,

–   Beschlüsse oder Gruppen von Beschlüssen von Unternehmensvereinigungen,

–   aufeinander abgestimmte Verhaltensweisen oder Gruppen von solchen, die unter angemessener Beteiligung der Verbraucher an dem entstehenden Gewinn zur Verbesserung der Warenerzeugung oder -verteilung oder zur Förderung des technischen oder wirtschaftlichen Fortschritts beitragen, ohne dass den beteiligten Unternehmen

a) Beschränkungen auferlegt werden, die für die Verwirklichung dieser Ziele nicht unerlässlich sind, oder

b) Möglichkeiten eröffnet werden, für einen wesentlichen Teil der betreffenden Waren den Wettbewerb auszuschalten.

Artikel 54

Mit diesem Abkommen unvereinbar und verboten ist die missbräuchliche Ausnutzung einer beherrschenden Stellung im räumlichen Geltungsbereich dieses Abkommens oder in einem wesentlichen Teil desselben durch ein oder mehrere Unternehmen, soweit dies dazu führen kann, den Handel zwischen den Vertragsparteien zu beeinträchtigen.

Dieser Missbrauch kann insbesondere in folgendem bestehen:

a) der unmittelbaren oder mittelbaren Erzwingung von unangemessenen Einkaufs- oder Verkaufspreisen oder sonstigen Geschäftsbedingungen;

b) der Einschränkung der Erzeugung, des Absatzes oder der technischen Entwicklung zum Schaden der Verbraucher;

c) der Anwendung unterschiedlicher Bedingungen bei gleichwertigen Leistungen gegenüber Handelspartnern, wodurch diese im Wettbewerb benachteiligt werden;

d) der an den Abschluss von Verträgen geknüpften Bedingung, dass die Vertragspartner zusätzliche Leistungen annehmen, die weder sachlich noch nach Handelsbrauch in Beziehung zum Vertragsgegenstand stehen.

Artikel 55

(1) Unbeschadet der Bestimmungen des Protokolls 21 und des Anhangs XIV zur Durchführung der Artikel 53 und 54 achten die EG-Kommission und die in Artikel 108 Absatz 1 genannte EFTA-Überwachungsbehörde auf die Verwirklichung der in den Artikeln 53 und 54 niedergelegten Grundsätze.

Das gemäss Artikel 56 zuständige Überwachungsorgan untersucht von Amts wegen, auf Antrag eines Staates in dem jeweiligen Zuständigkeitsbereich oder auf Antrag des anderen Überwachungsorgans die Fälle, in denen Zuwiderhandlungen gegen diese Grundsätze vermutet werden. Das zuständige

Überwachungsorgan führt diese Untersuchungen in Zusammenarbeit mit den zuständigen einzelstaatlichen Behörden in dem jeweiligen Zuständigkeitsbereich und dem anderen Überwachungsorgan durch, das ihm nach Massgabe seiner Geschäftsordnung Amtshilfe leistet.

Stellt es eine Zuwiderhandlung fest, so schlägt es geeignete Mittel vor, um diese abzustellen.

(2)   Wird die Zuwiderhandlung nicht abgestellt, so trifft das zuständige Überwachungsorgan in einer mit Gründen versehenen Entscheidung die Feststellung, dass eine derartige Zuwiderhandlung vorliegt.

Das zuständige Überwachungsorgan kann die Entscheidung veröffentlichen und die Staaten seines Zuständigkeitsbereichs ermächtigen, die erforderlichen Abhilfemassnahmen zu treffen, deren Bedingungen und Einzelheiten es festlegt. Es kann auch das andere Überwachungsorgan ersuchen, die Staaten in dem jeweiligen Zuständigkeitsbereich zu ermächtigen, solche Massnahmen zu treffen.

Artikel 56

(1)   Einzelfälle, die in den Anwendungsbereich des Artikels 53 fallen, werden von den Überwachungsorganen wie folgt entschieden:

a)   Einzelfälle, die nur den Handel zwischen EFTA-Staaten beeinträchtigen, werden von der EFTA-Überwachungsbehörde entschieden.

b)   Unbeschadet des Buchstabens c entscheidet die EFTA-Überwachungsbehörde nach Massgabe des Artikels 58, des Protokolls 21 und der diesbezueglichen Durchführungsbestimmungen, des Protokolls 23 und des Anhangs XIV in Fällen, in denen der Umsatz der betreffenden Unternehmen im Hoheitsgebiet der EFTA-Staaten 33% oder mehr ihres Umsatzes im räumlichen Geltungsbereich dieses Abkommens ausmacht.

c)   In allen sonstigen Fällen sowie in Fällen gemäss Buchstabe b, die den Handel zwischen EG-Mitgliedstaaten beeinträchtigen, entscheidet die EG-Kommission unter Berücksichtigung der Bestimmungen des Artikels 58, des Protokolls 21, des Protokolls 23 und des Anhangs XIV.

(2)   Einzelfälle, die in den Anwendungsbereich des Artikels 54 fallen, werden von dem Überwachungsorgan entschieden, in dessen Zuständigkeitsbereich die beherrschende Stellung festgestellt wird. Besteht die beherrschende Stellung in den Zuständigkeitsbereichen beider Überwachungsorgane, so gilt Absatz 1 Buchstaben b und c.

(3)   Einzelfälle, die in den Anwendungsbereich des Absatzes 1 Buchstabe c fallen und die keine spürbaren Auswirkungen auf den Handel zwischen EG-Mitgliedstaaten oder auf den Wettbewerb innerhalb der Gemeinschaft haben, werden von der EFTA-Überwachungsbehörde entschieden.

(4)   Die Begriffe «Unternehmen» und «Umsatz» im Sinne dieses Artikels werden in Protokoll 22 bestimmt.

Artikel 57

(1)   Zusammenschlüsse, deren Kontrolle in Absatz 2 vorgesehen ist und die eine beherrschende Stellung begründen oder verstärken, durch die wirksamer Wettbewerb im räumlichen Geltungsbereich dieses Abkommens oder in einem wesentlichen Teil desselben erheblich behindert wird, werden für mit diesem Abkommen unvereinbar erklärt.

(2)   Die Kontrolle der Zusammenschlüsse im Sinne des Absatzes 1 wird durchgeführt von:

a)   der EG-Kommission in den unter die Verordnung (EWG) Nr. 4064/89 fallenden Fällen im Einklang mit jener Verordnung und den Protokollen 21 und 24 sowie dem Anhang XIV dieses Abkommens. Vorbehaltlich einer Überprüfung durch den Gerichtshof der Europäischen Gemeinschaften hat die EG-Kommission in diesen Fällen die alleinige Entscheidungsbefugnis;

b)   der EFTA-Überwachungsbehörde in den nicht unter Buchstabe a genannten Fällen, sofern die einschlägigen Schwellen des Anhangs XIV im Hoheitsgebiet der EFTA-Staaten erreicht werden, im Einklang mit den Protokollen 21 und 24 sowie dem Anhang XIV und unbeschadet der Zuständigkeiten der EG-Mitgliedstaaten.

Artikel 58

Die zuständigen Organe der Vertragsparteien arbeiten nach Massgabe der Protokolle 23 und 24 zusammen, um im gesamten Europäischen Wirtschaftsraum eine einheitliche Überwachung für den Wettbewerbsbereich zu entwickeln und aufrechtzuerhalten und um eine homogene Durchführung, Anwendung und Auslegung der einschlägigen Bestimmungen dieses Abkommens zu fördern.

Artikel 59

(1)   Die Vertragsparteien sorgen dafür, dass in bezug auf öffentliche Unternehmen und auf Unternehmen, denen EG-Mitgliedstaaten oder EFTA-Staaten besondere oder ausschliessliche Rechte gewähren, keine Massnahmen getroffen oder beibehalten werden, die diesem Abkommen, insbesondere Artikel 4 und den Artikeln 53 bis 63, widersprechen.

(2)   Für Unternehmen, die mit Dienstleistungen von allgemeinem wirtschaftlichen Interesse betraut sind oder den Charakter eines Finanzmonopols haben, gelten die Vorschriften dieses Abkommens, insbesondere die Wettbewerbsregeln, soweit die Anwendung dieser Vorschriften nicht die Erfüllung der ihnen übertragenen besonderen Aufgabe rechtlich oder tatsächlich verhindert. Die Entwicklung des Handelsverkehrs darf nicht in einem Ausmass beeinträchtigt werden, das dem Interesse der Vertragsparteien zuwiderläuft.

(3)   Die EG-Kommission und die EFTA-Überwachungsbehörde achten im Rahmen ihrer jeweiligen Zuständigkeit auf die Anwendung dieses Artikels und treffen erforderlichenfalls die geeigneten Massnahmen gegenüber den Staaten in ihrem jeweiligen Zuständigkeitsbereich.

Artikel 60

Die besonderen Bestimmungen zur Durchführung der Grundsätze der Artikel 53, 54, 57 und 59 sind in Anhang XIV enthalten.

8. Auszug aus dem Bundesgesetz über Kartelle und andere Wettbewerbsbeschränkungen vom 6. Oktober 1995 (Stand am 13. Juni 2006) (Artikel 1–8)

Die Bundesversammlung der Schweizerischen Eidgenossenschaft,
gestützt auf die Artikel 27 Absatz 1, 96[1], 97 Absatz 2 und 122[2]
der Bundesverfassung [3],[4]
in Ausführung der wettbewerbsrechtlichen Bestimmungen internationaler Abkommen,
nach Einsicht in die Botschaft des Bundesrates vom 23. November 1994[5]
beschliesst:

1. Kapitel: Allgemeine Bestimmungen

Art. 1   Zweck

Dieses Gesetz bezweckt, volkswirtschaftlich oder sozial schädliche Auswirkungen von Kartellen und anderen Wettbewerbsbeschränkungen zu verhindern und damit den Wettbewerb im Interesse einer freiheitlichen marktwirtschaftlichen Ordnung zu fördern.

Art. 2   Geltungsbereich

[1] Das Gesetz gilt für Unternehmen des privaten und des öffentlichen Rechts, die Kartell- oder andere Wettbewerbsabreden treffen, Marktmacht ausüben oder sich an Unternehmenszusammenschlüssen beteiligen.

[1bis] Als Unternehmen gelten sämtliche Nachfrager oder Anbieter von Gütern und Dienstleistungen im Wirtschaftsprozess, unabhängig von ihrer Rechts- oder Organisationsform [6]

[2] Das Gesetz ist auf Sachverhalte anwendbar, die sich in der Schweiz auswirken, auch wenn sie im Ausland veranlasst werden.

Art. 3   Verhältnis zu anderen Rechtsvorschriften

---

[1]   Dieser Bestimmung entspricht Art. 31bis der BV vom 29. Mai 1874 [BS 1 3], AS 1996 546.
[2]   Dieser Bestimmung entspricht Art. 64 der BV vom 29. Mai 1874 [BS 1 3].
[3]   SR 101.
[4]   Fassung gemäss Ziff. I des BG vom 20. Juni 2003, in Kraft seit 1. April 2004 (AS 2004 1385 1390; BBl 2002 2022 5506).
[5]   BBl 1995 I 468.
[6]   Eingefügt durch Ziff. I des BG vom 20. Juni 2003, in Kraft seit 1. April 2004 (AS 2004 1385 1390; BBl 2002 2022 5506).

¹ Vorbehalten sind Vorschriften, soweit sie auf einem Markt für bestimmte Waren oder Leistungen Wettbewerb nicht zulassen, insbesondere Vorschriften:
a. die eine staatliche Markt- oder Preisordnung begründen;
b. die einzelnen Unternehmen zur Erfüllung öffentlicher Aufgaben mit besonderen Rechten ausstatten.

² Nicht unter das Gesetz fallen Wettbewerbswirkungen, die sich ausschliesslich aus der Gesetzgebung über das geistige Eigentum ergeben. Hingegen unterliegen Einfuhrbeschränkungen, die sich auf Rechte des geistigen Eigentums stützen, der Beurteilung nach diesem Gesetz.[7]

³ Verfahren zur Beurteilung von Wettbewerbsbeschränkungen nach diesem Gesetz gehen Verfahren nach dem Preisüberwachungsgesetz vom 20. Dezember 1985[8] vor, es sei denn die Wettbewerbskommission und der Preisüberwacher treffen gemeinsam eine gegenteilige Regelung.

Art. 4 Begriffe

¹ Als Wettbewerbsabreden gelten rechtlich erzwingbare oder nicht erzwingbare Vereinbarungen sowie aufeinander abgestimmte Verhaltensweisen von Unternehmen gleicher oder verschiedener Marktstufen, die eine Wettbewerbsbeschränkung bezwecken oder bewirken.

² Als marktbeherrschende Unternehmen gelten einzelne oder mehrere Unternehmen, die auf einem Markt als Anbieter oder Nachfrager in der Lage sind, sich von andern Marktteilnehmern (Mitbewerbern, Anbietern oder Nachfragern) in wesentlichem Umfang unabhängig zu verhalten.[9]

³ Als Unternehmenszusammenschluss gilt:
a. die Fusion von zwei oder mehr bisher voneinander unabhängigen Unternehmen;
b. jeder Vorgang, wie namentlich der Erwerb einer Beteiligung oder der Abschluss eines Vertrages, durch den ein oder mehrere Unternehmen unmittelbar oder mittelbar die Kontrolle über ein oder mehrere bisher unabhängige Unternehmen oder Teile von solchen erlangen.

---

[7] Satz eingefügt durch Ziff. I des BG vom 20. Juni 2003, in Kraft seit 1. April 2004 (AS 2004 1385 1390; BBl 2002 2022 5506).
[8] SR 942.20.
[9] Fassung gemäss Ziff. I des BG vom 20. Juni 2003, in Kraft seit 1. April 2004 (AS 2004 1385 1390; BBl 2002 2022 5506).

2. Kapitel: Materiellrechtliche Bestimmungen

1. Abschnitt: Unzulässige Wettbewerbsbeschränkungen

Art. 5   Unzulässige Wettbewerbsabreden

[1] Abreden, die den Wettbewerb auf einem Markt für bestimmte Waren oder Leistungen erheblich beeinträchtigen und sich nicht durch Gründe der wirtschaftlichen Effizienz rechtfertigen lassen, sowie Abreden, die zur Beseitigung wirksamen Wettbewerbs führen, sind unzulässig.

[2] Wettbewerbsabreden sind durch Gründe der wirtschaftlichen Effizienz gerechtfertigt, wenn sie:

a. notwendig sind, um die Herstellungs- oder Vertriebskosten zu senken, Produkte oder Produktionsverfahren zu verbessern, die Forschung oder die Verbreitung von technischem oder beruflichem Wissen zu fördern oder um Ressourcen rationeller zu nutzen; und

b. den beteiligten Unternehmen in keinem Fall Möglichkeiten eröffnen, wirksamen Wettbewerb zu beseitigen.

[3] Die Beseitigung wirksamen Wettbewerbs wird bei folgenden Abreden vermutet, sofern sie zwischen Unternehmen getroffen werden, die tatsächlich oder der Möglichkeit nach miteinander im Wettbewerb stehen:

a. Abreden über die direkte oder indirekte Festsetzung von Preisen;

b. Abreden über die Einschränkung von Produktions-, Bezugs- oder Liefermengen;

c. Abreden über die Aufteilung von Märkten nach Gebieten oder Geschäftspartnern.

[4] Die Beseitigung wirksamen Wettbewerbs wird auch vermutet bei Abreden zwischen Unternehmen verschiedener Marktstufen über Mindest- oder Festpreise sowie bei Abreden in Vertriebsverträgen über die Zuweisung von Gebieten, soweit Verkäufe in diese durch gebietsfremde Vertriebspartner ausgeschlossen werden.[10]

Art. 6   Gerechtfertigte Arten von Wettbewerbsabreden

[1] In Verordnungen oder allgemeinen Bekanntmachungen können die Voraussetzungen umschrieben werden, unter denen einzelne Arten von Wettbewerbsabreden aus Gründen der wirtschaftlichen Effizienz in der Regel als gerechtfertigt gelten. Dabei werden insbesondere die folgenden Abreden in Betracht gezogen:

---

[10]   Eingefügt durch Ziff. I des BG vom 20. Juni 2003, in Kraft seit 1. April 2004 (AS 2004 1385 1390; BBl 2002 2022 5506).

a. Abreden über die Zusammenarbeit bei der Forschung und Entwicklung;

b. Abreden über die Spezialisierung und Rationalisierung, einschliesslich diesbezügliche Abreden über den Gebrauch von Kalkulationshilfen;

c. Abreden über den ausschliesslichen Bezug oder Absatz bestimmter Waren oder Leistungen;

d. Abreden über die ausschliessliche Lizenzierung von Rechten des geistigen Eigentums;

e. [11] Abreden mit dem Zweck, die Wettbewerbsfähigkeit kleiner und mittlerer Unternehmen zu verbessern, sofern sie nur eine beschränkte Marktwirkung aufweisen.

[2] Verordnungen und allgemeine Bekanntmachungen können auch besondere Kooperationsformen in einzelnen Wirtschaftszweigen, namentlich Abreden über die rationelle Umsetzung von öffentlich-rechtlichen Vorschriften zum Schutze von Kunden oder Anlegern im Bereich der Finanzdienstleistungen, als in der Regel gerechtfertigte Wettbewerbsabreden bezeichnen.

[3] Allgemeine Bekanntmachungen werden von der Wettbewerbskommission im Bundesblatt veröffentlicht. Verordnungen im Sinne der Absätze 1 und 2 werden vom Bundesrat erlassen.

Art. 7   Unzulässige Verhaltensweisen marktbeherrschender Unternehmen

[1] Marktbeherrschende Unternehmen verhalten sich unzulässig, wenn sie durch den Missbrauch ihrer Stellung auf dem Markt andere Unternehmen in der Aufnahme oder Ausübung des Wettbewerbs behindern oder die Marktgegenseite benachteiligen.

[2] Als solche Verhaltensweisen fallen insbesondere in Betracht:

a. die Verweigerung von Geschäftsbeziehungen (z.B. die Liefer- oder Bezugssperre);

b. die Diskriminierung von Handelspartnern bei Preisen oder sonstigen Geschäftsbedingungen;

c. die Erzwingung unangemessener Preise oder sonstiger unangemessener Geschäftsbedingungen;

d. die gegen bestimmte Wettbewerber gerichtete Unterbietung von Preisen oder sonstigen Geschäftsbedingungen;

e. die Einschränkung der Erzeugung, des Absatzes oder der technischen Entwicklung;

---

[11]   Eingefügt durch Ziff. I des BG vom 20. Juni 2003, in Kraft seit 1. April 2004 (AS 2004 1385 1390; BBl 2002 2022 5506).

f. die an den Abschluss von Verträgen gekoppelte Bedingung, dass die Vertragspartner zusätzliche Leistungen annehmen oder erbringen.

Art. 8   Ausnahmsweise Zulassung aus überwiegenden öffentlichen
         Interessen

Wettbewerbsabreden und Verhaltensweisen marktbeherrschender Unternehmen, die von der zuständigen Behörde für unzulässig erklärt wurden, können vom Bundesrat auf Antrag der Beteiligten zugelassen werden, wenn sie in Ausnahmefällen notwendig sind, um überwiegende öffentliche Interessen zu verwirklichen.

9. Weko Bekanntmachung betreffend Abreden mit beschränkter Marktwirkung (KMU-Bekanntmachung) vom 19. Dezember 2005

In Erwägung,

I) dass die Wettbewerbskommission nach Art. 6 Abs. 1 KG in allgemeinen Bekanntmachungen die Voraussetzungen umschreiben kann, unter denen einzelne Arten von Wettbewerbsabreden aus Gründen der wirtschaftlichen Effizienz im Sinne von Art. 5 Abs. 2 KG in der Regel als gerechtfertigt gelten;

II) dass dabei unter anderem Abreden in Betracht fallen mit dem Zweck, die Wettbewerbsfähigkeit von kleinen und mittleren Unternehmen (KMU) sowie Kleinstunternehmen zu verbessern, sofern sie nur eine beschränkte Marktwirkung aufweisen (Art. 6 Abs. 1 lit. e KG);

III) dass einerseits insbesondere Preis-, Gebiets- und Mengenabreden zwischen Konkurrenten (Art. 5 Abs. 3 KG) sowie Preisbindungen und Gebietsabreden in Vertriebsverträgen (Art. 5 Abs. 4 KG) als problematisch anzusehen sind;

IV) dass andererseits Abreden von kleinen und mittleren Unternehmen sowie Kleinstunternehmen dann einer Rechtfertigung aus Gründen der wirtschaftlichen Effizienz zugänglich sind, wenn sie der Verbesserung der Wettbewerbsfähigkeit dieser Unternehmen dienen (Art. 6 Abs. 1 lit. e KG);

V) dass bei derartigen Abreden nicht von einer beschränkten Marktwirkung (Art. 6 Abs. 1 lit. e KG am Ende) ausgegangen werden kann, wenn sie marktumfassend sind;

VI) dass es die ersten Erfahrungen erlauben, Umstände zu formulieren, unter welchen nach der vorliegenden Bekanntmachung angenommen werden darf, eine horizontale oder vertikale Wettbewerbsabrede diene der Verbesserung der Wettbewerbsfähigkeit und weise nur eine beschränkte Marktwirkung auf;

VII) dass damit der spezifischen wettbewerbsrechtlichen Situation der KMU im binnenwirtschaftlichen, aber auch im gesamtwirtschaftlichen und internationalen Umfeld Rechnung getragen werden soll und gleichzeitig die Ausgangslage der Kleinstunternehmen besondere Berücksichtigung finden soll;

VIII) dass dabei das Recht Dritter, bei den Wettbewerbsbehörden eine Anzeige wegen wettbewerbswidrigen Verhaltens einzureichen, unberührt bleibt und auch zivilrechtliche Ansprüche Dritter wegen Behinderung in der Aufnahme oder Ausübung des Wettbewerbs vorbehalten bleiben;

IX) dass die Zeit seit dem Inkrafttreten der Revision 2003 noch zu begrenzt ist, um eine umfassende Praxisbildung zu erlauben;

X) dass die mit dieser Bekanntmachung gemachten Erfahrungen nach spätestens zwei Jahren zu überprüfen sind;

erlässt die Wettbewerbskommission gestützt auf Art. 6 Abs. 1 lit. e KG die folgende Bekanntmachung:

A. Allgemeine Bestimmungen

Ziffer 1   Verzicht auf Verfahrenseröffnung

(1)   Die Wettbewerbskommission erachtet Wettbewerbsabreden in der Regel nach Art. 5 KG als zulässig, wenn sie gemäss Ziffer 2 dieser Bekanntmachung im Dienste einer Verbesserung der Wettbewerbsfähigkeit der beteiligten Unternehmen stehen und ihnen im Sinne von Ziffer 3 nur eine beschränkte Marktwirkung zukommt.

(2)   Wettbewerbsabreden, an denen ausschliesslich Kleinstunternehmen im Sinne von Ziffer 4 beteiligt sind, gelten in der Regel nicht als erhebliche Beeinträchtigung des Wettbewerbs.

(3)   Bei Abreden gemäss den Absätzen 1 und 2 sieht die Wettbewerbskommission in der Regel keinen Grund zur Eröffnung eines wettbewerbsrechtlichen Verfahrens.

B. Kriterien

Ziffer 2   Verbesserung der Wettbewerbsfähigkeit

(1)   Eine Wettbewerbsabrede dient in der Regel der Verbesserung der Wettbewerbsfähigkeit, wenn sie durch leistungssteigernde oder innovationsfördernde Massnahmen Grössen- oder Verbundvorteile ermöglicht oder wenn sie Verkaufsanreize für die nachgelagerte Stufe schafft und sie hierzu notwendig ist.

(2)   Solche Verbesserungen können sich namentlich bei Abreden in folgenden Bereichen ergeben:

a)   Produktion (z.B. Ausweitung oder Verbreiterung der Produktion, Erhöhung der Qualität);

b)   Forschung und Entwicklung (z.B. gemeinsame Forschungs- und Entwicklungsprojekte);

c)   Finanzierung, Verwaltung und Rechnungswesen (z.B. zentrale Auftragsverwaltung);

d)   Werbung und Marketing (z.B. gemeinsame Werbemittel, gemeinsame Zeitschriftenbeilage);

e)   Einkauf, Vertrieb und Logistik (z.B. Einkaufs-, Transport- und Lagerhaltungsgemeinschaften);

f)   Markteintritt von Produkten oder Unternehmen (z.B. Vertriebsabreden, Franchising).

Ziffer 3   Beschränkte Marktwirkung

(1)   In der Regel weisen Wettbewerbsabreden eine beschränkte Marktwirkung auf, wenn

a)   der von den an einer horizontalen Wettbewerbsabrede beteiligten Unternehmen insgesamt gehaltene Marktanteil auf keinem der von der Abrede betroffenen relevanten Märkten 10% überschreitet, oder

b)   der von jedem an einer vertikalen Wettbewerbsabrede (insbesondere Vertriebsabrede) beteiligten Unternehmen gehaltene Marktanteil auf keinem der von der Abrede betroffenen relevanten Märkte 15% überschreitet.

(2)   Von einer beschränkten Marktwirkung wird nicht ausgegangen, wenn

a)   eine horizontale Wettbewerbsabrede eine Abrede über die direkte oder indirekte Festsetzung von Preisen, die Einschränkung von Produktions-, Bezugs- oder Liefermengen oder die Aufteilung von Märkten nach Gebieten oder Geschäftspartnern beinhaltet (vgl. Art. 5 Abs. 3 lit. a–c KG), oder

b)   eine vertikale Wettbewerbsabrede eine Abrede über Mindest- oder Festpreise oder absoluten Gebietsschutz beinhaltet (vgl. Art. 5 Abs. 4 KG).

C. Spezialregeln für Kleinstunternehmen

Ziffer 4 Definition

Als Kleinstunternehmen gelten Unternehmen, welche weniger als 10 Personen (Mitarbeitende) beschäftigen und deren Jahresumsatz in der Schweiz CHF 2 Mio. nicht überschreitet.

Ziffer 5 Regeln

Die Wettbewerbskommission erachtet Wettbewerbsabreden, an denen ausschliesslich Kleinstunternehmen beteiligt sind, in der Regel als unerheblich, es sei denn,

a) eine horizontale Wettbewerbsabrede zwischen Kleinstunternehmen beinhalte eine Abrede über die direkte oder indirekte Festsetzung von Preisen, die Einschränkung von Produktions-, Bezugs- oder Liefermengen oder die Aufteilung von Märkten nach Gebieten oder Geschäftspartnern (vgl. Art. 5 Abs. 3 lit. a–c KG), oder

b) eine vertikale Wettbewerbsabrede zwischen Kleinstunternehmen beinhalte eine Abrede über Mindest- oder Festpreise oder absoluten Gebietsschutz (vgl. Art. 5 Abs. 4 KG).

D. Gemeinsame Bestimmungen

Ziffer 6 Unternehmen

Als Unternehmen gelten alle Einheiten des privaten und des öffentlichen Rechts, unabhängig von ihrer Rechtsform, die eine wirtschaftliche Tätigkeit als Nachfrager oder Anbieter von Gütern und Dienstleistungen im Wirtschaftsprozess ausüben (Art. 2 Abs. 1 und 1bis KG).

Ziffer 7 Abreden

(1)   Als Wettbewerbsabreden gelten rechtlich erzwingbare oder nicht erzwingbare Vereinbarungen sowie aufeinander abgestimmte Verhaltensweisen von Unternehmen gleicher oder verschiedener Marktstufen, die eine Wettbewerbsbeschränkung bezwecken oder bewirken (Art. 4 Abs. 1 KG).

(2)   Als horizontale Wettbewerbsabreden gelten rechtlich erzwingbare oder nicht erzwingbare Vereinbarungen sowie aufeinander abgestimmte Verhaltensweisen zwischen Unternehmen gleicher Marktstufe, die tatsächlich oder der Möglichkeit nach miteinander im Wettbewerb stehen.

(3)   Als vertikale Wettbewerbsabreden gelten rechtlich erzwingbare oder nicht erzwingbare Vereinbarungen sowie aufeinander abgestimmte Verhaltensweisen von zwei oder mehr Unternehmen verschiedener Marktstufen, welche die Geschäftsbedingungen betreffen, zu denen die beteiligten Unternehmen bestimmte Waren oder Dienstleistungen beziehen, verkaufen oder weiterverkaufen können.

Ziffer 8   Zahl der Mitarbeitenden

(1)   Die Zahl der Mitarbeitenden entspricht der Zahl der Personen, die im Unternehmen oder auf Rechnung dieses Unternehmens während des letzten Rechnungsjahres einer Vollbeschäftigung nachgegangen sind. Die Arbeit von Personen, die nicht das ganze Jahr gearbeitet haben oder die im Rahmen einer Teilzeitregelung tätig waren, wird anteilsmässig berücksichtigt. Bei einem neu gegründeten Unternehmen, das noch keinen Jahresabschluss vorweisen kann, gilt die Zahl der Mitarbeitenden im Zeitpunkt der Beteiligung an der Abrede.

(2)   Die Zahl der Mitarbeitenden umfasst:

a)   Für das Unternehmen tätige Personen, die in einem Unterordnungsverhältnis zu diesem stehen (insbesondere Lohn- und Gehaltsempfänger);

b)   mitarbeitende Eigentümer;

c)   Teilhaber, die eine regelmässige Tätigkeit im Unternehmen ausüben und finanzielle Vorteile daraus ziehen.

(3)   In der beruflichen Ausbildung stehende Personen, die in einem Lehrvertragsverhältnis stehen, werden in der Zahl der Mitarbeitenden nicht berücksichtigt.

Ziffer 9   Jahresumsatz

Für die Berechnung des Jahresumsatzes der an der Abrede beteiligten Unternehmen gelten die Art. 4 bis 8 der Verordnung über die Kontrolle von Unternehmenszusammenschlüssen (VKU, SR 251.4) analog.

Ziffer 10   Überprüfung

Die Wettbewerbskommission überprüft die Auswirkungen dieser Bekanntmachung nach spätestens zwei Jahren.

Ziffer 11   Publikation

Diese Bekanntmachung wird im Bundesblatt veröffentlicht (Art. 6 Abs. 3 KG).

10. Weko Bekanntmachung über die wettbewerbsrechtliche Behandlung vertikaler Abreden vom 2. Juli 2007[1]

Die Wettbewerbskommission erlässt die folgende allgemeine Bekanntmachung in Erwägung nachstehender Gründe:

(1) Gemäss Art. 6 des Bundesgesetzes über Kartelle und andere Wettbewerbsbeschränkungen (KG; SR 251) kann die Wettbewerbskommission in allgemeinen Bekanntmachungen die Voraussetzungen umschreiben, unter denen einzelne Arten von Wettbewerbsabreden aus Gründen der wirtschaftlichen Effizienz im Sinne von Art. 5 Abs. 2 KG in der Regel als gerechtfertigt gelten. Wenn ein Bedürfnis nach mehr Rechtssicherheit es erfordert, kann sie in analoger Anwendung von Art. 6 KG auch andere Grundsätze der Rechtsanwendung in allgemeinen Bekanntmachungen veröffentlichen.

(2) Vertikale Vereinbarungen können die volkswirtschaftliche Effizienz innerhalb einer Produktions- oder Vertriebskette erhöhen, weil sie eine bessere Koordinierung zwischen den beteiligten Unternehmen ermöglichen. Sie können insbesondere die Transaktions- und Distributionskosten der Beteiligten verringern und deren Umsätze und Investitionen optimieren.

(3) Die Wahrscheinlichkeit, dass derartige effizienzsteigernde Wirkungen stärker ins Gewicht fallen als wettbewerbsschädliche Wirkungen, die von Beschränkungen in vertikalen Abreden verursacht werden, hängt abgesehen von bestimmten Arten schwerwiegender wettbewerbsschädigender Beschränkungen von der Marktmacht der beteiligten Unternehmen und somit vom Ausmass des Wettbewerbs zwischen Anbietern verschiedener Marken (Interbrand-Wettbewerb) ab.

(4) Im Rahmen der KG-Revision 2003 wurden mit dem Art. 5 Abs. 4 KG neue Tatbestände eingeführt mit dem Ziel, Preisbindungen und Abschottungen des schweizerischen Marktes zu verhindern und den markeninternen Wettbewerb zu fördern. Gemäss Art. 5 Abs. 4 KG wird die Beseitigung des Wettbewerbs bei der Festsetzung von Mindest- oder Festpreisen (Preisbindungen zweiter Hand) oder bei gebietsabschottenden Klauseln, die ein Verbot des Passivverkaufs an Händler oder Endkunden statuieren, vermutet. Unter Art. 5 Abs. 4 KG fallen auch als Preisempfehlungen gekennzeichnete Preisbindungen zweiter Hand (Ziffer 10 (1) sowie Ziffer 11).

---

[1] Massgebend ist der im Bundesblatt zu veröffentlichende Text.

(5)   Mit der vorliegenden Bekanntmachung gibt die Wettbewerbskommission bekannt, nach welchen Kriterien sie die Vermutung der Beseitigung des wirksamen Wettbewerbs im Sinne von Art. 5 Abs. 4 KG und die Erheblichkeit im Lichte von Art. 5 Abs. 1 KG beurteilen wird[2].

(6)   Ziffer 10 (2) konkretisiert die Widerlegung der Vermutung gemäss Art. 5 Abs. 4 KG wie folgt: Die Vermutung der Beseitigung des Wettbewerbs kann nicht durch den blossen Nachweis von Interbrand-Wettbewerb widerlegt werden. Die Gründe hierfür sind die Folgenden: Erstens entspricht diese Regel dem in den parlamentarischen Beratungen ausgedrückten Willen des Gesetzgebers[3]. Zweitens geht die Wettbewerbskommission bei den von Art. 5 Abs. 4 KG erfassten Tatbeständen davon aus, dass die damit verbundenen wettbewerbsschädlichen Wirkungen die effizienzsteigernden Wirkungen überwiegen. Drittens entspricht dieser Ansatz der Praxis der europäischen Wettbewerbsbehörden, welche insbesondere Preisbindungen zweiter Hand und gebietsabschottende Klauseln grundsätzlich verbietet.

(7)   Ziffer 12 zeigt auf, welche Abreden unabhängig vom Marktanteil der Beteiligten als erhebliche Wettbewerbsbeeinträchtigung betrachtet werden. Nach Massgabe von Ziffer 14 muss die Erheblichkeit der Wettbewerbsbeeinträchtigung – mit Ausnahme von Abreden gemäss Ziffer 13 – bei allen anderen Abreden im Einzelfall überprüft werden.

(8)   Ziffer 13 macht deutlich, dass in der Regel keine erhebliche Wettbewerbsbeeinträchtigung vorliegt, falls die Marktanteilsschwelle von 15% nicht überschritten wird und sich die Abrede nicht kumulativ mit anderen Abreden auf den Markt auswirkt (Bagatellfälle). Wird die Marktanteilsschwelle von 15% überschritten oder wirkt sich die Abrede kumulativ mit anderen Abreden auf den Markt aus, wird die Wettbewerbsbeeinträchtigung im Einzelfall geprüft.

(9)   Kann die Vermutung der Beseitigung des wirksamen Wettbewerbs widerlegt werden und liegt eine den Wettbewerb erheblich beeinträchtigende Abrede vor, ist zu prüfen, ob die Wettbewerbsbeschränkung durch Gründe der wirtschaftlichen Effizienz gerechtfertigt werden kann. In Ziffer 15 werden die Voraussetzungen umschrieben, unter denen vertikale Wettbewerbsabreden

---

[2]   Vgl. Prüfschema für die Beurteilung von vertikalen Abreden im Anhang.
[3]   Vgl. Medienmitteilungen WAK-S und WAK-N vom 31. Januar 2003 bzw. 30. April 2003 betreffend vertikale Abreden gemäss Art. 5 Abs. 4 KG, abrufbar unter www.parlament.ch [2. Juli 2007].

aus Gründen der wirtschaftlichen Effizienz im Sinne von Art. 5 Abs. 2 KG in der Regel als gerechtfertigt gelten. Sind keine Effizienzgründe ersichtlich, ist die Abrede unzulässig. Wird der wirksame Wettbewerb gemäss Art. 5 Abs. 4 KG beseitigt, können keine Effizienzgründe geltend gemacht werden.

(10)   Ziffer 9 (2) bringt zum Ausdruck, dass Wettbewerbsabreden, an denen Kleinstunternehmen i.S. der Bekanntmachung betreffend Abreden mit beschränkter Marktwirkung vom 19. Dezember 2005 (KMU-Bekanntmachung[4]) beteiligt sind, den Wettbewerb nur bei Abreden nach Art. 5 Abs. 4 KG erheblich beeinträchtigen.

(11)   Die vorliegende Bekanntmachung lehnt sich an die Verordnung (EG) Nr. 2790/1999 der Kommission vom 22. Dezember 1999 über die Anwendung von Artikel 81 Absatz 3 des Vertrages auf Gruppen von vertikalen Vereinbarungen und aufeinander abgestimmten Verhaltensweisen (ABl 1999 L 336/21) sowie die Mitteilung der Kommission betreffend Leitlinien für vertikale Beschränkungen (ABl 2000 C 291/1) an. Sie berücksichtigt die in der Schweiz herrschenden rechtlichen und wirtschaftlichen Bedingungen.

(12)   Diese Bekanntmachung bindet die Zivilgerichte, das Bundesverwaltungsgericht und das Bundesgericht nicht bei der Auslegung der kartellrechtlichen Bestimmungen.

A. Begriffe

Ziffer 1   Vertikale Wettbewerbsabreden

Erzwingbare oder nicht erzwingbare Vereinbarungen sowie aufeinander abgestimmte Verhaltensweisen (vgl. Art. 4 Abs. 1 KG) von Unternehmen verschiedener Marktstufen, welche die Geschäftsbedingungen betreffen, zu denen die beteiligten Unternehmen bestimmte Waren oder Dienstleistungen beziehen, verkaufen oder weiterverkaufen können.

Ziffer 2   Aktiver Verkauf

Die aktive Ansprache einzelner Kunden (Endkunden oder Händler) in einem Gebiet oder einzelner Mitglieder einer Kundengruppe, das bzw. die der Lieferant sich selbst vorbehalten oder ausschliesslich einem anderen Händler zugewiesen hat.

---

[4]   Abrufbar unter www.weko.ch.

Ziffer 3 Passiver Verkauf

Die Erfüllung unaufgeforderter Bestellungen einzelner Kunden (Endkunden oder Händler) aus einem Gebiet oder einzelner Mitglieder einer Kundengruppe, das bzw. die der Lieferant sich selbst vorbehalten oder ausschliesslich einem anderen Händler zugewiesen hat, d.h. das Liefern von Waren an bzw. das Erbringen von Dienstleistungen für solche Kunden.

Ziffer 4 Selektive Vertriebssysteme

(1) Allgemein

Vereinbarungen zwischen Lieferant und Händler, wonach

i) der Lieferant die Vertragswaren oder -dienstleistungen nur an Händler verkaufen darf, die aufgrund festgelegter Merkmale ausgewählt werden (zugelassene Händler) und

ii) diese Händler die betreffenden Waren oder Dienstleistungen nicht an Händler weiter verkaufen dürfen, die nicht zum Vertrieb zugelassen sind.

(2) Rein qualitativer Selektivvertrieb

Vertriebssystem, bei dem die Auswahl der Händler ausschliesslich nach objektiven qualitativen Kriterien erfolgt, die sich nach den Anforderungen des betreffenden Produkts – z.B. in Bezug auf die Verkäuferschulung, den in der Verkaufsstätte gebotenen Service oder ein bestimmtes Spektrum der angebotenen Produkte – richten.

Ziffer 5 Querlieferungen

Die gegenseitige Belieferung von Händlern gleicher oder unterschiedlicher Marktstufen innerhalb eines selektiven Vertriebssystems.

Ziffer 6 Wettbewerbsverbote

Alle unmittelbaren oder mittelbaren Verpflichtungen, die den Käufer veranlassen, keine Waren oder Dienstleistungen herzustellen, zu beziehen, zu verkaufen oder weiterzuverkaufen, die mit den Vertragswaren oder -dienstleistungen im Wettbewerb stehen. Des Weiteren alle unmittelbaren oder mittelbaren Verpflichtungen des Käufers, mehr als 80% seiner auf der Grundlage des Einkaufswertes des vorherigen Kalenderjahres berechneten gesamten Einkäufe von Vertragswaren oder – dienstleistungen sowie ihrer Substitute auf dem relevanten Markt vom Lieferanten oder einem anderen vom Lieferanten bezeichneten Unternehmen zu beziehen.

Ziffer 7   Know-how

Eine Gesamtheit nicht patentierter praktischer Kenntnisse, die der Lieferant durch Erfahrung und Erprobung gewonnen hat und die

i)   geheim, d.h. nicht allgemein bekannt und nicht leicht zugänglich sind,

ii)   wesentlich, d.h. für die Verwendung, den Verkauf oder den Weiterverkauf der Vertragswaren oder -dienstleistungen unerlässlich sind, und

iii)   identifiziert sind, d.h. umfassend genug beschrieben sind, so dass überprüft werden kann, ob die Merkmale «geheim» und «wesentlich» erfüllt sind.

B. Regeln

Ziffer 8   Geltungsbereich

(1)   Diese Bekanntmachung gilt für vertikale Wettbewerbsabreden.

(2)   Die Anwendung der vorliegenden Bekanntmachung schliesst nicht aus, dass ein Sachverhalt ganz oder teilweise als horizontale Wettbewerbsabrede gemäss Art. 5 Abs. 3 KG qualifiziert oder von Art. 7 KG erfasst wird. Diesfalls ist der Sachverhalt unabhängig von der vorliegenden Bekanntmachung gemäss den einschlägigen Vorschriften des Kartellgesetzes zu beurteilen.

(3)   Diese Bekanntmachung gilt nicht für vertikale Vereinbarungen, die Bestimmungen enthalten, welche die Übertragung von geistigen Eigentumsrechten auf den Käufer oder die Nutzung solcher Rechte durch den Käufer betreffen, sofern diese Bestimmungen Hauptgegenstand der Vereinbarung sind und sofern sie sich nicht unmittelbar auf die Nutzung, den Verkauf oder den Weiterverkauf von Waren oder Dienstleistungen durch den Käufer oder seine Kunden beziehen.

(4)   Vereinbarungen, die einen rein qualitativen Selektivvertrieb zum Gegenstand haben, fallen mangels erheblicher Beeinträchtigung des Wettbewerbs grundsätzlich nicht unter diese Bekanntmachung, sofern kumulativ drei Voraussetzungen erfüllt sind:

i)   Die Beschaffenheit des fraglichen Produkts muss einen selektiven Vertrieb erfordern, d.h., ein solches Vertriebssystem muss ein Erfordernis zur Wahrung der Qualität und zur Gewährleistung des richtigen Gebrauchs des betreffenden Produkts sein;

ii) Die Wiederverkäufer müssen aufgrund objektiver Kriterien qualitativer Art ausgewählt werden. Diese sind einheitlich festzulegen und unterschiedslos anzuwenden;

iii) Die aufgestellten Kriterien dürfen nicht über das hinausgehen, was erforderlich ist.

Ziffer 9 Verhältnis zu anderen Bekanntmachungen

(1) Die Bekanntmachung über die wettbewerbsrechtliche Behandlung von vertikalen Abreden im Kraftfahrzeughandel vom 21. Oktober 2002 (Kfz-Bekanntmachung[5]) geht dieser Bekanntmachung vor. Soweit sich die Kfz-Bekanntmachung nicht äussert, sind die Vorschriften dieser Bekanntmachung anwendbar.

(2) Diese Bekanntmachung geht der KMU-Bekanntmachung grundsätzlich vor. Davon ausgenommen ist Ziffer 5 lit. b der KMU-Bekanntmachung betreffend Kleinstunternehmen.

Ziffer 10 **Vermutungstatbestände**

(1) Bei vertikalen Wettbewerbsabreden wird die Beseitigung des Wettbewerbs nach Art. 5 Abs. 4 KG vermutet, wenn sie Folgendes zum Gegenstand haben:

a) Festsetzung von Mindest- oder Festpreisen. Als solche gelten auch in Empfehlungsform gekleidete Wettbewerbsabreden über die Einhaltung von Mindest oder Festpreisen.

b) Zuweisung von Gebieten, soweit Verkäufe in diese durch gebietsfremde Vertriebspartner ausgeschlossen werden (Verbot des Passivverkaufs an Händler oder Endkunden).

(2) Die Vermutung der Beseitigung des Wettbewerbs kann nicht durch den blossen Nachweis von Wettbewerb zwischen Anbietern verschiedener Marken (Interbrand-Wettbewerb) widerlegt werden.

---

[5] Abrufbar unter www.weko.ch.

(3)   Auch wenn die Vermutung widerlegt wird, führen die in Ziffer 10 (1) genannten vertikalen Wettbewerbsabreden zu einer erheblichen Beeinträchtigung des Wettbewerbs im Sinne von Art. 5 Abs. 1 KG.

Ziffer 11   Preisempfehlungen von Herstellern und Lieferanten

(1)   Bei Preisempfehlungen von Herstellern oder Lieferanten an Weiterverkäufer oder Händler ist im Einzelfall zu prüfen, ob eine unzulässige Wettbewerbsabrede im Sinne von Art. 5 KG vorliegt.

(2)   Bei dieser Prüfung fallen insbesondere die nachstehenden Umstände ins Gewicht:

a)   der Umstand, dass Preisempfehlungen in nicht allgemein zugänglicher Weise abgegeben werden, sondern nur an die Weiterverkäufer oder Händler;

b)   der Umstand, dass die Preisempfehlungen mit der Ausübung von Druck oder der Gewährung spezifischer Anreize verbunden sind;

c)   der Umstand, dass Preisempfehlungen, die von Herstellern oder Lieferanten in Schweizerfranken auf den Produkten, Verpackungen oder in Katalogen etc. angebracht werden, nicht ausdrücklich als unverbindlich bezeichnet sind;

d)   der Umstand, dass das Preisniveau der von den Preisempfehlungen betroffenen Produkte bei vergleichbarer Gegenleistung deutlich höher liegt als im benachbarten Ausland;

e)   der Umstand, dass die Preisempfehlungen tatsächlich von einem bedeutenden Teil der Weiterverkäufer oder Händler befolgt werden.

Ziffer 12   Erhebliche Wettbewerbsbeeinträchtigung aufgrund des Gegenstandes

Vertikale Wettbewerbsabreden führen zu einer erheblichen Beeinträchtigung des Wettbewerbs im Sinne von Art. 5 Abs. 1 KG, wenn sie Folgendes zum Gegenstand haben:

a)   Direkte oder indirekte Festsetzung von Mindest- oder Festpreisen für den Weiterverkauf;

b)   Direkte oder indirekte Beschränkung des geografischen Absatzgebietes oder des Kundenkreises für den Weiterverkauf. Eine erhebliche Beeinträchtigung des Wettbewerbs aufgrund des Gegenstandes liegt jedoch nicht vor bei

i) Beschränkungen des aktiven Verkaufs in Gebiete oder an Kundengruppen, die der Lieferant sich selbst vorbehalten oder ausschliesslich einem anderen Händler zugewiesen hat, vorausgesetzt dass Passivverkäufe uneingeschränkt möglich sind;

ii) Beschränkungen des Direktverkaufs von Grossisten an Endverbraucher;

iii) Beschränkungen, die Mitgliedern eines selektiven Vertriebssystems hinsichtlich des Verkaufs an nicht zugelassene Händler auferlegt werden;

iv) Beschränkungen der Möglichkeit des Käufers, Bestandteile, die ihm der Lieferant zur Einfügung in andere Produkte liefert, an Dritte weiterzuverkaufen, welche diese Bestandteile zur Herstellung von Konkurrenzprodukten verwenden.

c) Beschränkungen des aktiven oder passiven Verkaufs an Endverbraucher, sofern diese Beschränkungen Händlern innerhalb selektiver Vertriebssysteme auferlegt werden, welche auf der Einzelhandelsstufe tätig sind;

d) Beschränkungen von Querlieferungen zwischen Händlern innerhalb eines selektiven Vertriebsystems, auch wenn diese auf unterschiedlichen Marktstufen tätig sind;

e) Beschränkungen, die den Lieferanten hindern, Bestand- bzw. Ersatzteile an andere (Endverbraucher, Reparaturwerkstätten, etc.) als den an der Abrede beteiligten Händlern zu liefern;

f) Wettbewerbsverbote, welche für eine unbestimmte Dauer oder für eine Dauer von mehr als fünf Jahren vereinbart werden. Die Begrenzung auf fünf Jahre gilt nicht, sofern der Käufer die Vertragswaren oder -dienstleistungen in den Räumlichkeiten und auf Grundstücken des Verkäufers (Eigentum oder Miete/Pacht) anbietet;

g) Wettbewerbsverbote, welche für mehr als ein Jahr nach Beendigung der vertikalen Wettbewerbsabrede vereinbart werden. Dies gilt nicht, wenn das Wettbewerbsverbot

i) sich auf Waren oder Dienstleistungen bezieht, die mit den Vertragswaren oder -dienstleistungen im Wettbewerb stehen,

ii) sich auf Räumlichkeiten und Gründstücke beschränkt, von denen aus der Käufer während der Vertragsdauer seine Geschäfte betrieben hat und es

iii) unerlässlich ist, um ein dem Käufer vom Lieferanten übertragenes Know-how zu schützen.

Die Beschränkung der Nutzung und Offenlegung von nicht allgemein bekannt gewordenem Know-how bleibt zeitlich unbegrenzt möglich;

h) Einschränkungen von Mehrmarkenvertrieb in selektiven Vertriebssystemen, welche sich gezielt auf Marken bestimmter konkurrierender Lieferanten beziehen.

Ziffer 13 Unerhebliche Wettbewerbsbeeinträchtigung aufgrund der Marktanteile

(1) Vertikale Wettbewerbsabreden, welche nicht unter Ziffer 10 (3) oder Ziffer 12 fallen, führen in der Regel nicht zu einer erheblichen Beeinträchtigung des Wettbewerbs, wenn kein an einer vertikalen Wettbewerbsabrede beteiligtes Unternehmen auf einem von der Abrede betroffenen relevanten Markt einen Marktanteil von 15% überschreitet.

(2) Wenn der Wettbewerb auf dem relevanten Markt durch die kumulativen Auswirkungen mehrerer gleichartiger, nebeneinander bestehender vertikaler Vertriebsnetze beschränkt wird, wird die in Ziffer 13 (1) genannte Marktanteilsschwelle auf 5% herabgesetzt. In der Regel liegt kein kumulativer Abschottungseffekt vor, wenn weniger als 30% des relevanten Marktes von gleichartigen, nebeneinander bestehenden vertikalen Vertriebsnetzen abgedeckt werden.

Ziffer 14 Erhebliche Wettbewerbsbeeinträchtigung im Einzelfall

Bei allen anderen Abreden sowie bei den in Ziffer 12 genannten Ausnahmen muss die Erheblichkeit der Wettbewerbsbeeinträchtigung im Einzelfall überprüft werden. Dies gilt namentlich für selektive Vertriebsverträge, welche die Voraussetzungen von Ziffer 8 (4) nicht erfüllen.

Ziffer 15 Rechtfertigung

(1) Liegt eine den Wettbewerb erheblich beeinträchtigende Abrede vor, ist zu prüfen, ob diese gemäss Art. 5 Abs. 2 KG gerechtfertigt ist. Sind keine Effizienzgründe ersichtlich, ist die Abrede unzulässig.

(2) Abreden gelten in der Regel ohne Einzelfallprüfung als gerechtfertigt, wenn der Anteil des Lieferanten am relevanten Markt, auf dem er die Vertragswaren oder -dienstleistungen verkauft, 30% nicht überschreitet. Da-

von ausgenommen sind Abreden nach Ziffer 12 und Abreden, die sich mit anderen kumulativ auf den Markt auswirken und den Wettbewerb erheblich beeinträchtigen.

(3)   Den Wettbewerb erheblich beeinträchtigende Abreden, die von Ziffer 15 (2) nicht erfasst werden, unterliegen einer Einzelfallprüfung. Ein Rechtfertigungsgrund liegt vor, wenn eine Abrede die wirtschaftliche Effizienz im Sinne von Art. 5 Abs. 2 KG erhöht – beispielsweise durch eine effizientere Vertriebsgestaltung im Sinne einer Verbesserung der Produkte oder Produktionsverfahren oder einer Senkung der Vertriebskosten – und die Wettbewerbsbeeinträchtigung dazu notwendig ist.

(4)   Unternehmen können im Rahmen der in Art. 5 Abs. 2 KG genannten Rechtfertigungsgründe namentlich Folgendes geltend machen:

a)   Zeitlich begrenzter Schutz von Investitionen für die Erschliessung neuer räumlicher Märkte oder neuer Produktmärkte;

b)   Sicherung der Einheitlichkeit und Qualität der Vertragsprodukte;

c)   Schutz vertragsspezifischer Investitionen, die ausserhalb der Geschäftsbeziehung nicht oder nur mit hohem Verlust verwendet werden können (Hold-up Problem);

d)   Vermeidung von ineffizient tiefen Verkaufsförderungsmassnahmen (z.B. Beratungsdienstleistungen), die resultieren können, wenn ein Hersteller oder Händler von den Verkaufsförderungsbemühungen eines anderen Herstellers oder Händlers profitieren kann (Trittbrettfahrerproblem);

e)   Vermeidung eines doppelten Preisaufschlags, der sich ergeben kann, wenn sowohl der Hersteller als auch der Händler über Marktmacht verfügen (Problem der doppelten Marginalisierung);

f)   Förderung der Übertragung von wesentlichem Know-how;

g)   Sicherung von finanziellen Engagements (z.B. Darlehen), die durch den Kapitalmarkt nicht zur Verfügung gestellt werden.

Ziffer 16   Publikation

Diese Bekanntmachung wird im Bundesblatt veröffentlicht (Art. 6 Abs. 3 KG).

Ziffer 17   Aufhebung der bisherigen Bekanntmachung

Mit dem Inkrafttreten dieser Bekanntmachung wird die Bekanntmachung über die wettbewerbsrechtliche Behandlung vertikaler Abreden vom 18. Februar 2002[6] aufgehoben.

Ziffer 18   Inkrafttreten

Diese Bekanntmachung tritt am 1. Januar 2008 in Kraft.

---

[6]   Abrufbar unter www.weko.ch.

Anhang:

Prüfschema für die Beurteilung von vertikalen Abreden

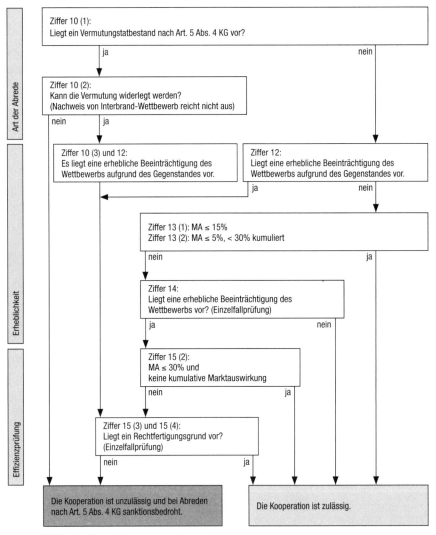

MA: Marktanteil

11. EG Produktehaftpflichtrichtlinie vom 25. Juli 1985 (Richtlinie 85/374) inkl. deren Änderung vom 10. Mai 1999 (Richtlinie 1999/34; Ausdehnung auf landwirtschaftliche Erzeugnisse)

RICHTLINIE DES RATES

vom 25. Juli 1985

zur Angleichung der Rechts- und Verwaltungsvorschriften der Mitgliedstaaten über die Haftung für fehlerhafte Produkte

(85/374/EWG)

DER RAT DER EUROPÄISCHEN

GEMEINSCHAFTEN –

gestützt auf den Vertrag zur Gründung der Europäischen Wirtschaftsgemeinschaft, insbesondere auf Artikel 100,

auf Vorschlag der Kommission[1],

nach Stellungnahme des Europäischen Parlaments[2],

nach Stellungnahme des Wirtschafts- und Sozialausschusses[3],

in Erwägung nachstehender Gründe:

Eine Angleichung der einzelstaatlichen Rechtsvorschriften über die Haftung des Herstellers für Schäden, die durch die Fehlerhaftigkeit seiner Produkte verursacht worden sind, ist erforderlich, weil deren Unterschiedlichkeit den Wettbewerb verfälschen, den freien Warenverkehr innerhalb des Gemeinsamen Marktes beeinträchtigen und zu einem unterschiedlichen Schutz des Verbrauchers vor Schädigungen seiner Gesundheit und seines Eigentums durch ein fehlerhaftes Produkt führen kann.

Nur bei einer verschuldensunabhängigen Haftung des Herstellers kann das unserem Zeitalter fortschreitender Technisierung eigene Problem einer gerechten Zuweisung der mit der modernen technischen Produktion verbundenen Risiken in sachgerechter Weise gelöst werden.

Die Haftung darf sich nur auf bewegliche Sachen erstrecken, die industriell hergestellt werden. Folglich sind landwirtschaftliche Produkte und

---

[1] ABl. Nr. C 241 vom 14.10.1976, S. 9, und ABl. Nr. C 271 vom 26.10.1979, S. 3.
[2] ABl. Nr. C 127 vom 21.5.1979, S. 61.
[3] ABl. Nr. C 114 vom 7.5.1979, S. 15.

Jagderzeugnisse von der Haftung auszuschliessen, ausser wenn sie einer industriellen Verarbeitung unterzogen worden sind, die Ursache eines Fehlers dieses Erzeugnisses sein kann. Die in dieser Richtlinie vorzusehende Haftung muss auch für bewegliche Sachen gelten, die bei der Errichtung von Bauwerken verwendet oder in Bauwerke eingebaut werden.

Der Schutz des Verbrauchers erfordert es, dass alle am Produktionsprozess Beteiligten haften, wenn das Endprodukt oder der von ihnen gelieferte Bestandteil oder Grundstoff fehlerhaft war. Aus demselben Grunde hat die Person, die Produkte in die Gemeinschaft einführt, sowie jede Person zu haften, die sich als Hersteller ausgibt, indem sie ihren Namen, ihr Warenzeichen oder ein anderes Erkennungszeichen anbringt, oder die ein Produkt liefert, dessen Hersteller nicht festgestellt werden kann.

Haften mehrere Personen für denselben Schaden, so erfordert der Schutz des Verbrauchers, dass der Geschädigte eine jede für den vollen Ersatz des Schadens in Anspruch nehmen kann.

Damit der Verbraucher in seiner körperlichen Unversehrtheit und seinem Eigentum geschützt wird, ist zur Bestimmung der Fehlerhaftigkeit eines Produkts nicht auf dessen mangelnde Gebrauchsfähigkeit, sondern auf einen Mangel an Sicherheit abzustellen, die von der Allgemeinheit berechtigterweise erwartet werden darf. Bei der Beurteilung dieser Sicherheit wird von jedem missbräuchlichen Gebrauch des Produkts abgesehen, der unter den betreffenden Umständen als unvernünftig gelten muss.

Eine gerechte Verteilung der Risiken zwischen dem Geschädigten und dem Hersteller bedingt, dass es dem Hersteller möglich sein muss, sich von der Haftung zu befreien, wenn er den Beweis für ihn entlastende Umstände erbringt.

Der Schutz des Verbrauchers erfordert, dass die Haftung des Herstellers nicht durch Handlungen anderer Personen beeinträchtigt wird, die zur Verursachung des Schadens beigetragen haben. Ein Mitverschulden des Geschädigten kann jedoch berücksichtigt werden und die Haftung mindern oder ausschliessen.

Der Schutz des Verbrauchers erfordert die Wiedergutmachung von Schäden, die durch Tod und Körperverletzungen verursacht wurden, sowie die Wiedergutmachung von Sachschäden. Letztere ist jedoch auf Gegenstände des privaten Ge- bzw. Verbrauchs zu beschränken und zur Vermeidung einer allzu grossen Zahl von Streitfällen um eine Selbstbeteiligung in fester Höhe zu vermindern. Die Richtlinie berührt nicht die Gewährung von Schmerzensgeld und die Wiedergutmachung anderer seelischer Schäden, die gegebenenfalls nach dem im Einzelfall anwendbaren Recht vorgesehen sind.

Eine einheitlich bemessene Verjährungsfrist für Schadenersatzansprüche liegt sowohl im Interesse des Geschädigten als auch des Herstellers.

Produkte nutzen sich im Laufe der Zeit ab, es werden strengere Sicherheitsnormen entwickelt, und die Erkenntnisse von Wissenschaft und Technik schreiten fort. Es wäre daher unbillig, den Hersteller zeitlich unbegrenzt für Mängel seiner Produkte haftbar zu machen. Seine Haftung hat somit nach einem angemessenen Zeitraum zu erlöschen, wobei ein rechtshängiger Anspruch jedoch nicht berührt wird.

Damit ein wirksamer Verbraucherschutz gewährleistet ist, darf es nicht möglich sein, die Haftung des Herstellers gegenüber dem Geschädigten durch eine Vertragsklausel abweichend zu regeln.

Nach den Rechtssystemen der Mitgliedstaaten kann der Geschädigte aufgrund einer vertraglichen Haftung oder aufgrund einer anderen als der in dieser Richtlinie vorgesehenen ausservertraglichen Haftung Anspruch auf Schadenersatz haben. Soweit derartige Bestimmungen ebenfalls auf die Verwirklichung des Ziels eines wirksamen Verbraucherschutzes ausgerichtet sind, dürfen sie von dieser Richtlinie nicht beeinträchtigt werden. Soweit in einem Mitgliedstaat ein wirksamer Verbraucherschutz im Arzneimittelbereich auch bereits durch eine besondere Haftungsregelung gewährleistet ist, müssen Klagen aufgrund dieser Regelung ebenfalls weiterhin möglich sein.

Da die Haftung für nukleare Schäden in allen Mitgliedstaaten bereits ausreichenden Sonderregelungen unterliegt, können Schäden dieser Art aus dem Anwendungsbereich dieser Richtlinie ausgeschlossen werden.

Der Ausschluss von landwirtschaftlichen Naturprodukten und Jagderzeugnissen aus dem Anwendungsbereich dieser Richtlinie kann in einigen Mitgliedstaaten in Anbetracht der Erfordernisse des Verbraucherschutzes als ungerechtfertigte Einschränkung dieses Schutzes empfunden werden; deshalb müssen die Mitgliedstaaten die Haftung auf diese Produkte ausdehnen können.

Aus ähnlichen Gründen kann es in einigen Mitgliedstaaten als ungerechtfertigte Einschränkung des Verbraucherschutzes empfunden werden, dass ein Hersteller sich von der Haftung befreien kann, wenn er den Beweis erbringt, dass der Stand der Wissenschaft und Technik zu dem Zeitpunkt, zu dem er das betreffende Erzeugnis in der Verkehr gebracht hat, es nicht gestattete, die Existenz des Fehlers festzustellen. Die Mitgliedstaaten müssen daher die Möglichkeit haben, einschlägige Rechtsvorschriften, denen zufolge ein solcher Beweis nicht von der Haftung befreien kann, beizubehalten bzw. dahingehende Rechtsvorschriften zu erlassen. Werden entsprechende neue Rechtsvorschriften eingeführt, so muss jedoch die Inanspruchnahme einer

derartigen Abweichung von einem gemeinschaftlichen Stillhalteverfahren
abhängig gemacht werden, damit der Umfang des Schutzes in der Gemeinschaft möglichst in einheitlicher Weise erweitert wird.

In Anbetracht der Rechtstraditionen in den meisten Mitgliedstaaten empfiehlt es sich nicht, für die verschuldensunabhängige Haftung des Herstellers
eine finanzielle Obergrenze festzulegen. Da es jedoch auch andere Rechtstraditionen gibt, erscheint es möglich, den Mitgliedstaaten das Recht einzu-
räumen, vom Grundsatz der unbeschränkten Haftung abzuweichen und für
Todesfälle und Körperverletzungen, die durch gleiche Artikel mit demselben
Fehler verursacht wurden, die Gesamthaftung des Herstellers zu begrenzen,
sofern diese Begrenzung hoch genug angesetzt wird, um einen angemessenen Schutz der Verbraucher und ein einwandfreies Funktionieren des Gemeinsamen Marktes sicherzustellen.

Mit dieser Richtlinie lässt sich vorerst keine vollständige Harmonisierung
erreichen, sie öffnet jedoch den Weg für eine umfassendere Harmonisierung.
Der Rat sollte von der Kommission daher regelmässig mit Berichten über die
Durchführung dieser Richtlinie befasst werden, denen gegebenenfalls entsprechende Vorschläge beizufügen wären.

Im Hinblick darauf ist es besonders wichtig, dass die Bestimmungen der
Richtlinie, die den Mitgliedstaaten Abweichungen ermöglichen, nach einem
ausreichend langen Zeitraum überprüft werden, sobald genügend praktische
Erfahrungen über die Auswirkungen dieser Abweichungen auf den Verbraucherschutz und auf das Funktionieren des Gemeinsamen Marktes gesammelt
worden sind –

HAT FOLGENDE RICHTLINIE ERLASSEN:

Artikel 1

Der Hersteller eines Produkts haftet für den Schaden, der durch einen Fehler
dieses Produkts verursacht worden ist.

Artikel 2

Bei der Anwendung dieser Richtlinie gilt als «Produkt» jede bewegliche Sache, ausgenommen landwirtschaftliche Naturprodukte und Jagderzeugnis-
nisse, auch wenn sie einen Teil einer anderen beweglichen Sache oder einer
unbeweglichen Sache bildet. Unter »landwirtschaftlichen Naturprodukten»
sind Boden-, Tierzucht- und Fischereierzeugnisse zu verstehen, ausgenom-

men Produkte, die einer ersten Verarbeitung unterzogen wurden. Unter «Produkt» ist auch Elektrizität zu verstehen.

Artikel 3

(1)   »Hersteller» ist der Hersteller des Endprodukts, eines Grundstoffs oder eines Teilprodukts sowie jede Person, die sich als Hersteller ausgibt, indem sie ihren Namen, ihr Warenzeichen oder ein anderes Erkennungszeichen auf dem Produkt anbringt.

(2)   Unbeschadet der Haftung des Herstellers gilt jede Person, die ein Produkt zum Zweck des Verkaufs, der Vermietung, des Mietkaufs oder einer anderen Form des Vertriebs im Rahmen ihrer geschäftlichen Tätigkeit in die Gemeinschaft einführt, im Sinne dieser Richtlinie als Hersteller dieses Produkts und haftet wie der Hersteller.

(3)   Kann der Hersteller des Produkts nicht festgestellt werden, so wird jeder Lieferant als dessen Hersteller behandelt, es sei denn, dass er dem Geschädigten innerhalb angemessener Zeit den Hersteller oder diejenige Person benennt, die ihm das Produkt geliefert hat. Dies gilt auch für eingeführte Produkte, wenn sich bei diesen der Importeur im Sinne des Absatzes 2 nicht feststellen lässt, selbst wenn der Name des Herstellers angegeben ist.

Artikel 4

Der Geschädigte hat den Schaden, den Fehler und den ursächlichen Zusammenhang zwischen Fehler und Schaden zu beweisen.

Artikel 5

Haften aufgrund dieser Richtlinie mehrere Personen für denselben Schaden, so haften sie unbeschadet des einzelstaatlichen Rückgriffsrechts gesamtschuldnerisch.

Artikel 6

(1)   Ein Produkt ist fehlerhaft, wenn es nicht die Sicherheit bietet, die man unter Berücksichtigung aller Umstände, insbesondere

a)   der Darbietung des Produkts,

b)   des Gebrauchs des Produkts, mit dem billigerweise gerechnet werden kann,

c)   des Zeitpunkts, zu dem das Produkt in den Verkehr gebracht wurde, zu erwarten berechtigt ist.

(2)   Ein Produkt kann nicht allein deshalb als fehlerhaft angesehen werden, weil später ein verbessertes Produkt in den Verkehr gebracht wurde.

Artikel 7

Der Hersteller haftet aufgrund dieser Richtlinie nicht, wenn er beweist,

a)   dass er das Produkt nicht in den Verkehr gebracht hat;

b)   dass unter Berücksichtigung der Umstände davon auszugehen ist, dass der Fehler, der den Schaden verursacht hat, nicht vorlag, als das Produkt von ihm in den Verkehr gebracht wurde, oder dass dieser Fehler später entstanden ist;

c)   dass er das Produkt weder für den Verkauf oder eine andere Form des Vertriebs mit wirtschaftlichem Zweck hergestellt noch im Rahmen seiner beruflichen Tätigkeit hergestellt oder vertrieben hat;

d)   dass der Fehler darauf zurückzuführen ist, dass das Produkt verbindlichen hoheitlich erlassenen Normen entspricht;

e)   dass der vorhandene Fehler nach dem Stand der Wissenschaft und Technik zu dem Zeitpunkt, zu dem er das betreffende Produkt in den Verkehr brachte, nicht erkannt werden konnte;

f)   wenn es sich um den Hersteller eines Teilproduktes handelt, dass der Fehler durch die Konstruktion des Produkts in welches das Teilprodukt eingearbeitet wurde, oder durch die Anleitungen des Herstellers des Produktes verursacht worden ist.

Artikel 8

(1)   Unbeschadet des einzelstaatlichen Rückgriffsrechts wird die Haftung eines Herstellers nicht gemindert, wenn der Schaden durch einen Fehler des Produkts und zugleich durch die Handlung eines Dritten verursacht worden ist.

(2)   Die Haftung des Herstellers kann unter Berücksichtigung aller Umstände gemindert werden oder entfallen, wenn der Schaden durch einen Fehler des Produkts und zugleich durch Verschulden des Geschädigten oder einer Person, für die der Geschädigte haftet, verursacht worden ist.

212

Artikel 9

Der Begriff »Schaden« im Sinne des Artikels 1 umfasst

a) den durch Tod und Körperverletzungen verursachten Schaden;

b) die Beschädigung oder Zerstörung einer anderen Sache als des fehlerhaften Produktes – bei einer Selbstbeteiligung von 500 ECU –, sofern diese Sache

    i) von einer Art ist, wie sie gewöhnlich für den privaten Ge- oder Verbrauch bestimmt ist, und

    ii) von dem Geschädigten hauptsächlich zum privaten Ge- oder Verbrauch verwendet worden ist.

Dieser Artikel berührt nicht die Rechtsvorschriften der Mitgliedstaaten betreffend immaterielle Schäden.

Artikel 10

(1) Die Mitgliedstaaten sehen in ihren Rechtsvorschriften vor, dass der aufgrund dieser Richtlinie vorgesehene Ersatzanspruch nach Ablauf einer Frist von drei Jahren ab dem Tage verjährt, an dem der Kläger von dem Schaden, dem Fehler und der Identität des Herstellers Kenntnis erlangt hat oder hätte erlangen müssen.

(2) Die Rechtsvorschriften der Mitgliedstaaten über die Hemmung oder Unterbrechung der Verjährung werden durch diese Richtlinie nicht berührt.

Artikel 11

Die Mitgliedstaaten sehen in ihren Rechtsvorschriften vor, dass die dem Geschädigten aus dieser Richtlinie erwachsenden Ansprüche nach Ablauf einer Frist von zehn Jahren ab dem Zeitpunkt erlöschen, zu dem der Hersteller das Produkt, welches den Schaden verursacht hat, in den Verkehr gebracht hat, es sei denn, der Geschädigte hat in der Zwischenzeit ein gerichtliches Verfahren gegen den Hersteller eingeleitet.

Artikel 12

Die Haftung des Herstellers aufgrund dieser Richtlinie kann gegenüber dem Geschädigten nicht durch eine die Haftung begrenzende oder von der Haftung befreiende Klausel begrenzt oder ausgeschlossen werden.

Artikel 13

Die Ansprüche, die ein Geschädigter aufgrund der Vorschriften über die vertragliche und ausservertragliche Haftung oder aufgrund einer zum Zeitpunkt der Bekanntgabe dieser Richtlinie bestehenden besonderen Haftungsregelung geltend machen kann, werden durch diese Richtlinie nicht berührt.

Artikel 14

Diese Richtlinie ist nicht auf Schäden infolge eines nuklearen Zwischenfalls anwendbar, die in von den Mitgliedstaaten ratifizierten internationalen Übereinkommen erfasst sind.

Artikel 15

(1)   Jeder Mitgliedstaat kann

a)   abweichend von Artikel 2 in seinen Rechtsvorschriften vorsehen, dass der Begriff »Produkt« im Sinne von Artikel 1 auch landwirtschaftliche Naturprodukte und Jagderzeugnisse umfasst;

b)   abweichend von Artikel 7 Buchstabe e) in seinen Rechtsvorschriften die Regelung beibehalten oder – vorbehaltlich des Verfahrens nach Absatz 2 des vorliegenden Artikels – vorsehen, dass der Hersteller auch dann haftet, wenn er beweist, dass der vorhandene Fehler nach dem Stand der Wissenschaft und Technik zu dem Zeitpunkt, zu dem er das betreffende Produkt in den Verkehr brachte, nicht erkannt werden konnte.

(2)   Will ein Mitgliedstaat eine Regelung nach Absatz 1 Buchstabe b) einführen, so teilt er der Kommission den Wortlaut der geplanten Regelung mit; die Kommission unterrichtet die übrigen Mitgliedstaaten hiervon.

Der betreffende Mitgliedstaat führt die geplante Regelung erst neun Monate nach Unterrichtung der Kommission und nur dann ein, wenn diese dem Rat in der Zwischenzeit keinen einschlägigen Änderungsvorschlag zu dieser Richtlinie vorgelegt hat. Bringt die Kommission jedoch innerhalb von drei Monaten nach der Unterrichtung dem betreffenden Mitgliedstaat nicht ihre Absicht zur Kenntnis, dem Rat einen derartigen Vorschlag zu unterbreiten, so kann der Mitgliedstaat die geplante Regelung unverzüglich einführen.

Legt die Kommission dem Rat innerhalb der genannten Frist von neun Monaten einen derartigen Änderungsvorschlag zu dieser Richtlinie vor, so stellt der betreffende Mitgliedstaat die geplante Regelung für einen weiteren Zeitraum von achtzehn Monaten nach der Unterbreitung dieses Vorschlags zurück.

(3)   Zehn Jahre nach dem Zeitpunkt der Bekanntgabe dieser Richtlinie legt die Kommission dem Rat einen Bericht darüber vor, wie sich die Anwendung des Artikels 7 Buchstabe e) und des Absatzes 1 Buchstabe b) des vorliegenden Artikels durch die Gerichte auf den Verbraucherschutz und das Funktionieren des Gemeinsamen Marktes ausgewirkt hat. Der Rat entscheidet unter Berücksichtigung dieses Berichts nach Massgabe des Artikels 100 des Vertrages auf Vorschlag der Kommission über die Aufhebung des Artikels 7 Buchstabe e).

Artikel 16

(1)   Jeder Mitgliedstaat kann vorsehen, dass die Gesamthaftung des Herstellers für die Schäden infolge von Tod oder Körperverletzungen, die durch gleiche Artikel mit demselben Fehler verursacht wurden, auf einen Betrag von nicht weniger als 70 Millionen ECU begrenzt wird.

(2)   Zehn Jahre nach dem Zeitpunkt der Bekanntgabe dieser Richtlinie unterbreitet die Kommission dem Rat einen Bericht über die Frage, wie sich diese Haftungsbegrenzung durch diejenigen Mitgliedstaaten, die von der in Absatz 1 vorgesehenen Möglichkeit Gebrauch gemacht haben, auf den Verbraucherschutz und das Funktionieren des Gemeinsamen Marktes ausgewirkt hat. Der Rat entscheidet unter Berücksichtigung dieses Berichts nach Massgabe des Artikels 100 des Vertrages auf Vorschlag der Kommission über die Aufhebung des Absatzes 1.

Artikel 17

Diese Richtlinie ist nicht auf Produkte anwendbar, die in den Verkehr gebracht wurden, bevor die in Artikel 19 genannten Vorschriften in Kraft getreten sind.

Artikel 18

(1)   Als ECU im Sinne dieser Richtlinie gilt die Rechnungseinheit, die durch die Verordnung (EWG) Nr. 3180/78[4], in der Fassung der Verordnung (EWG) Nr. 2626/84[5], festgelegt worden ist. Der Gegenwert in nationaler Währung ist bei der ersten Festsetzung derjenige, welcher am Tag der Annahme dieser Richtlinie gilt.

---

[4]   ABl. Nr. L 379 vom 30.12.1978, S. 1.
[5]   ABl. Nr. L 247 vom 16.9.1984, S. 1.

215

(2)   Der Rat prüft auf Vorschlag der Kommission alle fünf Jahre die Beträge dieser Richtlinie unter Berücksichtigung der wirtschaftlichen und monetären Entwicklung in der Gemeinschaft und ändert diese Beträge gegebenenfalls.

Artikel 19

(1)   Die Mitgliedstaaten erlassen die erforderlichen Rechts- und Verwaltungsvorschriften, um dieser Richtlinie spätestens drei Jahre nach ihrer Bekanntgabe nachzukommen. Sie setzen die Kommission unverzüglich davon in Kenntnis[6].

(2)   Das in Artikel 15 Absatz 2 vorgesehene Verfahren ist vom Tag der Bekanntgabe der Richtlinie an anzuwenden.

Artikel 20

Die Mitgliedstaaten teilen der Kommission den Wortlaut der wichtigsten innerstaatlichen Rechtsvorschriften mit, die sie auf dem unter diese Richtlinie fallenden Gebiet erlassen.

Artikel 21

Die Kommission legt dem Rat alle fünf Jahre einen Bericht über die Anwendung dieser Richtlinie vor und unterbreitet ihm gegebenenfalls geeignete Vorschläge.

Artikel 22

Diese Richtlinie ist an die Mitgliedstaaten gerichtet.

Geschehen zu Brüssel am 25. Juli 1985.

Im Namen des Rates
Der Präsident
J. POOS

---

[6]   Diese Richtlinie wurde den Mitgliedstaaten am 30. Juli 1985 bekanntgegeben.

RICHTLINIE 1999/34/EG DES EUROPÄISCHEN PARLAMENTS
UND DES RATES

vom 10. Mai 1999

zur Änderung der Richtlinie 85/374/EWG des Rates zur Angleichung der Rechts- und Verwaltungsvorschriften der Mitgliedstaaten über die Haftung für fehlerhafte Produkte

DAS EUROPÄISCHE PARLAMENT UND DER RAT DER EUROPÄISCHEN UNION –

gestützt auf den Vertrag zur Gründung der Europäischen Gemeinschaft, insbesondere auf Artikel 95,

auf Vorschlag der Kommission[1],

nach Stellungnahme des Wirtschafts- und Sozialausschusses[2],

gemäss dem Verfahren des Artikels 251 des Vertrags[3],

in Erwägung nachstehender Gründe:

(1)   Die Produktsicherheit und der Ersatz der durch fehlerhafte Produkte verursachten Schäden sind zwingende gesellschaftliche Erfordernisse, die im Binnenmarkt sichergestellt sein müssen. Die Gemeinschaft hat diesen Erfordernissen mit der Richtlinie 85/374/EWG[4] sowie mit der Richtlinie 92/59/EWG des Rates vom 29. Juni 1992 über die allgemeine Produktsicherheit[5] entsprochen.

(2)   Die Richtlinie 85/374/EWG hat eine gerechte Verteilung der Risiken, die einer modernen, hochtechnisierten Gesellschaft innewohnen, bewirkt. Sie hat somit einen angemessenen Ausgleich geschaffen zwischen den beteiligten Interessen, insbesondere zwischen dem Schutz der Gesundheit der Verbraucher, der Förderung der Innovation und der Entwicklung von Wissenschaft und Technik, der Sicherstellung eines unverzerrten Wettbewerbs

---

[1]   ABl. C 337 vom 7.11.1997, S. 54.
[2]   ABl. C 95 vom 30.3.1998, S. 69
[3]   Stellungnahme des Europäischen Parlaments vom 5. November 1998 (ABl. C 359 vom 23.11.1998, S. 25), Gemeinsamer Standpunkt des Rates vom 17. Dezember 1998 (ABl. C 49 vom 22.2.1999, S. 1) und Beschluss des Europäischen Parlaments vom 23. März 1999 (noch nicht im Amtsblatt veröffentlicht). Beschluss des Rates vom 29. April 1999
[4]   ABl. L 210 vom 7.8.1985, S. 29. Richtlinie geändert durch die Beitrittsakte von 1994.
[5]   ABl. L 228 vom 11.8.1992, S. 24.

und der Erleichterung des Handels auf der Grundlage eines harmonisierten Haftungsrechts. Die genannte Richtlinie hat auf diese Weise zu einer stärkeren Sensibilisierung der Wirtschaftsteilnehmer für die Produktsicherheit und die ihr beigemessene Bedeutung beigetragen.

(3)   Die Richtlinie 85/374/EWG hat wegen der vorgesehenen Ausnahmeregelungen, insbesondere im Hinblick auf ihren Anwendungsbereich, der sich nicht auf unverarbeitete landwirtschaftliche Erzeugnisse erstreckt, keine vollständige Harmonisierung der Rechtsvorschriften der Mitgliedstaaten bewirkt.

(4)   Die Kommission verfolgt die Umsetzung der Richtlinie 85/374/EWG und ihre Wirkungen, insbesondere im Hinblick auf den Verbraucherschutz und das Funktionieren des Binnenmarkts, worüber sie bereits einen ersten Bericht vorgelegt hat. Die Kommission hat insofern gemäss Artikel 21 der genannten Richtlinie einen zweiten Bericht über deren Anwendung vorzulegen.

(5)   Die Einbeziehung landwirtschaftlicher Primärerzeugnisse in den Anwendungsbereich der Richtlinie 85/374/EWG wird zur Wiederherstellung des Vertrauens der Verbraucher in die Sicherheit der landwirtschaftlichen Erzeugung beitragen. Diese Einbeziehung entspricht den Anforderungen eines hohen Verbraucherschutzniveaus.

(6)   Die Richtlinie 85/374/EWG muss daher geändert werden, um den rechtlich gebotenen Ersatz von durch fehlerhafte landwirtschaftliche Erzeugnisse verursachten Gesundheitsschäden zugunsten der Verbraucher zu erleichtern.

(7)   Die vorliegende Richtlinie wirkt sich insofern auf das Funktionieren des Binnenmarkts aus, als sie dafür sorgt, dass der Handel mit landwirtschaftlichen Erzeugnissen nicht mehr durch unterschiedliche Regelungen über die Haftung des Herstellers beeinträchtigt wird.

(8)   Der Grundsatz der verschuldensunabhängigen Haftung, der in der Richtlinie 85/374/EWG verankert ist, muss für alle Arten von Produkten einschliesslich der landwirtschaftlichen Erzeugnisse im Sinne von Artikel 32 Satz 2 des Vertrags und der in Anhang II des Vertrags aufgeführten Erzeugnisse gelten.

(9)   Nach dem Grundsatz der Verhältnismässigkeit ist es erforderlich und angemessen, landwirtschaftliche Erzeugnisse in die Richtlinie 85/374/EWG aufzunehmen, um die grundlegenden Ziele eines stärkeren Verbraucherschutzes und eines reibungslosen Funktionierens des Binnenmarkts zu verwirklichen. Die vorliegende Richtlinie beschränkt sich gemäss Artikel 5 Unterabsatz 3 des Vertrags auf das für die Erreichung der verfolgten Ziele erforderliche Mass -

HABEN FOLGENDE RICHTLINIE ERLASSEN:

Artikel 1

Die Richtlinie 85/374/EWG wird wie folgt geändert:

Artikel 2 erhält folgende Fassung:

Artikel 2

Bei der Anwendung dieser Richtlinie gilt als ‹Produkt› jede bewegliche Sache, auch wenn sie einen Teil einer anderen beweglichen Sache oder einer unbeweglichen Sache bildet. Unter ‹Produkt› ist auch Elektrizität zu verstehen.»

2. Artikel 15 Absatz 1 Buchstabe a) wird gestrichen.

Artikel 2

(1)   Die Mitgliedstaaten erlassen und veröffentlichen die Rechts- und Verwaltungsvorschriften, die erforderlich sind, um dieser Richtlinie nachzukommen. Sie setzen die Kommission unverzüglich davon in Kenntnis.

Sie wenden diese Rechtsvorschriften ab dem 4. Dezember 2000 an.

Wenn die Mitgliedstaaten diese Vorschriften erlassen, nehmen sie in den Vorschriften selbst oder durch einen Hinweis bei der amtlichen Veröffentlichung auf diese Richtlinie Bezug. Die Mitgliedstaaten regeln die Einzelheiten der Bezugnahme.

(2)   Die Mitgliedstaaten teilen der Kommission den Wortlaut der innerstaatlichen Rechtsvorschriften mit, die sie auf dem unter diese Richtlinie fallenden Gebiet erlassen.

Artikel 3

Diese Richtlinie tritt am Tag ihrer Veröffentlichung im *Amtsblatt der Europäischen Gemeinschaften* in Kraft.

Artikel 4

Diese Richtlinie ist an die Mitgliedstaaten gerichtet.

Geschehen zu Brüssel am 10. Mai 1999.

Im Namen des Europäischen Parlaments
Der Präsident
J. M. GIL-ROBLES

Im Namen des Rates
Der Präsident
H. EICHEL

12. Bundesgesetz über die Produktehaftpflicht vom 18. Juni 1993

Die Bundesversammlung der Schweizerischen Eidgenossenschaft,
gestützt auf Artikel 64 der Bundesverfassung[1],
nach Einsicht in die Botschaft des Bundesrates vom 24. Februar 1993[2],
beschliesst:

Art. 1 Grundsatz

[1] Die herstellende Person (Herstellerin)[3] haftet für den Schaden, wenn ein fehlerhaftes Produkt dazu führt, dass:

a. eine Person getötet oder verletzt wird;

b. eine Sache beschädigt oder zerstört wird, die nach ihrer Art gewöhnlich zum privaten Gebrauch oder Verbrauch bestimmt und vom Geschädigten[4] hauptsächlich privat verwendet worden ist.

[2] Die Herstellerin haftet nicht für den Schaden am fehlerhaften Produkt.

Art. 2 Herstellerin

[1] Als Herstellerin im Sinne dieses Gesetzes gilt:

a. die Person, die das Endprodukt, einen Grundstoff oder ein Teilprodukt hergestellt hat;

b. jede Person, die sich als Herstellerin ausgibt, indem sie ihren Namen, ihr Warenzeichen oder ein anderes Erkennungszeichen auf dem Produkt anbringt;

c. jede Person, die ein Produkt zum Zweck des Verkaufs, der Vermietung, des Mietkaufs oder einer andern Form des Vertriebs im Rahmen ihrer geschäftlichen Tätigkeit einführt; dabei bleiben abweichende Bestimmungen in völkerrechtlichen Verträgen vorbehalten.

[2] Kann die Herstellerin des Produkts nicht festgestellt werden, so gilt jede Person als Herstellerin, welche das Produkt geliefert hat, sofern sie dem Geschädigten nach einer entsprechenden Aufforderung nicht innerhalb einer

---

[1] SR **101**.

[2] BBl **1993** I 805.

[3] Die Personenbezeichnung ist weiblich, weil sie sich nach dem grammatischen Geschlecht des voranstehenden Substantivs richtet.

[4] Da es sich um einen feststehenden Rechtsbegriff handelt, wird dem Grundsatz der sprachlichen Gleichbehandlung nicht Rechnung getragen.

angemessenen Frist die Herstellerin oder die Person nennt, die ihr das Produkt geliefert hat.

[3] Absatz 2 gilt auch für Produkte, bei denen nicht festgestellt werden kann, wer sie eingeführt hat, selbst wenn der Name der Herstellerin angegeben ist.

Art. 3   Produkt

[1] Als Produkte im Sinne dieses Gesetzes gelten:

a. jede bewegliche Sache, auch wenn sie einen Teil einer anderen beweglichen Sache oder einer unbeweglichen Sache bildet, und

b. Elektrizität.

[2] Landwirtschaftliche Bodenerzeugnisse sowie Tierzucht-, Fischerei- und Jagderzeugnisse gelten nur als Produkte:

a. vom Zeitpunkt der ersten Verarbeitung an; oder

b. vom Zeitpunkt des Inverkehrbringens an, wenn es sich um Tiere handelt, deren Organe, Gewebe oder Zellen oder daraus hergestellte Transplantatprodukte zur Transplantation auf den Menschen bestimmt sind.[5]

Art. 4   Fehler

[1] Ein Produkt ist fehlerhaft, wenn es nicht die Sicherheit bietet, die man unter Berücksichtigung aller Umstände zu erwarten berechtigt ist; insbesondere sind zu berücksichtigen:

a. die Art und Weise, in der es dem Publikum präsentiert wird;

b. der Gebrauch, mit dem vernünftigerweise gerechnet werden kann;

c. der Zeitpunkt, in dem es in Verkehr gebracht wurde.

[2] Ein Produkt ist nicht allein deshalb fehlerhaft, weil später ein verbessertes Produkt in Verkehr gebracht wurde.

Art. 5   Ausnahmen von der Haftung

[1] Die Herstellerin haftet nicht, wenn sie beweist, dass:

a. sie das Produkt nicht in Verkehr gebracht hat;

b. nach den Umständen davon auszugehen ist, dass der Fehler, der den Schaden verursacht hat, noch nicht vorlag, als sie das Produkt in Verkehr brachte;

---

[5]   Fassung gemäss Art. 73 Ziff 1. des Transplantationsgesetzes vom 8. Oktober 2005, in Kraft seit 1. Juli 2007 (SR **810.21**).

c. sie das Produkt weder für den Verkauf oder eine andere Form des Vertriebs mit wirtschaftlichem Zweck hergestellt noch im Rahmen ihrer beruflichen Tätigkeit hergestellt oder vertrieben hat;

d. der Fehler darauf zurückzuführen ist, dass das Produkt verbindlichen, hoheitlich erlassenen Vorschriften entspricht;

e. der Fehler nach dem Stand der Wissenschaft und Technik im Zeitpunkt, in dem das Produkt in Verkehr gebracht wurde, nicht erkannt werden konnte.

[1bis] Die Ausnahme von der Haftung nach Absatz 1 Buchstabe e gilt nicht für tierische Organe, Gewebe oder Zellen oder daraus hergestellte Transplantatprodukte, die zur Transplantation auf den Menschen bestimmt sind.[6]

[2] Die Herstellerin eines Grundstoffs oder eines Teilprodukts haftet ferner nicht, wenn sie beweist, dass der Fehler durch die Konstruktion des Produkts, in das der Grundstoff oder das Teilprodukt eingearbeitet wurde, oder durch die Anleitungen der Herstellerin dieses Produkts verursacht worden ist.

Art. 6 Selbstbehalt bei Sachschäden

[1] Der Geschädigte muss Sachschäden bis zur Höhe von 900 Franken selber tragen.

[2] Der Bundesrat kann den Betrag gemäss Absatz 1 den veränderten Verhältnissen anpassen.

Art. 7 Solidarhaftung

Sind für den Schaden, der durch ein fehlerhaftes Produkt verursacht worden ist, mehrere Personen ersatzpflichtig, so haften sie solidarisch.

Art. 8 Wegbedingung der Haftung

Vereinbarungen, welche die Haftpflicht nach diesem Gesetz gegenüber dem Geschädigten beschränken oder wegbedingen, sind nichtig.

Art. 9 Verjährung

Ansprüche nach diesem Gesetz verjähren drei Jahre nach dem Tag, an dem der Geschädigte Kenntnis vom Schaden, dem Fehler und von der Person der Herstellerin erlangt hat oder hätte erlangen müssen.

---

[6] Eingefügt durch Art. 73 Ziff. 1 des Transplantationsgesetzes vom 8. Oktober 2004, in Kraft seit 1. Juli 2007 (SR **810.21**).

Art. 10 Verwirkung

[1] Ansprüche nach diesem Gesetz verwirken zehn Jahre nach dem Tag, an dem die Herstellerin das Produkt, das den Schaden verursacht hat, in Verkehr gebracht hat.

[2] Die Verwirkungsfrist gilt als gewahrt, wenn gegen die Herstellerin binnen zehn Jahren geklagt wird.

Art. 11 Verhältnis zu anderen Bestimmungen des eidgenössischen oder kantonalen Rechts

[1] Soweit dieses Gesetz nichts anderes vorsieht, gelten die Bestimmungen des Obligationenrechts[7].

[2] Schadenersatzansprüche aufgrund des Obligationenrechts oder anderer Bestimmungen des eidgenössischen oder des kantonalen öffentlichen Rechts bleiben dem Geschädigten gewahrt.

[3] Dieses Gesetz ist nicht anwendbar auf Schäden infolge eines nuklearen Zwischenfalls. Abweichende Bestimmungen in völkerrechtlichen Verträgen sind vorbehalten.

Art. 12 Änderung bisherigen Rechts

Das Kernenergiehaftpflichtgesetz vom 18. März 1983[8] wird wie folgt geändert:
Art. 2 Abs. 1 Bst. b und c
...[9]

Art. 13 Übergangsbestimmung

Dieses Gesetz gilt nur für Produkte, die nach seinem Inkrafttreten in Verkehr gebracht wurden.

Art. 14 Referendum und Inkrafttreten

[1] Dieses Gesetz untersteht dem fakultativen Referendum.
[2] Der Bundesrat bestimmt das Inkrafttreten.

Datum des Inkrafttretens: 1. Januar 1994[10]

---

[7] SR **220**.
[8] SR **732.44**.
[9] Text eingefügt im genannten BG.
[10] BRB vom 25. Nov. 1993 (AS **1993** 3125).

13.   Auszug aus dem Wiener Kaufrechtsübereinkommen

Übereinkommen der Vereinten Nationen über Verträge über den internationalen Warenkauf

Abgeschlossen in Wien am 11. April 1980

In Kraft getreten für die Schweiz am 1. März 1991 (Stand am 30. Mai 2006)

Teil I   Anwendungsbereich und allgemeine Bestimmungen

Kapitel 1   Anwendungsbereich

Art. 1

[1] Dieses Übereinkommen ist auf Kaufverträge über Waren zwischen Parteien anzuwenden, die ihre Niederlassung in verschiedenen Staaten haben

a) wenn diese Staaten Vertragsstaaten sind oder

b) wenn die Regeln des internationalen Privatrechts zur Anwendung des Rechts eines Vertragsstaates führen.

[2] Die Tatsache, dass die Parteien ihre Niederlassung in verschiedenen Staaten haben, wird nicht berücksichtigt, wenn sie sich nicht aus dem Vertrag, aus früheren Geschäftsbeziehungen oder aus Verhandlungen oder Auskünften ergibt, die vor oder bei Vertragsabschluss zwischen den Parteien geführt oder von ihnen erteilt worden sind.

[3] Bei Anwendung dieses Übereinkommens wird weder berücksichtigt, welche Staatsangehörigkeit die Parteien haben, noch ob sie Kaufleute oder Nichtkaufleute sind oder ob der Vertrag handelsrechtlicher oder zivilrechtlicher Art ist.

Art. 2

Dieses Übereinkommen findet keine Anwendung auf den Kauf

a) von Ware für den persönlichen Gebrauch oder den Gebrauch in der Familie oder im Haushalt, es sei denn, dass der Verkäufer vor oder bei Vertragsabschluss weder wusste noch wissen musste, dass die Ware für einen solchen Gebrauch gekauft wurde;

b) bei Versteigerungen;

c) aufgrund von Zwangsvollstreckungs- oder anderen gerichtlichen Massnahmen;

d) von Wertpapieren oder Zahlungsmitteln;

e) von Seeschiffen, Binnenschiffen, Luftkissenfahrzeugen oder Luftfahrzeugen;

f) von elektrischer Energie.

Art. 3

[1] Den Kaufverträgen stehen Verträge über die Lieferung herzustellender oder zu erzeugender Ware gleich, es sei denn, dass der Besteller einen wesentlichen Teil der für die Herstellung oder Erzeugung notwendigen Stoffe selbst zu liefern hat.

[2] Dieses Übereinkommen ist auf Verträge nicht anzuwenden, bei denen der überwiegende Teil der Pflichten der Partei, welche die Ware liefert, in der Ausführung von Arbeiten oder anderen Dienstleistungen besteht.

Art. 4

Dieses Übereinkommen regelt ausschliesslich den Abschluss des Kaufvertrages und die aus ihm erwachsenden Rechte und Pflichten des Verkäufers und des Käufers. Soweit in diesem Übereinkommen nicht ausdrücklich etwas anderes bestimmt ist, betrifft es insbesondere nicht

a) die Gültigkeit des Vertrages oder einzelner Vertragsbestimmungen oder die Gültigkeit von Handelsbräuchen;

b) die Wirkungen, die der Vertrag auf das Eigentum an der verkauften Ware haben kann.

Verträge über den internationalen Warenkauf

Art. 5

Dieses Übereinkommen findet keine Anwendung auf die Haftung des Verkäufers für den durch die Ware verursachten Tod oder die Körperverletzung einer Person.

Art. 6

Die Parteien können die Anwendung dieses Übereinkommens ausschliessen oder, vorbehaltlich des Artikels 12, von seinen Bestimmungen abweichen oder deren Wirkung ändern.

...

14. Auszug aus dem Lugano Übereinkommen vom 16. September 1988

Übereinkommen über die gerichtliche Zuständigkeit und die Vollstreckung gerichtlicher Entscheidungen in Zivil- und Handelssachen

Abgeschlossen in Lugano am 16. September 1988
Von der Bundesversammlung genehmigt am 14. Dezember 1990[1]
Schweizerische Ratifikationsurkunde hinterlegt am 18. Oktober 1991
In Kraft getreten für die Schweiz am 1. Januar 1992 (Stand am 1. Januar 2007)

Präambel

Die hohen Vertragsparteien dieses Übereinkommens –

dem Bestreben, in ihren Hoheitsgebieten den Rechtsschutz der dort ansässigen Personen zu verstärken,

in der Erwägung, dass es zu diesem Zweck geboten ist, die internationale Zuständigkeit ihrer Gerichte festzulegen, die Anerkennung von Entscheidungen zu erleichtern und ein beschleunigtes Verfahren einzuführen, um die Vollstreckung von Entscheidungen, öffentlichen Urkunden und gerichtlichen Vergleichen sicherzustellen,

im Bewusstsein der zwischen ihnen bestehenden Bindungen, die im wirtschaftlichen Bereich durch die Freihandelsabkommen zwischen der Europäischen Wirtschaftsgemeinschaft und den Mitgliedstaaten der Europäischen Freihandelsassoziation bestätigt worden sind,

unter Berücksichtigung des Brüsseler Übereinkommens vom 27. September 1968 über die gerichtliche Zuständigkeit und die Vollstreckung gerichtlicher Entscheidungen in Zivil- und Handelssachen in der Fassung der infolge der verschiedenen Erweiterungen der Europäischen Gemeinschaften geschlossenen Beitrittsübereinkommen,

in der Überzeugung, dass die Ausdehnung der Grundsätze des genannten Übereinkommens auf die Vertragsstaaten des vorliegenden Übereinkommens die rechtliche und wirtschaftliche Zusammenarbeit in Europa verstärken wird,

in dem Wunsch, eine möglichst einheitliche Auslegung des Übereinkommens sicherzustellen –

---

[1] Art. 1 Abs. 1 des BB vom 14. Dezember 1990 (AS **1991** 2435).

haben in diesem Sinne beschlossen, dieses Übereinkommen zu schliessen, und sind wie folgt übereingekommen:

Titel I: Anwendungsbereich

Art. 1

Dieses Übereinkommen ist in Zivil- und Handelssachen anzuwenden, ohne dass es auf die Art der Gerichtsbarkeit ankommt. Es erfasst insbesondere nicht Steuer- und Zollsachen sowie verwaltungsrechtliche Angelegenheiten.

Es ist nicht anzuwenden auf

1. den Personenstand, die Rechts- und Handlungsfähigkeit sowie die gesetzliche Vertretung von natürlichen Personen, die ehelichen Güterstände, das Gebiet des Erbrechts einschliesslich des Testamentsrechts;
2. Konkurse, Vergleiche und ähnliche Verfahren;
3. die soziale Sicherheit;
4. die Schiedsgerichtsbarkeit.

Titel II: Zuständigkeit

1. Abschnitt: Allgemeine Vorschriften

Art. 2

Vorbehaltlich der Vorschriften dieses Übereinkommens sind Personen, die ihren Wohnsitz in dem Hoheitsgebiet eines Vertragsstaats haben, ohne Rücksicht auf ihre Staatsangehörigkeit vor den Gerichten dieses Staates zu verklagen.

Auf Personen, die nicht dem Staat, in dem sie ihren Wohnsitz haben, angehören, sind die für Inländer massgebenden Zuständigkeitsvorschriften anzuwenden.

Art. 3

Personen, die ihren Wohnsitz in dem Hoheitsgebiet eines Vertragsstaats haben, können vor den Gerichten eines anderen Vertragsstaats nur gemäss den Vorschriften des 2. bis 6. Abschnitts verklagt werden.

Insbesondere können gegen diese Personen nicht geltend gemacht werden

– ...

– in der Schweiz: der Gerichtsstand des Arrestortes ... gemäss Artikel 4 des Bundesgesetzes über das internationale Privatrecht ...

– ...

…

2. Abschnitt: Besondere Zuständigkeiten

Art. 5

Eine Person, die ihren Wohnsitz in dem Hoheitsgebiet eines Vertragsstaats hat, kann in einem anderen Vertragsstaat verklagt werden,

1.   wenn ein Vertrag oder Ansprüche aus einem Vertrag den Gegenstand des Verfahrens bilden, vor dem Gericht des Ortes, an dem die Verpflichtung erfüllt worden ist oder zu erfüllen wäre; wenn ein individueller Arbeitsvertrag oder Ansprüche aus einem individuellen Arbeitsvertrag den Gegenstand des Verfahrens bilden, vor dem Gericht des Ortes, an dem der Arbeitnehmer gewöhnlich seine Arbeit verrichtet; verrichtet der Arbeitnehmer seine Arbeit gewöhnlich nicht in ein und demselben Staat, vor dem Gericht des Ortes, an dem sich die Niederlassung befindet, die den Arbeitnehmer eingestellt hat;

2.   wenn es sich um eine Unterhaltssache handelt, vor dem Gericht des Ortes, an dem der Unterhaltsberechtigte seinen Wohnsitz oder seinen gewöhnlichen Aufenthalt hat, oder im Falle einer Unterhaltssache, über die im Zusammenhang mit einem Verfahren in Bezug auf den Personenstand zu entscheiden ist, vor dem nach seinem Recht für dieses Verfahren zuständigen Gericht, es sei denn, diese Zuständigkeit beruht lediglich auf der Staatsangehörigkeit einer der Parteien;

3.   wenn eine unerlaubte Handlung oder eine Handlung, die einer unerlaubten Handlung gleichgestellt ist, oder wenn Ansprüche aus einer solchen Handlung den Gegenstand des Verfahrens bilden, vor dem Gericht des Ortes, an dem das schädigende Ereignis eingetreten ist;

4.   wenn es sich um eine Klage auf Schadenersatz oder auf Wiederherstellung des früheren Zustands handelt, die auf eine mit Strafe bedrohte Handlung gestützt wird, vor dem Strafgericht, bei dem die öffentliche Klage erhoben ist, soweit dieses Gericht nach seinem Recht über zivilrechtliche Ansprüche erkennen kann;

5.   wenn es sich um Streitigkeiten aus dem Betrieb einer Zweigniederlassung, einer Agentur oder einer sonstigen Niederlassung handelt, vor dem Gericht des Ortes, an dem sich diese befindet; Gerichtliche Zuständigkeit. Vollstreckung gerichtlicher Entscheidungen

6.   wenn sie in ihrer Eigenschaft als Begründer, «trustee» oder Begünstigter eines «trust» in Anspruch genommen wird, der aufgrund eines Gesetzes oder durch schriftlich vorgenommenes oder schriftlich bestätigtes Rechtsgeschäft errichtet worden ist, vor den Gerichten des Vertragsstaats, in dessen Hoheitsgebiet der «trust» seinen Sitz hat;

7.   wenn es sich um eine Streitigkeit wegen der Zahlung von Berge- und Hilfslohn handelt, der für Bergungs- oder Hilfeleistungsarbeiten gefordert wird, die zugunsten einer Ladung oder einer Frachtforderung erbracht worden sind, vor dem Gericht, in dessen Zuständigkeitsbereich diese Ladung oder die entsprechende Frachtforderung
a)   mit Arrest belegt worden ist, um die Zahlung zu gewährleisten, oder
b)   mit Arrest hätte belegt werden können, jedoch dafür eine Bürgschaft oder eine andere Sicherheit geleistet worden ist;

diese Vorschrift ist nur anzuwenden, wenn behauptet wird, dass der Beklagte Rechte an der Ladung oder an der Frachtforderung hat oder zur Zeit der Bergungs- oder Hilfeleistungsarbeiten hatte.

Art. 6

Eine Person, die ihren Wohnsitz in dem Hoheitsgebiet eines Vertragsstaats hat, kann auch verklagt werden,

1.   wenn mehrere Personen zusammen verklagt werden, vor dem Gericht, in dessen Bezirk einer der Beklagten seinen Wohnsitz hat;

2.   wenn es sich um eine Klage auf Gewährleistung oder um eine Interventionsklage handelt, vor dem Gericht des Hauptprozesses, es sei denn, dass diese Klage nur erhoben worden ist, um diese Person dem für sie zuständigen Gericht zu entziehen;

3.   wenn es sich um eine Widerklage handelt, die auf denselben Vertrag oder Sachverhalt wie die Klage selbst gestützt wird, vor dem Gericht, bei dem die Klage selbst anhängig ist;

4.   wenn ein Vertrag oder Ansprüche aus einem Vertrag den Gegenstand des Verfahrens bilden und die Klage mit einer Klage wegen dinglicher Rechte an unbeweglichen Sachen gegen denselben Beklagten verbunden werden kann, vor dem Gericht des Vertragsstaats, in dem die unbewegliche Sache belegen ist.

…

6. Abschnitt: Vereinbarung über die Zuständigkeit

Art. 17

(1)   Haben die Parteien, von denen mindestens eine ihren Wohnsitz in dem Hoheitsgebiet eines Vertragsstaats hat, vereinbart, dass ein Gericht oder die Gerichte eines Vertragsstaats über eine bereits entstandene Rechtsstreitigkeit oder über eine künftige aus einem bestimmten Rechtsverhältnis entspringende Rechtsstreitigkeit entscheiden sollen, so sind dieses Gericht oder die Gerichte dieses Staates ausschliesslich zuständig. Eine solche Gerichtstandsvereinbarung muss geschlossen werden

a)   schriftlich oder mündlich mit schriftlicher Bestätigung;

b)   in einer Form, welche den Gepflogenheiten entspricht, die zwischen den Parteien entstanden sind, oder

c)   im internationalen Handel in einer Form, die einem Handelsbrauch entspricht, den die Parteien kannten oder kennen mussten und den Parteien von Verträgen dieser Art in dem betreffenden Geschäftszweig allgemein kennen und regelmässig beachten.

Wenn eine solche Vereinbarung von Parteien geschlossen wurde, die beide ihren Wohnsitz nicht im Hoheitsgebiet eines Vertragsstaats haben, so können die Gerichte der anderen Vertragsstaaten nicht entscheiden, es sei denn, das vereinbarte Gericht oder die vereinbarten Gerichte haben sich rechtskräftig für unzuständig erklärt.

…

(4)   Ist eine Gerichtsstandsvereinbarung nur zugunsten einer der Parteien getroffen worden, so behält diese das Recht, jedes andere Gericht anzurufen, das aufgrund dieses Übereinkommens zuständig ist.

…

Art. 18

Sofern das Gericht eines Vertragsstaats nicht bereits nach anderen Vorschriften dieses Übereinkommens zuständig ist, wird es zuständig, wenn sich der Beklagte vor ihm auf das Verfahren einlässt. Dies gilt nicht, wenn der Beklagte sich nur einlässt, um den Mangel der Zuständigkeit geltend zu machen, oder wenn ein anderes Gericht aufgrund des Artikels 16 ausschliesslich zuständig ist.

…

Titel III: Anerkennung und Vollstreckung

Art. 25

Unter «Entscheidung» im Sinne dieses Übereinkommens ist jede von einem Gericht eines Vertragsstaats erlassene Entscheidung zu verstehen ohne Rücksicht auf ihre Bezeichnung wie Urteil, Beschluss oder Vollstreckungsbefehl, einschliesslich des Kostenfestsetzungsbeschlusses eines Urkundsbeamten.

1. Abschnitt: Anerkennung

Art. 26

Die in einem Vertragsstaat ergangenen Entscheidungen werden in den anderen Vertragsstaaten anerkannt, ohne dass es hierfür eines besonderen Verfahrens bedarf.

Bildet die Frage, ob eine Entscheidung anzuerkennen ist, als solche den Gegenstand eines Streites, so kann jede Partei, welche die Anerkennung geltend macht, in dem Verfahren nach dem 2. und 3. Abschnitt dieses Titels die Feststellung beantragen, dass die Entscheidung anzuerkennen ist.

Wird die Anerkennung in einem Rechtsstreit vor dem Gericht eines Vertragsstaats, dessen Entscheidung von der Anerkennung abhängt, verlangt, so kann dieses Gericht über die Anerkennung entscheiden.

Art. 27

Eine Entscheidung wird nicht anerkannt,

1. wenn die Anerkennung der öffentlichen Ordnung des Staates, in dem sie geltend gemacht wird, widersprechen würde;

2. wenn dem Beklagten, der sich auf das Verfahren nicht eingelassen hat, das dieses Verfahren einleitende Schriftstück oder ein gleichwertiges Schriftstück nicht ordnungsgemäss und nicht so rechtzeitig zugestellt worden ist, dass er sich verteidigen konnte;

3. wenn die Entscheidung mit einer Entscheidung unvereinbar ist, die zwischen denselben Parteien in dem Staat, in dem die Anerkennung geltend gemacht wird, ergangen ist;

4. wenn das Gericht des Ursprungsstaats bei seiner Entscheidung hinsichtlich einer Vorfrage, die den Personenstand, die Rechts- und Handlungsfähigkeit sowie die gesetzliche Vertretung einer natürlichen Person, die ehelichen Güterstände oder das Gebiet des Erbrechts einschliesslich des Testamentsrechts betrifft, sich in Widerspruch zu einer Vorschrift des

internationalen Privatrechts des Staates, in dem die Anerkennung geltend gemacht wird, gesetzt hat, es sei denn, dass die Entscheidung nicht zu einem anderen Zivilrechtspflege Ergebnis geführt hätte, wenn die Vorschriften des internationalen Privatrechts dieses Staates angewandt worden wären;

5. wenn die Entscheidung mit einer früheren Entscheidung unvereinbar ist, die in einem Nichtvertragsstaat zwischen denselben Parteien in einem Rechtsstreit wegen desselben Anspruchs ergangen ist, sofern diese Entscheidung die notwendigen Voraussetzungen für ihre Anerkennung in dem Staat erfüllt, in dem die Anerkennung geltend gemacht wird.

…

Art. 29

Die ausländische Entscheidung darf keinesfalls in der Sache selbst nachgeprüft werden.

…

2. Abschnitt: Vollstreckung

Art. 31

Die in einem Vertragsstaat ergangenen Entscheidungen, die in diesem Staat vollstreckbar sind, werden in einem anderen Vertragsstaat vollstreckt, wenn sie dort auf Antrag eines Berechtigten für vollstreckbar erklärt worden sind.

Im Vereinigten Königreich wird eine derartige Entscheidung jedoch in England und Wales, in Schottland oder in Nordirland vollstreckt, wenn sie auf Antrag eines Berechtigten zur Vollstreckung in dem betreffenden Teil des Vereinigten Königreichs registriert worden ist.

…

Protokoll Nr. 1

über bestimmte Zuständigkeits-, Verfahrens- und Vollstreckungsfragen

…

Art. Ia

(1) Die Schweizerische Eidgenossenschaft behält sich das Recht vor, bei der Hinterlegung der Ratifikationsurkunde zu erklären, dass eine in einem anderen Vertragsstaat ergangene Entscheidung in der Schweiz nicht anerkannt oder vollstreckt wird, wenn

a) die Zuständigkeit des Gerichts, das die Entscheidung erlassen hat, sich nur auf Artikel 5 Nummer 1 des Übereinkommens stützt;

b) der Beklagte zum Zeitpunkt der Einleitung des Verfahrens seinen Wohnsitz in der Schweiz hatte; im Sinne dieses Artikels hat eine Gesellschaft oder juristische Person ihren Sitz in der Schweiz, wenn ihr statutarischer Sitz und der tatsächliche Mittelpunkt ihrer Tätigkeit in der Schweiz liegen und

c) der Beklagte gegen die Anerkennung oder die Vollstreckung der Entscheidung in der Schweiz Einspruch erhebt, sofern er nicht auf den Schutz der in diesem Absatz vorgesehenen Erklärung verzichtet hat.

(2)   Dieser Vorbehalt ist nicht anzuwenden, soweit in dem Zeitpunkt, zu dem die Anerkennung oder Vollstreckung beantragt wird, eine Änderung von Artikel 59 der Schweizerischen Bundesverfassung[12] stattgefunden hat. Der Schweizerische Bundesrat teilt solche Änderungen den Unterzeichnerstaaten und den beitretenden Staaten mit.

(3)   Dieser Vorbehalt wird am 31. Dezember 1999 unwirksam. Er kann jederzeit zurückgezogen werden.

---

[12] [BS **1** 3]. Der genannten Bestimmungen entspricht heute Art. 30 der BV vom 18. April 1999 (SR **101**).

Stichwortverzeichnis

A

Abrechnungsklausel 16
Abreden
– Boykottvereinbarungen 61
– Diskriminierungsvereinbarungen 61
– Exportverbote 61
– Gebietsaufteilungen 61
– Gesamtumsatzkartelle 61
– Preis- 61
– Quotenkartelle 61
Absatzklausel 9, 15
Abwicklungsklausel 16
Administrativausnahme 55
Agenturvertrag 21, 36
Alleinbelieferungspflicht 64
Alleinbezugspflicht 65
Alleinbezugsrecht 12
Alleinbezugsverpflichtung 9, 14, 46
Alleinvertriebsverpflichtung 12
Ambivalenz
– der Wettbewerbswirkungen 45
Anerkennung
– eines ausländischen Entscheides 28
– von Schiedsurteilen 28
   von Urteilen 28
– von Urteilen staatlicher Gerichte 29
Anerkennungsverfahren 30
Auftrag 21
Auskunftsklausel 17
Auslaufklausel 18

B

Bagatell-Bekanntmachung 51
Bagatellfälle 73
Beendigungsklausel 18
Berichterstattungsklausel 17
Bestandteilverkauf 60
Boykottvereinbarung 61

D

Direktbelieferungsverbot 10, 15
Direktvertrieb 3
Diskriminierungsvereinbarung 61
Dispositionsbefugnis
– wirtschaftliche 3
Dispositionsfreiheit 63, 84

E

EGV 49
Einzelfreistellung 61
Endklauseln 20
End-Vertragsklauseln 19
– Endklauseln 20
– Force-Majeur-Bestimmungen 19
– Gerichtsstandklauseln 19
– Rechtswahlbestimmungen 19
– Salvatorische Klauseln 19
– Schiedsgerichtsklauseln 19
– Schriftformvorbehaltsklauseln 19
– Vollständigkeitsbestimmungen 19
Erheblichkeit
– einer Abrede 72
EU Vertikal-Gruppenfreistellungs-verordnung 47, 58
EU Wettbewerbsrecht 49

EWR-Wettbewerbsrecht 87
Exportverbot 61

F

Force-Majeur-Bestimmungen 19
Franchising 6
Franchisevereinbarung 48, 58
Franchisevertrag 4, 12
Freistellung 48, 58

G

Garantie
– ansprüche 31
– leistungsverpflichtung 14
– serviceklausel 17
Gebietsaufteilung 61
Gebietsbeschränkung 59
Gebietsschutz 46
– absoluter 76
Geheimhaltungsklausel
– nachvertragliche 18
Gerichtsstand 25
Gerichtsstandklausel 19
Gerichtsstandsklausel 26
Gesamtumsatzkartell 61
Gewährleistungs-
– ansprüche 31
– bestimmungen 32
– pflicht 39
Goodwillentschädigung 36
Goodwill-Klausel 18
Gruppenfreistellung 57

H

Haftpflicht 34, 39
Haftung
– für Personenschäden 40

– für Sachschäden 41
Haftungs-
– voraussetzungen 43
Herstellergarantie 34

I

Innominatkontrakt 21
Innominatselemente 21
interbrand competition 54
intrabrand competition 54
IPRG 23

K

Kartellgesetz 48, 67
Kartellrecht 67
Kartellverbot 53
Kaufvertrag 21
Kernbeschränkung 46, 52, 58, 73,
    76
Kernbestimmungen 12
Kleinstunternehmen 81
KMU 81
Konkurrenzverbot 9, 14, 35, 46, 79
Konkurrenzverbotsklausel
– nachvertragliche 18
Koppelungsgeschäft 50
Kundenakquisition 36
Kundenbasis 38
Kundenbeschränkung 59
Kundendienstverpflichtung 14
Kundenschutz 46
Kündigung 38
– ausserordentliche 38
– ordentliche 38
Kündigungsklausel 17
Kundschaftsentschädigung 36

L

Lagerhaltung 14
Legalausnahme 53
Lugano-Übereinkommen 29

M

Mängelrüge 33
Markenartikel 37
Marktanteil 47
Marktanteilsschwellen 52
Mengenvorgabe 10
Minderung
– des Kaufpreises 32
Mindestabnahmeverpflichtung 14
Missbrauchsgesetzgebung 71
Motive 4
– für den Alleinvertreter 5
– für den Hersteller 4

N

Nachbesserungsanspruch 32
New Yorker Übereinkommen 28

P

Personal 14
Preis 13
– bindungsklausel 9, 15
– der Produkte 8
– empfehlung 9, 15, 59
– Fest- 15, 46
– Höchst- 15, 58
– Mindest- 15, 46
Preisabreden 61
Preisbindung
– Fest- 58, 76
– Mindest- 58, 76
– zweiter Hand 76

Produktehaftpflicht 34, 39
Prüfpflicht 33

Q

Querlieferung 60
Quotenkartell 61

R

Rechtswahlbestimmungen 19
Rügepflicht 33

S

Salvatorische Klauseln 19
Schaden
– Personen- 40
– Sach- 41
Schiedsgerichtsklausel 19, 26
Schranken
– Kernbeschränkung 46
– wettbewerbsrechtliche 22, 36, 46
Schriftformvorbehaltsklauseln 19
Schulungsregelungen 14
schwarze Klauseln 58, 76
schwarze Listen 57
Selektivvertrieb 6, 58
Serviceklausel 17
Spürbarkeit 51, 54

U

Umschreibung
– der Kundengruppen 13
– der Produkte 13
– des (Vertrags-)Gebietes 13
Unternehmenszusammenschlüsse 68
Unterstützungspflicht 17

V

Verfahrensordnung 62
Verkaufsförderungspflicht 10, 13
Verkaufsunterstützungsklausel 16
Vertrag zur Gründung der Europäischen Gemeinschaft 49
Vertragsdauer 17
Vertrieb 3
– Direkt- 3
– Selektiv- 6
– über selbständige Händler 4
Vertriebs-
– bindungsklausel 9, 15
– risiko 3
– systeme, selektive 48
Vertriebsstruktur 70
Vollständigkeitsbestimmungen 19
Vollstreckung
– von Schiedsurteilen 28
– von Urteilen 28
– von Urteilen staatlicher Gerichte 29
Vollstreckungsverfahren 31

W

Wandelung
– des Kaufes 32
Warensortiment 14
Weko KMU-Bekanntmachung 70, 81
Weko Vertikal-Bekanntmachung 48, 70

Werbeverpflichtung 14
Wettbewerb 51
– wirksamer 69
Wettbewerbs-
– abrede, horizontale 71
– abrede, vertikale 71
– abreden 68, 80
– behinderung 63
– beschränkung 49, 51, 53, 56
– kommission 7
– recht 49
  – der EU Mitgliedstaaten 7
  – europäisches 7
– verbot 9, 14, 47, 53, 57, 60, 79
  – faktisch 60
  – in selektiven Vertriebssystemen 61, 80
  – nachvertraglich 60, 80
  – vertraglich 60
  – während Vertragslaufzeit 60, 79
Wettbewerbsbeschränkung 71
– erhebliche 71
– unerhebliche 71
Wiener Kaufrecht 22, 34
Wirkungs-
– erstreckung 28
– verleihung 28
Wirtschaftsfreiheit
– individuelle 68